회심

복음의 부름에 대한 참된 반응

THE GOSPEL CALL AND TRUE CONVERSION
by Paul Washer

Copyright ⓒ 2013 by Paul Washer
Originally published in English under the title *The Gospel Call and True Conversion*
This Korean edition is translated and used by permission of Reformation Heritage Books
through arrangement of rMaeng2, Seoul, Republic of Korea.

This Korean Edition Copyright ⓒ 2013 by Word of Life Press, Korea.

이 한국어판 저작권은 알맹2 에이전시를 통하여
Reformation Heritage Books와 독점 계약한 생명의말씀사에 있습니다.
신저작권법에 의하여 한국 내에서 보호받는 저작물이므로 무단 전재와 무단 복제를 금합니다.

회심 복음의 부름에 대한 참된 반응

ⓒ **생명의말씀사** 2013

2013년 8월 16일 1판 1쇄 발행
2024년 8월 13일　　11쇄 발행

펴낸이 | 김창영
펴낸곳 | 생명의말씀사

등록 | 1962. 1. 10. No.300-1962-1
주소 | 서울시 종로구 경희궁1길 6 (03176)
전화 | 02)738-6555(본사) · 02)3159-7979(영업)
팩스 | 02)739-3824(본사) · 080-022-8585(영업)

기획편집 | 신현정, 전보아
디자인 | 박소정, 최윤창
인쇄 | 영진문원
제본 | 보경문화사

ISBN 978-89-04-16431-8 (03230)

저작권자의 허락없이 이 책의 일부 또는 전체를
무단 복제, 전재, 발췌하면 저작권법에 의해 처벌을 받습니다.

복음의 부름에 대한 참된 반응

폴 워셔
조계광 옮김

생명의말씀사

목차

서문 _ 복음을 회복하라 … 6

1부 복음의 부름

1장 _ 회개하라 … 14

2장 _ 믿으라 … 41

3장 _ 마음으로 믿고 입으로 시인하여 … 57

4장 _ 그리스도를 영접하라 … 73

5장 _ 마음의 문을 두드리시는 그리스도 … 88

THE GOSPEL CALL AND TRUE CONVERSION

2부 참된 회심과 새 마음

6장 _ 하나님은 왜 구원을 베푸시는가 … 108

7장 _ 구원의 창시자 … 122

8장 _ 세상에서 이끌어내어 깨끗하게 하시다 … 127

9장 _ 새 마음을 주시다 … 145

10장 _ 말씀대로 행하도록 도우시는 성령 … 156

3부 참된 회심과 하나님의 새 백성

11장 _ 새 언약의 유익을 누리라 … 170

12장 _ 열매 맺는 새 백성이 되라 … 182

13장 _ 하나님을 아는 확실한 지식을 따라 살라 … 199

14장 _ 한마음과 한 길로 하나님을 경외하라 … 210

15장 _ 영원한 언약을 붙잡고 담대하라 … 236

16장 _ 하나님은 자기 백성에게 기쁨으로 베푸신다 … 252

서문 _ 복음을 회복하라

예수 그리스도의 복음은 교회와 그리스도인에게 허락된 가장 귀한 보물이다. 복음은 많은 진리 가운데 하나가 아니라 모든 진리 위에 뛰어난 최고의 진리다. 복음은 구원을 주시는 하나님의 능력이요, 사람들과 천사들에게 하나님의 각종 지혜를 알게 하는 계시다(롬 1:16, 엡 3:10). 그래서 바울 사도는 복음을 우선시하며 온 힘을 다해 확실히 전하려고 노력했다. 심지어는 복음의 진리를 왜곡하는 사람들에게 저주를 선언하기도 했다(고전 15:3, 골 4:4, 갈 1:8, 9).

각 세대의 그리스도인들은 복음의 청지기다. 하나님은 성령의 능력으로 우리를 부르시어 우리에게 맡기신 이 보물을 잘 지키라고 명령하셨다(딤후 1:14). 충실한 청지기가 되려면, 복음 연구에 몰두하고 최선을 다해 그 진리를 깨치려고 힘쓰며 그 내용을 굳게 지키겠다는 결심이 필요하다(딤전 4:15). 그렇게 하면, 우리 자신은 물론 우리가 전하는 바를 듣는 사람들을 구원할 수 있다(딤전 4:16).

내가 이 책을 쓴 이유는 이런 청지기 정신 때문이다. 사실 나는 글쓰기라는 힘든 일을 자청하고픈 생각이 없었다. 게다가 이미 세상에는 기독교 서적이 헤아릴 수 없을 만큼 많지 않은가. 그런데도 내 설교를 책으로 펴내는 이유는 말로 전할 때만큼 강렬한 충동이 느껴지기 때문이다. 나는 "내가 다시는 …… 그의 이름으로 말하지 아니하리라 하면 나의 마음이 불붙는 것 같아서 골수에 사무치니 답답하여 견딜 수 없나이다"(렘 20:9)라고 말한 예레미야와 같은 심정이다. 바울 사도도 "만일 복음을 전하지 아니하면 내게 화가 있을 것이로다"(고전 9:16)라고 말했다.

흔히 알고 있는 대로, "복음"은 "좋은 소식"을 뜻하는 헬라어 "유앙겔리온"(*euangelion*)에서 유래했다. 어떤 점에서 보면 성경 전체가 복음이라고 할 수 있지만, 이 말은 특별히 하나님의 아들 예수 그리스도의 삶과 죽음, 부활과 승천을 통해 완성된 구원 사역에 관한 메시지를 가리킨다.

하나님의 영원하신 아들, 곧 하나님의 본체시요 그분과 동등하신 성자께서는 자원하여 하늘의 영광을 버리셨다. 그리고 성부의 기쁘신 뜻을 따라 성령으로 동정녀의 몸에 잉태되어 하나님이자 사람이신 나사렛 예수라는 신분으로 세상에 나타나셨다(행 2:23, 히 1:3, 빌 2:6, 7, 눅 1:35). 예수님은 사람의 모습으로 세상에 사시는 동안, 하나님의 율법에 온전히 복종하셨다(히 4:15). 그리고 마침내 때가 되자, 그분은 사람들에게 배척당하고 십자가에 처형되셨다. 십자가에서 인류의 죄를 짊어지신 예수님은 하나님의 진노를 감당하셨으며 죄인들을 대신해 죽으셨다(벧전 2:24, 3:18, 사 53:10). 하나님은 예수님이 죽으신 지 사흘 후에 그분을 다시 살리셨다. 부활은 성부께서 성자의 죽음을 속죄의 희생으로 받아들이셨다는 것을 공표하는 사건이다. 예수님은 인간의 불순종에 대한 형벌을 감당하셨고, 의의 요구를 충족시키셨으며, 하나님의 진노를 가라앉히셨다(눅 24:6, 롬 1:4, 4:25). 부활하신 지 40일 후, 하나님의 아들은 하늘에 오르시어 성부의 오른편에 앉으셨고, 만물을 다스리는 권세와 영광과 존귀를 얻으셨다(히 1:3, 마 28:18, 단 7:13, 14). 그분은 성부 앞에서 자기 백성을 위하여 간구하신다(눅 24:51, 빌 2:9-11, 히 1:3, 7:25). 하나님은 자신의 부패함과 무력함을 인정하고 그리스도를 의지하는 모든 사람을 온전히 용서하시고 의롭게 여기시며 그분과 화목하게 하신다(막 1:15, 롬 10:9, 빌 3:3). 이것이 하나님과 그분의 아들 예수 그리스도의 복음이다.

오늘날 그리스도인들이 저지르는 가장 큰 죄 가운데 하나는 복음을 소홀히 하는 것이다. 이렇게 복음을 소홀히 하는 데서 온갖 병폐가 비롯된다. 타락한 세상은 복음에 무관심하다기보다 복음에 무지하다. 복음을 전하는 사람들이 그 근본 진리에 무지하기 때문이다. 복음의 핵심 주제는 하나님의 공의, 인간의 철저한 타락, 속죄의 피, 참된 회심의 본질, 구원 확신의 성경적 근거 등이다. 그러나 강단에서 이런 주제를 다루지 않는 설교자가 굉장히 많다. 교회는 복음을 몇 가지 신조로 축소하고, 회개를 인간의 결정이라고 가르친다. 그리고 "죄인의 기도"를 드리기만 하면, 곧바로 구원받았다고 선언한다.

이런 식으로 복음을 축소하면서 많은 폐해가 발생했다. 첫째, 회개하지 않은 사람들의 마음이 더욱 강퍅해졌다. 오늘날 "회심자"들 가운데에는 교회와 지속적으로 관계를 맺는 사람이 거의 없다. 그들은 종종 다시 타락하거나 죄의 습관에 매여 속된 삶을 일삼는다. 예수 그리스도의 참된 복음으로 변화되지 못하고 예배당 자리만 채우다가 떠나는 사람이 헤아릴 수 없을 만큼 많다. 그런데도 그들은 일생에 단 한 번, 전도 집회에서 손을 들었다거나 기도를 따라했다는 이유로 자신의 구원을 확신한다. 이런 그릇된 확신은 그들이 참된 복음을 듣지 못하게 방해하는 걸림돌이 된다.

둘째, 축소된 복음은 입으로는 하나님을 안다고 말하지만 행위로는 부인하는 세속적인 사람들의 집합체로 교회를 전락시킨다(딛 1:16). 이런 교회는 거듭난 그리스도인들의 영적 공동체가 아니다. 참된 복음을 전한다면, 사람들은 기쁜 마음으로 교회에 나올 것이다. 복음이 주는 은혜 외에 다른 선물을 약속하거나 특별 행사를 계획하거나 재미있는 오락거리를 제공하지 않더라도 말이다. 참된 복음을 들은 자들은 그리스도를 진정으로 바라며 성경의 진리와 진정한 예배, 봉사할 기회를 갈망할 것이다. 그러나 교회가 전하는 복음이 온전하지 못하면, 예배당이 하나님의 일에 무관심한 속된 사람들로 가득 채워질 수밖에 없다(고전 2:14). 그런 사람들을 관리하는 것은 교회에 큰 짐이 된다. 그런 경우, 교회는 복음의 혁신적인 요구를 편리한 도덕주의로 대체하고, 그리스도를 향한 참된 헌신을 도외시한 채 성도의 필요 욕구를 충족시키는 활동에만 집착하는 잘못을 저지르기 쉽다. 다시 말해 교회가 그리스도 중심이 아닌 활동 중심으로 변하고, 육에 속한 다수의 교인들을 즐겁게 하기 위해 진리를 가감하거나 왜곡하기에 이르는 것이다. 교회가 성경의 위대한 진리와 정통 기독교에서 벗어나면, 교회의 운영과 성장에 도움이 되는 것은 무엇이나 용납할 수 있다는 실용주의가 판을 칠 수밖에 없다.

셋째, 축소된 복음은 최근의 문화적 흐름을 주의 깊게 관찰한 결과를 바탕으로 기발한 마케팅 전략을 구축한다. 이것은 인간의 힘으로 복음전도와 선교의 사명을 감당하려는 태도를 부추긴다. 이러한 비성경적인 복음이 드러내는 무기력함을 지켜보면서 복음이 아무런 효력이 없다고 속단하는 그리스도인이 많은 듯하다. 그들은 인간이라는 존재가 매우 복잡하기 때문에 사람들의 반감을 부추기는 단순한 복음으로는 그들을 구원하거나 변화시킬 수 없다고 생각한다. 요즘에는 타락한 세상을 구원할 수 있는 유일한 복음의 메시지를 이해하고 전하는 것보다 세상 문화를 이해하는 것을 더 많이 강조하는 편이다. 그 결과, 복음을 현대 문화에 적절하게 꿰어 맞추기 위해 끊임없이 왜곡하는 현상이 나타나고 있다. 참된 복음은 모든 문화에 항상 적절하다. 그 복음은 하나님이 만민에게 주신 영원한 말씀이기 때문이다. 그러나 오늘날, 우리는 이 사실을 망각하고 있다.

넷째, 축소된 복음은 하나님의 이름을 욕되게 한다. 온전하지 못한 복음을 전하면, 회개하지 않은 속된 사람들이 교회 안에 들어오기 마련이다. 성경이 가르치는 교회의 권징을 소홀히 하는 탓에 그들은 어떠한 책망이나 훈육도 받지 못한 채 교회 안에 머문다. 그로 인해 교회는 순결함과 명예를 잃고, 하나님의 이름은 비그리스도인들 가운데서 모독을 받는다(롬 2:24). 결국 하나님의 영광은 가려지고, 교회는 굳건히 서지 못하며, 회개하지 않은 교인들은 구원받지 못하고, 비그리스도인들에게는 아무런 증거의 능력도 발휘하지 못하는 결과를 가져오게 된다.

목회자든 평신도든, "복되신 하나님의 영광의 복음"(딤전 1:11)이 온전하지 못한 복음으로 대체되는 것을 뻔히 지켜보면서도 두 손 놓고 있는 것은 결코 온당하지 못하다. 유일하고 참된 복음을 회복해 모든 사람에게 명확하고 담대하게 선포하는 것은 복음의 청지기인 우리의 의무다. 우리는 찰스 스펄전의 말에 귀를 기울여야 한다.

요즘에는 복음의 기본 진리를 다시 점검해야겠다는 생각이 든다. 평화로운 시기에는 마치 먼 곳까지 유람을 떠나듯 여러 가지 흥미로운 진리를 자유롭게 살펴볼 수 있는 여유가 있다. 그러나 지금은 집에 머문 채 믿음의 기본 원리들을 수호하여 마음을 굳게 지키고, 교회라는 가정을 보호해야 할 시기다. 오늘날 교회 안에 왜곡된 것을 말하는 사람이 많이 나타났다. 개인의 철학과 새로운 해석으로 우리를 혼란스럽게 하는 사람이 많다. 그들은 자신들이 가르치겠다고 다짐한 교리를 부인하며, 굳게 지키겠다고 서약한 믿음을 훼손한다. 따라서 우리가 믿는 것을 알고 있고 무엇이든 숨김없이 솔직하게 말하는 사람들이 우리 가운데서 분연히 일어나 우리의 견해를 굳게 고수하며 생명의 말씀을 전하고, 예수 그리스도의 복음의 근본 진리를 명확하게 선포해야 한다.[1]

이 시리즈가 복음의 진리를 온전히 체계적으로 제시하는 것은 아니다. 그러나 이 책들은 근본 진리의 대부분, 특히 이 시대 기독교가 가장 소홀히 취급하는 진리를 다루고 있다. 아무쪼록 이 책을 통해 복음의 아름다움과 지혜, 구원하는 능력을 발견할 수 있기를 바란다. 또한 복음을 회복하여 모두의 삶이 변화되고 말씀이 능력 있게 선포되어 하나님이 큰 영광을 거두시기를 간절히 기도한다.

믿는 자들의 형제 폴 데이비드 워셔

---

[1] Charles H, Spurgeon, *The Metropolitan Tabernacle Pulpit* (repr., Pasadena, Tex.: Pilgrim Publications), 32:385.

예수께서 갈릴리에 오셔서 하나님의 복음을 전파하여 이르시되 때가 찼고 하나님의 나라가 가까이 왔으니 회개하고 복음을 믿으라 하시더라(막 1:14-15).

유익한 것은 무엇이든지 공중 앞에서나 각 집에서나 거리낌이 없이 여러분에게 전하여 가르치고 유대인과 헬라인들에게 하나님께 대한 회개와 우리 주 예수 그리스도께 대한 믿음을 증언한 것이라(행 20:20-21).

그러면 무엇을 말하느냐 말씀이 네게 가까워 네 입에 있으며 네 마음에 있다 하였으니 곧 우리가 전파하는 믿음의 말씀이라 네가 만일 네 입으로 예수를 주로 시인하며 또 하나님께서 그를 죽은 자 가운데서 살리신 것을 네 마음에 믿으면 구원을 받으리라 사람이 마음으로 믿어 의에 이르고 입으로 시인하여 구원에 이르느니라(롬 10:8-10).

1

복음의 부름

1
회개하라

예수께서 갈릴리에 오셔서 하나님의 복음을 전파하여 이르시되 때가 찼고 하나님의 나라가 가까이 왔으니 회개하고 복음을 믿으라 하시더라(막 1:14-15).

알지 못하던 시대에는 하나님이 간과하셨거니와 이제는 어디든지 사람에게 다 명하사 회개하라 하셨으니(행 17:30).

하나님의 아들인 성자께서 성부의 영원한 계획과 그 기쁘신 뜻에 따라 태어나셨다. 기꺼이 하늘의 영광을 버리시고, 성령으로 동정녀의 몸에 잉태되어 신성과 인성을 지닌 구원자로 이 세상에 오신 것이다. 성자께서는 세상에 사시는 동안 하나님의 율법에 온전히 복종하셨다. 그러다가 때가 되자 사람들에게 버림받아 십자가에 못 박히셨다. 십자가에서 자기 백성의 죄를 짊어지신 그분은 하나님께 버림받으셨으며, 그분의 진노를 감당하셨고, 정죄 당해 죽으셨다. 사흘째 되던 날, 하나님은 성자를 죽은 자 가운데서 다시 살리셨다. 예수님의 죽음으로 죗값이 모두 치러졌고, 공의가 충족되었으며, 모든 진노가 가라앉았다고 하나님은 선언하셨다. 예수 그리스도께서는 부활하신 지 40일 후에 하늘에 오르셔서 하나님의 오른편에 앉으셨고, 영광과 존귀와 만물을 다스리는 권세를 얻으셨다. 그분은 성부 앞에서 자기 백성을 대신하여 특별한 간구와 기도를 드리신다. 이것이 하나님과 그분의 아들 "예수 그리스도의 복음"이다.[2]

하나님이 행하신 위대한 사역을 간단히 살펴보았다. 이제 우리의 관심을 인간에게 돌려보도록 하자. 복음에 성경적으로 반응하려면 어떻게 해야 할까? 절박한 심정으로 "어떻게 해야 구원을 받습니까?"라고 묻는 사람들을 어떻게 이끌어야 할까? 성경의 대답은 명쾌하다. 회개하고 복음을 믿어야 한다! 예수님은 이스라엘 백성에게 마음을 열고 그분을 영접하라거나 특정한 기도를 따라하라고 요구하지 않으셨다. 그분은 그들에게 죄에서 돌이켜 복음을 믿으라고 말씀하셨다(막 1:14-15).

변하지 않는 복음의 부름

먼저 우리는 회개와 믿음을 요구하는 그리스도의 명령이 오늘날에도 똑같이 적용된다는 점을 이해해야 한다. 그 명령이 신약성경 시대의 유대인이나 특정 세대에게만 적용된다고 생각한다면 큰 오산이다. "회개하고 믿으라"는 것은 어제나 오늘이나 영원히 변하지 않는 복음의 부름이다. 사도들은 그리스도의 부활과 승천 이후에 이 진리를 더욱 굳게 강화하고 담대하게 선포했다. 사도 바울은 이렇게 선언했다.

> 유익한 것은 무엇이든지 공중 앞에서나 각 집에서나 거리낌이 없이 여러분에게 전하여 가르치고 유대인과 헬라인들에게 하나님께 대한 회개와 우리 주 예수 그리스도께 대한 믿음을 증언한 것이라(행 20:20-21).

---

2) 이 내용의 일부는 『웨스트민스터 신앙고백』 8장에 근거한다.

> 알지 못하던 시대에는 하나님이 간과하셨거니와 이제는 어디든지 사람에게 다 명하사 회개하라 하셨으니(행 17:30).

위 본문을 비롯해 성경의 다른 본문들을 살펴보면 회개를 이전 세대에만 국한시키고 복음 설교에서 그 역할을 축소하려는 오늘날의 시도가 아무 근거가 없다는 것이 명백해진다. 구약 시대의 선지자들과 세례 요한, 주 예수 그리스도, 사도들을 비롯해 교회사에 등장하는 가장 경건하고 훌륭한 신학자와 설교자, 선교사들은 한결같이 "하나님께로 돌이키라"고 외쳤다. 『웨스트민스터 신앙고백』과 『뉴햄프셔 신앙고백』은 각각 이렇게 진술한다.

> 생명에 이르는 회개는 복음의 은혜다. 모든 복음 사역자는 그리스도를 믿는 믿음의 교리와 함께 이 교리를 전해야 한다(웨스트민스터 신앙고백 15장 1항).
>
> 우리는 회개와 믿음이 거룩한 의무이자 서로 나뉠 수 없는 은혜라고 믿는다(뉴햄프셔 신앙고백 8항).

참된 회심의 8가지 특징

회개의 요청은 복음 선포에 반드시 필요한 요소이기 때문에 회심의 본질은 무엇이며, 참된 회심에서 그것이 어떻게 나타나는지를 옳게 이해해야 한다. 성경에 근거해 참된 회심의 특징 8가지를 열거하면 다음과 같다.

- 생각이 변화된다.
- 죄를 슬퍼한다.

- 죄를 인정하고 고백한다.
- 죄에서 돌이킨다.
- 자기 의와 행위를 부인한다.
- 하나님께로 돌아선다.
- 복종한다.
- 회심이 지속적으로 더욱 깊어진다.

물론 참된 회심의 특징이 회심하는 순간에 가장 완전한 형태로 한꺼번에 모두 나타나는 것은 아니다. 이러한 특징은 신앙생활을 하는 동안 지속적으로 더욱 깊어진다. "참된 회심은 가장 성숙한 그리스도인에게서도 찾아보기 어려운 깊은 회개를 요구한다"는 생각은 매우 위험하고 그릇된 발상이다. 예수님은 믿음이 겨자씨 한 알만큼만 있어도 그것이 참되기만 하면 산을 옮기기에 충분한 능력을 발휘한다고 말씀하셨다(마 17:20). 회심하는 순간에 죄의 끔찍한 속성을 온전히 이해하지 못했더라도 얼마든지 참된 회심이 이루어질 수 있다. 새로 회심한 사람은 성숙한 그리스도인에 비해 죄를 덜 슬퍼할 수 있다. 그러나 정도의 차이일 뿐 그것 또한 회심이라 할 수 있다. 어떤 사람의 회심과 믿음이 구원에 이르렀다는 것을 판단할 수 있는 가장 확실한 증거는 무엇인가? 바로 그 은혜가 하나님의 성화 사역을 통해 지속적으로 성장하고 발전하느냐다. 이제 이 점을 염두에 두고 회심의 특징을 하나씩 자세히 살펴보자.

1) 생각이 변화된다

신약성경에서 "회개하다"(repent)라는 표현은 "인식하다", "이해하다"

를 뜻하는 동사와 "변화"를 뜻하는 전치사로 이루어진 헬라어 동사를 번역한 것이다.[3] 따라서 회개는 "사물에 대한 의식이나 현실 인식이 획기적으로 변화하는 것"을 의미한다. 성경이 가르치는 생각의 변화는 지성은 물론 감정과 의지에도 철저하게 영향을 끼친다. 참된 회심은 죄인의 삶 속에서 이루어지는 성령의 사역에 의해 시작된다. 성령께서는 거룩한 진리로 죄인의 마음을 거듭나게 하시고, 생각을 조명하시며, 잘못을 깨우쳐주신다. 성령의 사역으로 죄인의 생각이 변화되고, 그의 현실 인식이 완전히 바뀐다. 특히 하나님과 자아와 죄와 구원의 길을 바라보는 관점이 획기적으로 달라진다.

성경에 따르면, 회심하기 전의 인간은 총명이 어두워진 탓에 무익한 생각을 좇아 행하는 습성이 있다(엡 4:17-18). 인간의 생각은 하나님을 적대시하고 그분의 진리를 묵살할 뿐 아니라 그분의 율법에 복종하기를 거부한다(롬 1:18, 8:7). 따라서 회심하지 않은 사람은 현실을 철저히 왜곡할 수밖에 없다. 진정으로 중요한 것을 모두 잘못 인식하고 있다고 말해도 지나치지 않다.

유일하고 참되신 하나님과 그분의 위엄을 의식하지만, 그분을 공경하거나 그분께 감사해야 한다고 생각하지 않는다(롬 1:21). 그는 온통 자기 자신만 생각하며 자아를 모든 것의 목적으로 삼는다. 하나님의 율법이 마음에 기록되어 있지만 그 명령에 따르는 것이 유익하다고 생각하지 않고, 그럴 필요성도 느끼지 못한다. 양심의 소리를 외면하고, 스스로 진리라고 알고 있는 것을 묵살해 버린다(롬 2:14-15). 게다가 악을

---

[3] 메타노에오(*Metanoeo*). " '메타' (*meta*)라는 전치사는 동작이나 정신 활동을 뜻하는 동사들과 결합되어 단순한 동사의 의미를 변화시킨다." *New International Dictionary of New Testament Theology*, ed. Colin Brown (Grand Rapids: Zondervan, 1975), 1:357.

저지른 사람은 죽어 마땅하다는 것을 알고 있지만, 그것을 두려워하지 않아도 된다고 생각한다. 그는 자신도 같은 일을 행할 뿐 아니라 그런 일을 행하는 사람들을 옳게 여긴다(롬 1:32). 죽음이 주위 사람을 모두 집어삼키는 것을 보면 도덕적으로 잠시 가책을 느끼지만, 그런 불행이 자기에게는 닥치지 않을 것이라고 자신한다. 한마디로 회심하지 않은 사람은 크게 왜곡된 상태이지만, 교만하게도 자기 눈에 옳게 보이는 일을 행하기를 서슴지 않는다(삿 17:6, 21:25). 그는 자신이 옳다고 생각하는 길로 달려가지만, 그 마지막은 사망이다(잠 14:12).

그러나 회심하는 순간에 하나님의 성령께서 죄인의 마음을 거듭나게 하시고, 진리가 그의 어두운 생각에 빛을 비춘다. 그러면 자신의 삶이 그동안 그릇된 환상에 지배당했고, 모든 것을 잘못 생각하고 있었다는 사실을 불현듯 깨닫는다. 그는 생전 처음 진리를 보고 인정하기에 이른다. 하나님에 대한 불경스러운 생각이 사라지고, 미약하게나마 그분을 유일하고 참되신 하나님으로 옳게 생각하는 의식이 싹트기 시작한다. 자신의 미덕이나 공로에 대한 잘못된 생각도 본성의 타락과 행위의 철저한 부패를 의식하는 마음으로 대체된다. 교만과 자신감과 자기 확신이 참된 겸손으로 바뀌고, 자아를 불신하며, 죄를 슬퍼하고, 하나님의 용서를 구하기 시작한다. 또한 예수 그리스도와 그분의 사역을 통해 나타난 하나님의 긍휼을 갈망하며, 하나님의 뜻을 행하려고 노력한다. 생각이 변화되고, 삶도 변화된다. 이것이 바로 "회심"이다.

다소의 사울은 성경적인 회심을 보여주는 대표적인 사례다. 무지와 불신앙에 휩싸였던 사울은 나사렛 예수가 사기꾼이자 신성모독자에 지나지 않는다고 생각했다. 그는 그분의 추종자들을 모조리 감옥에 가두거나 죽여야 한다고 확신했다(행 9:1-2, 딤전 1:13). 사울은 여전히 주님의 제자들을 위협하고 죽일 기세로 대제사장에게 공문을 요구했다. 믿는 사람이면 남녀를 막론하고 보는 대로 잡아 예루살렘으로 잡아오기 위해서였다(행 9:1-3). 그러나 그가 다메섹에 가까이 이르렀을 때, 부활하신 그리스도께서 그에게 나타나셨다(행 9:3-8). 그 순간 사울의 현실 인식은 완전히 무너져 내렸다. 그는 자신이 모든 것을 잘못 생각했다는 사실을 깨달았다. 그는 나사렛 예수를 신성모독자로 생각했지만, 바로 그분이 하나님의 아들이시자 약속된 메시아시며, 세상의 구원자시라는 사실을 발견했다. 또한 그는 "의는 율법을 지켜 얻는 것"이라고 생각했지만, 자신에게는 선한 것이 전혀 없고 구원은 오직 믿음을 통해 은혜로 얻는 "하나님의 선물"이라는 사실을 알게 되었다(롬 7:18, 엡 2:8-9). 그는 제자들을 이스라엘의 원수이며 살아 있어서는 안 될 사람들로 생각했지만, 실제로는 자신이 참 이스라엘 백성을 박해했고 살아 계시는 하나님의 자녀들을 죽음으로 몰아넣고 있다는 사실을 깨달았다(행 8:1, 롬 8:14-15, 갈 6:16).

  회심을 경험한 그는 "사흘 동안 보지 못하고 먹지도 마시지도" 않았다(행 9:9). 이처럼 자기 의를 내세우는 바리새인 중의 바리새인이었던 사울은 예수 그리스도와의 단 한 번의 만남으로 산산이 부서졌다. 성령의 깨우침과 거듭나게 하시는 사역을 통해 그의 마음과 생각이 획기적으로 바뀌었고, 그의 삶도 영원히 철저하게 변화되었다. 그는 회개하고, 자리에서 일어나 세례를 받았다. 음식을 먹고 기운을 차린 다음, 즉시 회당에서 예수님이 하나님의 아들이심을 전파했다(행 9:18-22). "우리를 박해하던 자가 전에 멸하려던 그 믿음을 지금 전한다"는 소문이 유대에 있는 온 교회에 퍼져나갔다(갈 1:22-23).

바울은 다메섹으로 가는 길에서 삶이 철저히 변화되기 시작한 과정을 다음과 같이 설명했다. 우리는 그의 말에서 성령의 거듭나게 하시는 사역을 통해 생각이 변하고 마음이 새롭게 되었을 때 어떤 결과가 나타나는지 분명히 확인할 수 있다.

> 그러나 무엇이든지 내게 유익하던 것을 내가 그리스도를 위하여 다 해로 여길 뿐더러 또한 모든 것을 해로 여김은 내 주 그리스도 예수를 아는 지식이 가장 고상하기 때문이라 내가 그를 위하여 모든 것을 잃어버리고 배설물로 여김은 그리스도를 얻고 그 안에서 발견되려 함이니 내가 가진 의는 율법에서 난 것이 아니요 오직 그리스도를 믿음으로 말미암은 것이니 곧 믿음으로 하나님께로부터 난 의라(빌 3:7-9).

2) 죄를 슬퍼한다

"회개"를 이해하는 데 도움이 되는 히브리어가 있다. 바로 "나캄"(nacham)이다. 이 용어는 "깊이 숨을 쉬다"를 뜻하는 어근에서 유래한 것으로, 슬픔, 후회, 회한과 같은 감정을 물리적으로 표출하는 상태를 묘사한다.[4] 성경적인 회심에는 생각의 변화는 물론 죄를 슬퍼하는 마음이 뒤따른다.

우리의 부패함과 죄책을 조금이라도 제대로 의식한다면, 진심어린 슬픔과 수치가 느껴진다. 그러면서 우리 자신과 죄를 미워하고 증오하기에 이른다. 에스라는 하나님께 기도할 때 이스라엘의 죄 때문에

---

4) R. Laird Harris, Gleason L. Archer Jr., and Bruce K. Waltke, *Theological Workbook of the Old Testament* (Chicago: Moody Press, 1980), 2:570. 『구약원어 신학사전』, 요단.

부끄럽고 낯이 뜨겁다고 말했다(스 9:5-6). 예레미야 선지자는 "우리는 수치 중에 눕겠고 우리의 치욕이 우리를 덮을 것이니 이는 우리와 우리 조상들이 청년의 때로부터 오늘까지 우리 하나님 여호와께 범죄하여 우리 하나님 여호와의 목소리에 순종하지 아니하였음이니이다"(렘 3:25)라고 부르짖었다.

또한 에스겔 선지자는 불순종하는 이스라엘 백성이 마침내 하나님을 거역한 죄의 끔찍함을 인정할 때가 되면, 스스로 저지른 악행을 보고 자기 자신을 미워하게 될 것이라고 말했다(겔 20:43). 사도 바울도 로마의 신자들에게 보낸 서신에서 그들이 회심 이전에 행한 일을 여전히 부끄러워하고 있다고 언급했다(롬 6:21).

이런 성경의 가르침은 자긍심의 심리학에 깊이 물든 지금의 세상과 교회에 부적절하게 들릴 수도 있다. 그러나 슬픔과 수치심과 자기 증오는 성경 전체에서 가르치는 참된 회심의 근본적 특성이다. 예수 그리스도와 사도 바울의 가르침은 이 진리를 확실하게 뒷받침한다.

> 세리는 멀리 서서 감히 눈을 들어 하늘을 쳐다보지도 못하고 다만 가슴을 치며 이르되 하나님이여 불쌍히 여기소서 나는 죄인이로소이다 하였느니라 내가 너희에게 이르노니 이에 저 바리새인이 아니고 이 사람이 의롭다 하심을 받고 그의 집으로 내려갔느니라 무릇 자기를 높이는 자는 낮아지고 자기를 낮추는 자는 높아지리라 하시니라(눅 18:13-14).
>
> 내가 지금 기뻐함은 너희로 근심하게 한 까닭이 아니요 도리어 너희가 근심함으로 회개함에 이른 까닭이라 너희가 하나님의 뜻대로 근심하게 된 것은 우리에게서 아무 해도 받지 않게 하려 함이라 하나님의 뜻대로 하는 근심은 후회할 것이 없는 구원에 이르게 하는 회개를 이루는 것이요 세상

근심은 사망을 이루는 것이니라(고후 7:9-10).

자신의 본성과 행위의 실상을 직시한 세리는 뼈저리게 후회하고 슬퍼했다. 그리고 겸손히 죄를 고백했다. 음행과 교만에 치우쳤던 고린도 교회가 죄를 슬퍼하는 것은 "하나님의 뜻"에 따르는 매우 적절한 일이었다. 그러나 두 경우 모두 슬픔과 수치심 자체는 목적이 아니라 수단이었다는 것을 기억하라. 세리의 수치심은 "칭의"로, 고린도 신자들의 슬픔은 후회할 것이 없는 "구원"으로 이어졌다.

가룟 유다의 경우처럼 믿음이 따르지 않은 세상 근심은 사망으로 이끌지만, 경건한 슬픔은 참된 회심을 통해 생명에 이른다(고후 7:10). 이 점을 절대로 소홀히 여기지 말라. 성경은 하나님이 그런 슬픔을 귀하게 여기신다고 증언한다. 하나님은 상하고 통회하는 마음을 멸시하지 않으신다(시 51:17). 겸손한 마음으로 크게 뉘우치며 그분의 말을 두렵게 여기는 자를 돌아보신다(사 66:2). 하나님은 지극히 높고 거룩한 곳에 거하시지만, 통회하고 마음이 겸손한 자와 함께하셔서 그를 소생시키신다(사 57:15). 예수님도 팔복을 통해 "애통하는 자는 복이 있나니 그들이 위로를 받을 것임이요"(마 5:4)라고 말씀하셨다.

3) 죄를 인정하고 고백한다

회심은 죄를 슬퍼하는 것으로 그치지 않는다. 회심은 우리를 바라보는 하나님의 관점이 참되며, 그분의 판결이 정당하다는 것을 솔직하게 인정하고 고백하는 데까지 나아간다. "나는 죄인이다. 나는 죄를 지었다. 나는 하나님께 정죄당해 마땅하다." 이렇게 인정하고 고백하는 것이 곧 참된 회심이다.

성경적인 회심에는 항상 우리의 현실과 행위를 인정하는 것이 포함된다. 이 진리는 오늘날의 문화가 지지하는 신념과 정면으로 충돌한다. 우리는 자기변명에 능하고, 스스로를 의롭다고 생각한다. 겉으로만 보면 우리는 아무 결함이 없는 사람들이다. 그러나 우리는 늘 우리 힘으로는 통제할 수 없는 악의적인 세력에 영향을 받는다. 우리는 다른 사람을 탓하거나 그럴 듯한 이유를 내세워 우리 죄를 떠넘기는 능력이 매우 탁월하다. 스스로를 정당화하면서 사회나 교육, 성장 배경이나 상황을 탓할 뿐 우리에게 조금이라도 죄책이 돌아온다 싶으면 깜짝 놀라며 분노하기까지 한다. 그러나 회심을 경험하면, 시대의 풍조에 따르던 이해의 관점이 획기적으로 변화한다. 우리 자신을 탓하며 정직하게 죄를 인정하고, 입을 굳게 다문 채 하나님의 처분에 모든 것을 맡기게 된다(롬 3:19). 더 이상 변명을 둘러대거나 피할 방도를 찾으려고 애쓰지 않게 되는 것이다.

죄책을 인정한 다음에는, 즉 우리 행위를 온전히 책임지겠다고 생각한 다음에는 하나님 앞에서 투명하고 솔직하게 자신을 드러내고, 죄를 진심으로 고백하는 과정이 뒤따른다. "고백"으로 번역된 헬라어 "호몰로게오"(homologeo)는 "똑같은 것을 말하다"라는 뜻이다. 하나님은 회심 사역을 통해 죄인의 마음을 여시고, 그가 지은 죄를 깨우쳐주신다. 살아 있고 활력이 있어 좌우에 날선 어떤 검보다 예리한 하나님의 말씀이 그의 마음 깊은 곳을 찔러 가장 깊은 생각과 의도를 여실히 드러낸다(히 4:12). 그러면 죄인은 난생처음 자신의 죄를 직시하고, 그 끔찍한 실체를 의식한다. 그 죄는 항상 그의 앞에 있다(시 51:3). 아무리 노력해도 스스로가 바라보는 자신의 끔찍한 몰골을 지워버릴 수가 없다. 그는 더 이상 숨지 않고, 하나님 앞에서 죄를 인정하고 허물을 고백한다(시 32:5). 그는 다윗처럼 자신의 죄책을 온전히 인정하고 기꺼이 고백하고픈 심정을 느낀다.

> 내가 주께만 범죄하여 주의 목전에 악을 행하였사오니 주께서 말씀하실 때에 의로우시다 하고 주께서 심판하실 때에 순전하시다 하리이다(시 51:4).

호세아 선지자도 그리스도인은 하나님 앞에서 자신을 투명하게 내보이고, 그분이 말씀하신 것이 한 치도 틀리지 않다는 사실을 기꺼이 인정하고 고백해야 한다고 강조했다.

> 너는 말씀을 가지고 여호와께로 돌아와서 아뢰기를 모든 불의를 제거하시고 선한 바를 받으소서 우리가 수송아지를 대신하여 입술의 열매를 주께 드리리이다(호 14:2).

죄를 민감하게 의식하고 솔직하게 고백하는 것은 참된 그리스도인의 표징이다. 따라서 그런 태도가 보이지 않는다는 것은 아직 회심하지 않은 상태라는 증거다. 사도 요한은 이렇게 말했다.

> 만일 우리가 죄가 없다고 말하면 스스로 속이고 또 진리가 우리 속에 있지 아니할 것이요 만일 우리가 우리 죄를 자백하면 그는 미쁘시고 의로우사 우리 죄를 사하시며 우리를 모든 불의에서 깨끗하게 하실 것이요 만일 우리가 범죄하지 아니하였다 하면 하나님을 거짓말하는 이로 만드는 것이니 또한 그의 말씀이 우리 속에 있지 아니하니라(요일 1:8-10).

일부 사람들의 잘못된 생각과 달리, 참된 회심의 가장 확실한 증거는 죄가 없는 완벽한 상태가 아니다. 오히려 죄를 민감하게 의식하고 하나님 앞에서 숨김없이 인정하는 것이야말로 참된 회심의 증거다.

4) 죄에서 돌이킨다

구약성경에서 "회개하다"로 번역된 히브리어는 "돌아오다", "돌이키다"라는 뜻을 지닌다.[5] 참된 회심의 뚜렷한 징후 가운데 하나는 정직하고 진지한 태도로 죄를 버리고 돌이키는 것이다. 눈물을 많이 흘린다거나 겉으로 진지하게 죄를 고백하는 것처럼 보인다고 해서 성경적인 회심이 이루어졌다고 단정 지을 수는 없다. 하나님이 반대하고 미워하시는 죄에서 돌이키는 것이 반드시 뒤따라야 한다. 이 진리는 성경에 분명하게 언급되어 있기 때문에 굳이 길게 설명하지 않아도 될 것이다. 에스겔서 가운데 세 곳을 인용하는 것으로 충분하다.

> 그런즉 너는 이스라엘 족속에게 이르기를 주 여호와의 말씀에 너희는 마음을 돌이켜 우상을 떠나고 얼굴을 돌려 모든 가증한 것을 떠나라(겔 14:6).
>
> 너희는 돌이켜 회개하고 모든 죄에서 떠날지어다 그리한즉 그것이 너희에게 죄악의 걸림돌이 되지 아니하리라 너희는 너희가 범한 모든 죄악을 버리고 마음과 영을 새롭게 할지어다(겔 18:30-31).
>
> 나의 삶을 두고 맹세하노니 나는 악인이 죽는 것을 기뻐하지 아니하고

---

5) R. Laird Harris, Gleason L. Archer Jr., and Bruce K. Waltke, *Theological Workbook of the Old Testament* (Chicago: Moody Press, 1980), 2:909. 『구약원어 신학사전』, 요단.

> 악인이 그의 길에서 돌이켜 떠나 사는 것을 기뻐하노라 이스라엘 족속아 돌이키고 돌이키라 너희 악한 길에서 떠나라 어찌 죽고자 하느냐(겔 33:11).

참된 회심이 죄에서 돌이키는 것을 뜻한다는 것은 부인할 수 없는 성경의 진리다. 그러나 이 진리는 심지어 가장 경건한 그리스도인들 사이에서도 종종 혼란과 두려움을 일으킨다. 그런 혼란은 주로 이런 질문으로 나타난다.

"내가 이미 버렸고 혐오하는 죄를 또다시 짓는다면, 진정으로 회심했다고 할 수 있을까? 자주 실패한다는 것은 내가 아직 회개하지 않았다는 증거가 아닐까?"

이 민감한 질문에는 상당히 균형 있는 생각이 필요하다. 죄를 꾸준히 극복해 나가지 못하고 재발 횟수가 빈번하다는 것은 피상적이고 비성경적인 회심이 이루어졌다는 증거일 수 있다. 세례 요한이 바리새인들에게 회개에 합당한 열매를 맺으라고 권고하고(마 3:8), 예수님이 "이 백성이 입술로는 나를 공경하되 마음은 내게서 멀도다"(마 15:8)라고 말씀하신 이유가 여기에 있다.

그러나 다른 한편으로는 어느 정도까지 성화를 이루었느냐에 상관없이 가장 성숙한 그리스도인조차 죄와 자주 싸우면서 큰 승리를 거둘 때도 있고, 실망스러운 패배를 당하는 때도 있다. 이 세상에 사는 한, 죄와 완전히 단절되어 그 영향이나 도덕적 실패에서 온전히 자유로울 수 있는 그리스도인은 단 한 사람도 없다. 참된 그리스도인은 시간이 갈수록 죄에서 점차 멀어지지만, 죄는 그들의 삶 속에서 여전히 영향력을 행사한다. 죄를 짓는 횟수가 줄고 그 영향력이 약해질 수는 있지만, 그렇다고 죄가 완전히 근절되는 것은 아니다. 그리스도인이 영화로워져서 천국에 들어가는 그날에야 비로소 죄를 완전히 근절할 수 있다.

하나님은 우리를 "모든 더러운 것에서와 모든 우상 숭배에서 너희를 정결하게 할 것"(겔 36:25)이라고 약속하셨지만, 우리 가운데 가장 성숙한 그리스도인도 때로 이미 버린 죄에 다시 덜미를 잡힌다. 죄에 맞서 싸우며 거룩함을 추구하고, 우리 몸을 쳐서 복종시키고, 신중한 태도로 지혜롭게 처신한다고 해도 우리는 아직 온전하지 못하기 때문에 여전히 회개와 은혜가 필요하다(고전 9:24-27, 엡 5:15). 따라서 그리스도인은 죄에 맞서 싸우면서 죄를 짓고 뉘우치는 일이 잦더라도 절대로 낙심해서는 안 된다. 그런 싸움을 하고 있다는 것 자체가 참된 회심의 표징이기 때문이다. 거짓 회심, 즉 위선자의 회심에는 그런 싸움이 존재하지 않는다. 하나님은 완전한 사람이 아니라, 그분의 말씀을 듣고 두려워하며 상하고 애통하는 심령을 지닌 사람에게 자신을 나타내겠다고 약속하셨다(사 66:2).

참된 그리스도인은 점진적인 성화를 경험하면서 종종 죄를 물리치고 승리한다. 참된 회심을 시작한 사람은 그 일을 계속 유지해 나간다. 그 결과 그들의 삶에서 회심의 경험이 더욱 깊어지고 더욱 큰 현실로 자리 잡는다(빌 1:6). 그러나 참된 그리스도인은 죄에서 온전히 자유롭지 못하다. 그는 여전히 하나님이 허락하시는 회개의 은혜가 필요하다. 한편 믿음은 고백했지만 성화의 진전이 없고, 회개에 합당한 열매가 보이지 않는 그리스도인은 영혼의 안위를 걱정해야 한다. 그런 그리스도인은 스스로를 시험해 보고, 자신이 과연 믿음 안에 있는지 확인해 봐야 한다(고후 13:5).

5) 자기 의와 행위를 부인한다

언뜻 생각하면 이것은 참된 회심의 특징으로 부적절하게 보인다. 바울은 "우리는 그가 만드신 바라 그리스도 예수 안에서 선한 일을 위하여 지으심을 받은 자니 이 일은 하나님이 전에 예비하사 우리로 그 가운데서 행하게 하려 하심이니라"(엡 2:10)고 말했다.

세례 요한도 회개에 합당한 열매(행위)를 맺으라고 강조했다(마 3:8, 눅 3:8). 그런데 어떻게 행위를 부인하여 참된 회심을 드러내라는 것일까?

> 그러므로 우리가 그리스도의 도의 초보를 버리고 죽은 행실을 회개함과 하나님께 대한 신앙과 …… 심판에 관한 교훈의 터를 다시 닦지 말고 완전한 데로 나아갈지니라(히 6:1-2).

"죽은 행실을 회개한다"는 것은 개인의 경건이 의롭다 하심을 받거나 하나님 앞에서 옳다고 인정받을 수 있는 수단이 될 수 있다는 희망을 완전히 포기하는 것을 뜻한다. 그리스도와 그분의 사역 말고 다른 어떤 행위를 의지한다면, 그 행위는 구원을 줄 수 없는 죽은 행위다.

성경은 "믿음을 통해 오직 은혜로만 구원받는다"고 가르친다. 그것은 행위가 아니기 때문에 누구도 자랑하지 못한다(엡 2:8-9). 그래서 성경이 은혜와 행위를 서로 정반대되는 배타적 관계로 다루는 것이다. 사도 바울은 로마서에서 이 진리를 명쾌하게 진술했다.

> 만일 은혜로 된 것이면 행위로 말미암지 않음이니 그렇지 않으면 은혜가 은혜 되지 못하느니라(롬 11:6).

고전 논리학에는 "비모순율"(the law of noncontradiction)이라는 법칙이 있다. 이 법칙은 서로 모순되는 진술들이 같은 문맥에서 동시에 사실일 수는 없다는 것이다. 구원과 관련하여 이 법칙은 행위와 은혜에 적용된다. 구원이 은혜로 받는 것이라면 행위로는 구원받을 수 없다. 반대로 구원이 행위로 받는 것이라면 은혜로는 구원받을 수 없다. 따라서 그리스도를 믿어 구원에 이르는 신앙이 가능하려면, 먼저 다른 수단으로 구원을 얻을 수 있다는 희망을 모두 버려야 한다.

자기 의를 버리고 오직 그리스도의 은혜만 의지하는 것이 성령의 위대한 사역인 "중생"(重生)이다. 진정으로 회심한 사람은 성령의 사역을 통해 자기 힘으로는 얻을 수 없는 하나님의 의를 얻고, 말로 다할 수 없는 자신의 부패함을 깨닫는다. 그는 죄를 애통해하며 욥과 바울처럼 부르짖는다.

> 내가 정죄하심을 당할진대 어찌 헛되이 수고하리이까 내가 눈 녹은 물로 몸을 씻고 잿물로 손을 깨끗하게 할지라도 주께서 나를 개천에 빠지게 하시리니 내 옷이라도 나를 싫어하리이다(욥 9:29-31).
>
> 오호라 나는 곤고한 사람이로다 이 사망의 몸에서 누가 나를 건져내랴(롬 7:24).

자아의 현실과 죄를 새롭게 의식하면 자기 의를 당당하게 앞세우는 사람조차도 스스로의 사악하고 끔찍한 죄는 물론, 공로와 선행을 신뢰하는 마음까지 모두 내버릴 수밖에 없다. 그는 더 이상 하나님 앞에 행위를 내세워 의로움을 주장하지 않고 오직 "그리스도 예수로 자랑하고 육체를 신뢰하지 아니하는"(빌 3:3) 태도를 취한다. 사도 바울의 회심이 이 사실을 분명하게 보여준다.

> 그러나 나도 육체를 신뢰할 만하며 만일 누구든지 다른 이가 육체를 신뢰할 것이 있는 줄로 생각하면 나는 더욱 그러하리니 나는 팔일 만에 할례를 받고 이스라엘 족속이요 베냐민 지파요 히브리인 중의 히브리인이요 율법으로는 바리새인이요 열심으로는 교회를 박해하고 율법의 의로는 흠이 없는 자라 그러나 무엇이든지 내게 유익하던 것을 내가 그리스도를 위하여 다 해로 여길 뿐더러 또한 모든 것을 해로 여김은 내 주 그리스도 예수를 아는 지식이 가장 고상하기 때문이라 내가 그를 위하여 모든 것을 잃어버리고 배설물로 여김은 그리스도를 얻고 그 안에서 발견되려 함이니 내가 가진 의는 율법에서 난 것이 아니요 오직 그리스도를 믿음으로 말미암은 것이니 곧 믿음으로 하나님께로부터 난 의라 (빌 3:4-9).

은혜와 행위처럼 참된 회심과 자기 의도 서로 정면으로 충돌한다. 그 둘은 한 사람의 인격 안에 동시에 거할 수 없다. 회심하지 않은 사람은 아무것도 부족한 것이 없다고 생각한다. 그러나 하나님의 성령께서 그의 마음을 거듭나게 하시고 생각을 조명하시면, 곤고하고, 가련하고, 가난하고, 눈멀고, 벌거벗은 자신의 실상을 깨닫게 된다(계 3:17). 그러고는 "감히 눈을 들어 하늘을 쳐다보지도 못하고 다만 가슴을 치며 이르되 하나님이여 불쌍히 여기소서 나는 죄인이로소이다"(눅 18:13)라고 부르짖던 세리처럼 행동한다. 그는 옛 찬송가 가사에서 말하는 태도로 하나님 앞에 나아간다.

> 내가 공을 세우나 은혜 갚지 못하네.

쉼이 없이 힘쓰고 눈물 근심 많으나
구속 못할 죄인을 예수 홀로 속하네.

빈손 들고 앞에 가 십자가를 붙드네.
의가 없는 자라도 도와주심 바라고
생명 샘에 나가니 나를 씻어주소서.[6]

회개한 죄인은 행위에 근거한 종교의 거짓된 속임수를 단호하게 거부한다. 그의 마음에서는 "여호와여 영광을 우리에게 돌리지 마옵소서 우리에게 돌리지 마옵소서"(시 115:1)라는 시편 저자의 고백이 저절로 우러나온다. 그는 자신의 인격이나 행위를 근거로 하나님과 올바른 관계를 맺을 수 있다는 말이나 생각을 용납하지 않는다. 믿음으로 "내게는 우리 주 예수 그리스도의 십자가 외에 결코 자랑할 것이 없다"(갈 6:14)고 선언한다.

그렇다면 행위는 우리의 구원과 어떤 관계가 있을까? 은혜를 넘치게 하기 위해 계속 죄 가운데 거해야 하는 것일까?(롬 6:1) 개인적인 의나 행위의 열매가 없어도 되는 것일까? 절대 그렇지 않다. 진정으로 회개하고 믿어 구원에 이른 사람은 성령으로 거듭나 그리스도의 형상으로 재창조된다. 누구든지 그리스도 안에 있으면 새로운 본성을 지닌 새로운 피조물로 거듭난다(고후 5:17). 그는 죄에 대해 죽고 새 생명 가운데서 행한다(롬 6:2-4). 그리스도인은 거듭남의 능력, 성령의 내주하심, 하나님의 철저한 섭리를 통해 행위의 열매를 맺고 선을 행하여 하나님을 영

---

6) A. M. 토플레디, "만세 반석 열리니", 새찬송가 494장, 2-3절.

화롭게 한다. 한마디로 선행은 구원의 근거가 아니라, 그 결과다. 그리스도인이 행하는 행위, 곧 "하나님이 전에 예비하사 우리로 그 가운데서 행하게 하려"(엡 2:10) 하시는 일은 칭의의 근거가 아닌 그 증거다.

6) 하나님께로 돌아선다

죄를 버리는 것은 그 자체로 목적이 아니다. 그것은 더 큰 목적, 즉 하나님께로 돌아서기 위한 수단이다. 도덕과 기독교는 서로 다르다. 그리스도인이 도덕을 실천하는 이유는 도덕 자체를 위해서가 아니라, 하나님을 영화롭게 하고 기쁘시게 하기 위해서다.[7] 물론 기독교와 성경만이 가르치는 독특한 도덕이 있지만, 기독교는 하나님과 깊고 친밀한 관계를 맺는 것을 가장 중요한 목적으로 삼는다. 예수님은 이 진리를 "영생은 곧 유일하신 참 하나님과 그가 보내신 자 예수 그리스도를 아는 것이니이다"(요 17:3)라고 묘사하셨다.

예수님이 사용하신 "알다"라는 말은 신앙생활을 지성적인 활동에 국한시키지 않는다. 그분이 말씀하신 지식은 친밀하고 관계적인 의미를 지닌다. 신앙생활의 목적은 하나님을 인격적으로 알아 그분의 참된 가치를 더욱 깊이 이해하고, 그분 안에서 만족과 기쁨을 누리며, 그분의 영광을 위해 헌신하는 데 있다. 옛 교리 문답은 "인간의 제일 되는 목적은 하나님을 영화롭게 하고, 그분을 영원히 즐거워하는 것이다"라고 말한다.[8] 따라서 참된 회심은 죄를 버리는 데 그치지 않고, 하나님께로 온전히 돌이켜 그분을 삶의 "제일 되는 목적"으로 삼는

---

[7] 하나님에 대한 사랑과 그분을 영화롭게 하려는 이유 외에 다른 이유로 성경의 도덕을 실천하는 것은 명백한 우상 숭배다.
[8] 웨스트민스터 소요리 문답 1.

데까지 나아가야 한다. 특히 신약성경과 구약성경에서 이 진리를 분명하게 확인할 수 있다. 먼저 하나님은 이사야 선지자를 통해 이렇게 선언하셨다.

> 너희는 여호와를 만날 만한 때에 찾으라 가까이 계실 때에 그를 부르라 악인은 그의 길을, 불의한 자는 그의 생각을 버리고 여호와께로 돌아오라 그리하면 그가 긍휼히 여기시리라 우리 하나님께로 돌아오라 그가 너그럽게 용서하시리라(사 55:6-7).

이 본문은 하나님께 돌아오는 것을 분명하게 강조하고 있다. 죄를 버리는 것 자체가 목적이 아니다. 그것은 더 큰 목적, 곧 하나님께 돌아오기 위한 첫걸음일 뿐이다. 우리가 죄에서 돌이키는 이유는 하나님께로 돌아서기 위해서다. 이 두 가지가 모두 필요하다. 하나님과 죄는 서로를 배척하기 때문이다. 우리는 하나님과 죄를 함께 소유할 수 없고, 둘 다 소중히 여길 수도 없다.

또 다른 본문은 바울이 데살로니가 신자들에게 보낸 서신에 있다. 그는 회심을 이렇게 묘사했다.

> 그들이 우리에 대하여 스스로 말하기를 우리가 어떻게 너희 가운데에 들어갔는지와 너희가 어떻게 우상을 버리고 하나님께로 돌아와서 살아 계시고 참되신 하나님을 섬기는지와 또 죽은 자들 가운데서 다시 살리신 그의 아들이 하늘로부터 강림하실 것을 너희가 어떻게 기다리는지를 말하니 이는 장래의 노하심에서 우리를 건지시는 예수시니라(살전 1:9-10).

죄에서 돌이키는 목적이 하나님께로 돌아서기 위해서라는 사실이 다시금 분명하게 드러나 있다. 데살로니가 신자들이 이전의 우상 숭배를 버리고 살아 계신 참 하나님께로 돌아와 그분을 섬긴 것에서 그들의 회심이 참되다는 것을 알 수 있다. 더욱이 그들은 많은 시련 속에서도 인내하며 하나님의 아들 예수님이 재림하실 날을 간절히 고대했다. 이처럼 참된 회심은 항상 "죄에서 돌이켜 하나님께로 돌아서는 것"으로 이루어진다. 다시 말해, 죄를 버리고 간절한 마음으로 하나님을 갈망하는 것이 참된 회심의 본질이다.[9]

7) 복종한다

참된 회심의 가장 명백하고 확실한 증거는 하나님의 명령에 진심으로 복종하는 것이다. 하나님을 간절히 열망하며 경건하게 살려는 진지한 마음이 있더라도 성경의 계명에 삶을 복종시켜야만 그 타당성을 인정받을 수 있다. 세례 요한의 강력한 말은 다른 의미로 오해할 수 없다. 회개했다고 주장할 수 있으려면, "회개에 합당한 열매"(마 3:8)를 맺어야 한다. 열매 없는 삶은 회심이 한갓 감정의 표출에 그쳤다는 증거다. 우리는 이 경고에 귀를 기울여야 한다. 하나님의 심판의 도끼가 이미 나무뿌리 위에 놓였기 때문이다. 좋은 열매를 맺지 못하는 나무는 모두 잘려 불 속에 던져진다(마 3:10). 행위 없는 믿음이 아무짝에도 쓸모없는 죽은 믿음이듯, 열매 없는 회개는 거짓 회개다. 그러나 마음이 진정으로 하나님께 돌아섰다면, 새롭게 깨달은 대로 그분의 뜻에

---

9) 성경적 회심의 이중적 본질을 증언하는 성경 본문 몇 곳을 더 예로 들면 다음과 같다. 사 45:22, 애 3:39-41, 욜 2:12-14, 슥 1:3.

기꺼이 복종하기 마련이다. 회심에는 생각과 감정의 요소가 포함되지만, 궁극적으로는 의지를 통해 하나님의 명령에 복종하는 것으로 그 진위가 가려진다.

세례 요한의 경고를 그의 시대만을 위한 옛 예언자의 목소리로 받아들여서는 곤란하다. 그의 교리는 예수님과 바울의 가르침에서도 발견할 수 있다.

> 아름다운 열매를 맺지 아니하는 나무마다 찍혀 불에 던져지느니라 이러므로 그들의 열매로 그들을 알리라 나더러 주여 주여 하는 자마다 다 천국에 들어갈 것이 아니요 다만 하늘에 계신 내 아버지의 뜻대로 행하는 자라야 들어가리라(마 7:19-21).
>
> 아그립바 왕이여 그러므로 하늘에서 보이신 것을 내가 거스르지 아니하고 먼저 다메섹과 예루살렘에 있는 사람과 유대 온 땅과 이방인에게까지 회개하고 하나님께로 돌아와서 회개에 합당한 일을 하라 전하므로(행 26:19-20).

성경은 인간의 공로나 행위로 하나님과 올바른 관계를 맺으려는 시도를 엄격히 단죄한다. 그러나 회개와 믿음은 성령께서 초자연적으로 재창조하신 결과다(갈 3:10). 그런 은혜의 사역은 항상 "삶의 변화"와 "행위의 열매"라는 증거를 수반한다. 예수 그리스도께서는 산상설교에서 진정으로 회개하고 믿는 자는 "그들의 열매로" 알 수 있다고 말씀하셨다(마 7:16-20). 이 말씀은 진정으로 회개한 사람은 전혀 불순종하는 일 없이 늘 하나님 뜻에 온전히 복종한다는 의미가 아니다. 또한 시편에서 말하는 복된 사람처럼 항상 풍성한 열매를 맺는다는 의미도 아니다.

> 그는 시냇가에 심은 나무가 철을 따라 열매를 맺으며 그 잎사귀가 마르지 아니함 같으니(시 1:3).

마태복음 말씀은 하나님의 명령을 행하려는 마음과 복종을 실천하려는 의지가 그의 삶을 이끈다는 뜻이다. 따라서 그런 열매 없이 회개했다고 주장하는 사람은 스스로 생각하는 것과 달리 하나님 앞에서 올바로 설 수도 없고, 자신의 주장이 타당하다고 확신할 수도 없다.

8) 회심이 지속적으로 더욱 깊어진다

참된 회심의 마지막 특징이자 궁극적인 증거는 삶에서 이루어지는 지속적인 성장이다. 우리 안에서 회심의 사역을 일으키신 하나님은 성령의 거룩하게 하시는 사역을 통해 그 사역을 완성하신다. 하나님은 회심의 사역이 우리 삶을 통해 더욱 성장하고 깊어지도록 이끄신다(빌 1:6). 이 진리는 마가복음 서두에 기록된 그리스도의 가르침에서 분명하게 확인할 수 있다.

> 예수께서 갈릴리에 오셔서 하나님의 복음을 전파하여 이르시되 때가 찼고 하나님의 나라가 가까이 왔으니 회개하고 복음을 믿으라 하시더라(막 1:14-15).

헬라어 원문을 보면, 회개하고 믿으라는 명령이 현재 시제로 사용된 것을 알 수 있다. 헬라어 현재 시제는 계속적인 의미를 지닌다. 따라서 이 뜻을 정확하게 전달하려면, 이 명령을 "때가 찼고 하나님의 나라가 가까이 왔으니 복음 안에서 회개와 믿음의 삶을 살라"고 번역해야 옳다.

평생 동안 죄를 뉘우치며 살아가는 삶은 진정으로 회개해 구원에 이르렀다는 증거다. 참된 그리스도인은 육신과 죄의 속임수에 맞서 마음이 강퍅해지지 않도록 끊임없이 싸우면서 일평생 회개를 반복한다. 점점 깊어지고 진지해지며 성숙해지는 회개는 참된 그리스도인의 표징이다. 이런 이유로 어떤 사람들은 참된 그리스도인을 일컬어 비꼬는 투로 "회개자"라고 부르기도 한다.[10]

산상설교의 팔복에서도 같은 진리가 발견된다. 그리스도께서는 그곳에서 "애통하는 자는 복이 있나니 그들이 위로를 받을 것임이요"(마 5:4)라고 가르치셨다. 여기에서 "애통하는 자"는 계속적인 의미를 지니는 헬라어 현재 분사를 번역한 것이다. 그리스도께서는 일시적으로나 간헐적으로 애통하는 사람이 아니라, 살아가는 동안 늘 애통하는 사람들에게 축복을 선언하셨다. 그리스도의 말씀만으로도 이 진리의 타당성이 충분히 입증되지만, 이 밖에도 많은 증거를 성경에서 찾을 수 있다. 하나님은 이사야 선지자를 통해서도 같은 진리를 전하셨다.

> 무릇 마음이 가난하고 심령에 통회하며 내 말을 듣고 떠는 자 그 사람은 내가 돌보려니와(사 66:2).

현대 기독교는 회심을 마치 독감이나 소아마비를 예방하는 주사처럼 간주하는 경향이 있다. 다시 말해, 처음에 한 번 회심하는 것으로

---

10) 루마니아에서는 복음주의 신자들의 믿음을 반대하거나 적대시하는 사람들이 그들을 종종 "회개자"라고 부른다.

모든 회심이 이루어진 것처럼 생각할 때가 많다는 것이다. 그러나 그런 생각은 성경에서 가르치는 회심에 정면으로 위배된다. 오늘도 여전히 죄를 뉘우치고, 또 처음 회심한 이후로 갈수록 회심이 깊어지는 것이야말로 진정으로 회개해 구원에 이르렀다는 증거다.

대부분 인정하는 것처럼 오늘날 우리는 세속적인 사람과 종교적인 사람이 서로 손을 맞잡고 "세상에서의 행복"이라는 동일한 목표를 추구하는 속된 세상에 살고 있다. 그 결과 다른 사람의 좋은 기분을 망치는 말은 무엇이든 입 밖에 꺼내지 않는 것이 오늘날의 문화이자 현대 기독교의 불문율이 되어버렸다. 사람들은 기독교가 가르치는 회개와 통회, 애통함이라는 은혜를 더 이상 추구하지 않을 뿐 아니라 어떤 대가를 치르고서라도 회피하려고 애쓴다. 이런 이유로 하나님의 자녀들 가운데 많은 사람이 신앙생활에 큰 어려움을 겪고 있다. 그들은 회개가 구원을 향한 첫걸음일 뿐 아니라, 참된 기쁨의 촉매제라는 사실을 이해하지 못한다.

회심하는 순간, 사람은 하나님과 자기 자신을 전과 다른 관점에서 바라보기 시작한다. 하나님의 거룩하심과 의로우심을 깨달으면 자연히 자아의 참 모습을 알게 되고, 곧바로 죄를 애통해하며 회개하는 단계로 발전하기 마련이다. 그러나 그리스도인은 절망하지 않는다. 그리스도 안에서 하나님의 은혜가 더욱 찬란하게 드러나 말로 다할 수 없는 기쁨을 느끼기 때문이다. 이 과정은 그리스도인이 살아가는 동안 계속 반복된다. 세월이 흐를수록 그리스도인은 하나님과 자기 자신을 더 많이 알게 되기 때문에 애통해하는 마음도 갈수록 더욱 커지고 깊어진다. 그러나 그 과정에서 그리스도인의 기쁨도 그에 비례해 더욱 커진다. 그리스도와 그분의 사역 안에서 하나님의 긍휼과 사랑,

은혜를 더욱 생생하게 느낄 수 있기 때문이다. 그뿐 아니라 위대한 변화가 일어난다. 다시 말해, 자신의 행위를 의지하는 마음은 점차 작아지고 그리스도의 완전한 사역을 의지하는 마음이 더욱 커진다. 기쁨이 커질 뿐 아니라, 갈수록 안정되고 일관된 상태를 유지한다. 또한 육신을 신뢰하는 마음을 버리고, 그리스도의 가치와 공로를 의지하는 변화가 일어나는 것이다(전자는 우상 숭배요, 후자는 참된 기독교의 경건이다).

2
믿으라

예수께서 갈릴리에 오셔서 하나님의 복음을 전파하여 이르시되 때가 찼고 하나님의 나라가 가까이 왔으니 회개하고 복음을 믿으라 하시더라(막 1:14-15).

이제는 율법 외에 하나님의 한 의가 나타났으니 율법과 선지자들에게 증거를 받은 것이라 곧 예수 그리스도를 믿음으로 말미암아 모든 믿는 자에게 미치는 하나님의 의니 차별이 없느니라(롬 3:21-22).

믿음은 바라는 것들의 실상이요 보이지 않는 것들의 증거니(히 11:1).

"믿으라"는 부름은 "회개하라"는 부름과 더불어 참된 복음 초청의 핵심을 이룬다. 따라서 "믿으라"는 부름이 무엇이고, 그것이 참된 회심을 통해 어떻게 나타나는지를 바르게 이해해야 한다.

성경이 말하는 "믿음"

구약성경에서 "믿다"로 번역된 히브리어 "아만"(aman)은 "확고하게 서다", "신뢰하다", "어떤 것을 확신하다"를 뜻한다. 창세기 15장 6절은 "아브람이 여호와를 믿으니 여호와께서 이를 그의 의로 여기시고"라고 말한다. 아브라함은 하나님이 약속하신 것을 신뢰했고, 그 안에 확고히 섰다. "의인은 그의 믿음으로 말미암아 살리라"(합 2:4)는 하박국의 유명한 선언에도 같은 개념이 나타나 있다. 이때 "믿음"은 "견고함" 또는 "견실함"을 뜻하는 히브리어 "에무나"(emuwnah)를 번역한 것이다. 구약성경에서 하나님을 믿는다는 것은 곧 그분이 약속하신 것을 확신하고, 조금도 망설임 없이 그분의 말씀을 신뢰하며 굳게 의지하는 것을 의미한다.

한편 신약성경에서 "믿다"로 번역된 헬라어 "피스튜오"(pisteuo)는 "어떤 것을 사실로 인식하다", "어떤 것을 믿고 의지할 만큼 확신을 갖다"를 뜻한다. 신약성경 저자들은 하나님과 그분의 약속을 믿는다는 구약성경의 개념을 가장 적절하게 전달할 수 있는 헬라어로 이 용어를 선택했다.

성경이 믿음을 수수께끼처럼 제시하지 않고 그 의미를 우리의 상상에 맡겨놓지 않은 것은 하나님의 무한한 지혜이자 큰 축복이다. 하나님은 성경의 여러 사례와 본보기를 통해 믿음을 명쾌하게 정의하셔서 그 의미를 분명하게 드러내셨다. 히브리서 저자는 "믿음은 바라는 것들의 실상이요 보이지 않는 것들의 증거니"(히 11:1)라는 말씀으로 믿음을 가장 간결하게 정의했다.

"실상"으로 번역된 헬라어 "휘포스타시스"(hupostasis)는 "어떤 것 아래 놓여 있는 것", 곧 하부 구조나 기초와 같은 것을 가리킨다. 이 용어는 "생각의 굳건함", "확고한 결의", "확신", "신뢰"를 뜻한다. 또한 "증거"로 번역된 헬라어 "엘레그코스"(elegchos)는 "어떤 것의 존재"나 "진실성에 대한 확신"(확실성)을 의미한다. 이런 의미를 모두 종합하면, 그리스도인이 바라거나 뜻하는 것이 현실이 되었다는 확신과 자신감, 그가 보지 못한 것이 실제로 존재한다는 신념이 성경에서 가르치는 믿음의 의미라는 것을 알 수 있다.

성령의 감동으로 성경에 기록된(딤후 3:16, 벧후 1:21) 믿음의 정의는 두 가지 중요한 질문을 제기한다. 하나는 "우리가 바라는 것을 어떻게 확신할 수 있느냐?"이고, 다른 하나는 "우리가 보지 못한 것을 어떻게 확실히 알 수 있느냐?"다. 이 두 질문에 대답하지 않으면, 진지한 그리스도인을 무익한 사변에 빠뜨리거나 믿음을 희망사항 정도로 생각하는 회의주의자들에게 비판의 빌미를 제공할 수 있다. 정신병자는 자신이 아라비아의 로렌스라고 확신하거나 사라진 아틀란티스 대륙이 자기 집 마루 밑에 있다고 자신 있게 말할 수 있다. 그러나 그의 확신이나 굳건한 신념은 현실과 전혀 무관하다. 그렇다면 그리스도인은 자신이 바라는 것을 어떻게 확신하고, 직접 보지 못한 것을 어떻게 확실히 알 수 있을까?

우리는 이 중요한 두 가지 질문에 대한 대답을 사도 바울이 로마의 신자들에게 보낸 서신에서 발견할 수 있다. 바울은 "약속하신 그것을 또한 능히 이루실 줄을 확신하였으니"(롬 4:21)라는 말로 나이든 아브라함이 아들을 주시겠다는 하나님의 약속에 어떻게 반응했는지를 분명하게 보여준다.

이 말씀에서 우리는 성경적인 믿음이 무익한 사변이나 희망사항과는 전혀 무관하다는 것을 일깨워주는 믿음의 두 가지 필수요소를 발견할 수 있다. 즉, 아브라함은 하나님이 약속하셨기 때문에 아들을 갖게 될 것이라고 확신했다. 또한 하나님이 신실하실 뿐 아니라 약속을 능히 이루실 수 있다고 믿었다. 그는 거의 100세에 가까웠기 때문에 자기 몸이 죽은 것이나 다름없다고 생각했다. 아내인 사라를 생각해도 임신과 출산이 불가능하다고 결론지을 수밖에 없었다(롬 4:19). 그런데도 하나님은 아브라함에게 아들을 약속하셨고, 아브라함은 하나님의 약속을 의심하지 않고 믿음으로 견고해져서 하나님께 영광을 돌렸다(롬 4:20). 우리는 아브라함을 통해 성경적인 믿음의 본질에 관한 다섯 가지 중요한 진리를 배울 수 있다.

> 1. 하나님이 말씀으로 약속하셨다면 우리가 바라는 것을 확신할 수 있다.
> 2. 우리가 보지 못한 것을 확신할 수 있는 이유는 하나님이 말씀으로 우리에게 알려주셨기 때문이다.
> 3. 하나님이 말씀으로 알리신 것이나 약속하신 것을 확신하지 못하는 것은 불신앙이다.
> 4. 하나님이 약속하신 것을 확신하는 것은 무익한 사변과 거리가 멀다.
> 5. 참된 성경적 믿음은 감정이나 느낌, 인간의 지혜가 아니라 하나님이 말씀으로 우리에게 알리신 것에 근거한다.

여기에서 우리의 논거가 한 가지 치명적인 약점을 지니고 있다고 주장하는 회의주의자의 생각을 간단히 짚고 넘어가자. 그들이 지적하는 치명적인 약점이란, 우리가 성경을 하나님의 말씀으로 전제한다는 것이다. "성경"이라고 불리는 책이 인류를 위한 하나님의 무오한 계시라는 것을 어떻게 알 수 있을까? 그리고 그 약속이 우리에게 구체적으로 적용된다는 것을 어떻게 확신할 수 있을까? 이 문제는 두 가지로 대답할 수 있다. 첫째는 "성경의 자증(自證) 원리"다. 성경의 지혜와 아름다움은 단연 독보적이다. 범위가 그처럼 방대한데도 완벽하게 조화를 이루는 성경에 필적할 만한 것은 아무것도 없다. 수많은 예언이 정확하게 성취된 것도 하나님의 개입을 고려하지 않으면 달리 설명할 길이 없다. 더욱이 성경은 인간의 비참한 처지와 악의 존재를 가장 합리적으로 설명한다.

둘째는 "성령의 사역"이다. 성령의 사역이 없으면 믿음은 불가능하다. 변증학의 도움 없이 그리스도를 영접한 사람이 셀 수 없이 많다. 또한 믿음을 위해 순교한 사람들 가운데 대부분도 자기 안에 있는 소망의 이유를 고전적인 변증학 논리에 따라 설명하지 않았다. 그렇다면 그들은 어떻게 성경과 복음을 믿을 수 있었을까? 바로 "성령의 조명"과 "중생"을 통해서다. 그리스도인이 성경을 하나님의 말씀으로 믿는 이유는 성령께서 그 사실을 알려주셨기 때문이다. 두아디라의 루디아처럼 주님은 그리스도인의 마음을 열어 말씀에 믿음으로 반응하게 하신다.[11]

이것이 오지에 사는 부족민이 성경을 부인하기보다 차라리 순교의 길을 선택하는 이유다. 그가 성경을 사실로 믿으며, 죽음으로 그 믿음을 지킬 가치가 있다고 생각하는 이유는 하나님이 그에게 그 사실을 알려주셨기 때문이다. 교육도 받지 못하고 스스로를 방어할 능력도 없는 부족민이 자기가 바라는 구원을 확신하고, 자기가 본 적이 없는 것을 믿는 이유는 하나님이 성령의 조명과 중생을 통해 그를 깨우쳐 주셨기 때문이다(사 54:13, 렘 31:34, 요 6:45).

성경적 기독교가 아름답기도 하고 거리끼는 것이 되기도 하는 이유를 이 진리에서 발견할 수 있다. 변증학은 복음전도와 그리스도인의 믿음을 강화하는 데 매우 큰 도움을 주지만, 우리의 믿음은 모든 질문에 대답하거나 회의주의자들의 생각을 논박할 수 있는 능력에 근거하지 않는다. 우리가 성경과 복음을 믿는 이유는 "어두운 데에 빛이 비치라"고 말씀하신 하나님이 예수 그리스도의 얼굴에 있는 하나님의

---

[11] "두아디라 시에 있는 자색 옷감 장사로서 하나님을 섬기는 루디아라 하는 한 여자가 말을 듣고 있을 때 주께서 그 마음을 열어 바울의 말을 따르게 하신지라"(행 16:14).

영광을 아는 빛을 우리 마음에 비추셨기 때문이다(고후 4:6). 이 진리는 설교자들에게 확실한 지침을 제시한다. 다시 말해 설교자는 훌륭한 논증을 통해 복음을 수호할 수 있지만, 복음 자체가 구원에 이르는 하나님의 능력이 된다는 것을 잊어서는 안 된다(롬 1:16).

그리스도를 믿는 믿음

하나님이 이루신 위대한 구원 사역의 수혜자가 되려면 죄를 회개해야 한다. 더불어 그분이 독생자 예수 그리스도를 통해 우리를 위해 행하신 일을 믿고 의지해야 한다. 우리는 우리 죄 때문에 십자가에서 죽으시고, 죽은 자 가운데서 부활하신 예수 그리스도와 그분의 사역 외에는 그 무엇도 의지하거나 신뢰해서는 안 된다. 그분이 이루신 사역이 우리를 위한 것이며, 오직 그분 안에서 하나님과 화목하고 영생을 얻었다는 것을 믿어야 한다.

하나님은 천하 만민에게 회개하라고 명령하셨을 뿐 아니라 그분의 아들을 믿으라고 명령하셨다(행 17:30). 사도 요한은 "하나님의 계명은 곧 그분의 아들 예수 그리스도의 이름을 믿는 것"이라고 말했다(요일 3:23). 많은 사람이 "어떻게 하여야 하나님의 일을 하오리이까"라고 묻자 예수님도 "하나님께서 보내신 이를 믿는 것이 하나님의 일이니라"고 대답하셨다(요 6:28-29). 다른 믿음의 대상을 모두 배제해야만 비로소 예수님을 믿으라는 명령에 복종할 수 있다. 예수님을 세상의 구원자로 믿으려면, 구원자를 자처하는 다른 모든 것을 거부해야 한다. 아마도 이것이 기독교 신앙을 가장 거리끼게 만드는 이유일 것이다. 다른 모든 수단을 완전히 배척해야만 그리스도를 구원자로 받아들이는 신앙을 소유할 수 있다. 참 믿음은 예수 그리스도를 많은 구원자 가운데 하나가 아니라 유일하신 구원자로 받아들이는 것이다.

이런 주장은 급진적 근본주의의 편협한 사고와는 전혀 상관이 없다. 이것은 그리스도와 사도들의 가르침에서 비롯했다. 예수님은 자신을 가리켜 "내가 곧 길이요 진리요 생명이니 나로 말미암지 않고는 아버지께로 올 자가 없느니라"(요 14:6)고 말씀하셨다. 사도 베드로는 산헤드린 앞에서 심문을 받으면서 "다른 이로써는 구원을 받을 수 없나니 천하 사람 중에 구원을 받을 만한 다른 이름을 우리에게 주신 일이 없음이라"(행 4:12)고 담대하게 선포했다. 사도 바울도 젊은 디모데에게 "하나님은 한 분이시요 또 하나님과 사람 사이에 중보자도 한 분이시니"(딤전 2:5)라는 사실을 기억하고, 전도자의 일을 하며 예수 그리스도의 좋은 병사로 고난을 받으라고 당부했다(딤후 2:3, 4:5). 이런 성경 구절들을 고려하면, 복음 사역자로 자처하는 사람이 예수 그리스도 외에 다른 방법으로 구원받을 수 있다는 가능성을 부인하지 않는 것은 곧 믿음을 부인하는 것이라고 말해도 조금도 부당하거나 지나치지 않다. 그런 사역자는 "누구든지 사람 앞에서 나를 부인하면 나도 하늘에 계신 내 아버지 앞에서 그를 부인하리라"(마 10:33)는 그리스도의 엄중한 경고를 스스로에게 선언하는 것이나 다름없다.

하나님은 우리가 붙잡고 안전하게 영원한 삶을 향해 나갈 수 있는 주홍색 끈을 오직 하나만 제공하셨다. 바로 그리스도와 갈보리 십자가 위에서 그분이 흘리신 보혈이다. "구원을 받을 만한 다른 이름을 우리에게 주신 일이 없음이라"(행 4:12)는 사도 베드로의 말을 다시금 기억하자. 하나님은 오직 이 복음만 인정하신다.

하나님의 영광에 이르는 믿음

사도 바울은 로마서에서 참 믿음의 결과를 통찰력 있게 언급했다.

믿음이 없어 하나님의 약속을 의심하지 않고 믿음으로 견고하여져서 하나님께 영광을 돌리며(롬 4:20).

아브라함은 믿음을 통해 하나님을 예배함으로 그분을 영화롭게 했다. 그의 믿음 자체가 그분께 영광을 돌리는 결과를 낳았다. 히브리서에서 이 진리를 이해하는 열쇠를 찾을 수 있다.

믿음이 없이는 하나님을 기쁘시게 하지 못하나니 하나님께 나아가는 자는 반드시 그가 계신 것과 또한 그가 자기를 찾는 자들에게 상 주시는 이심을 믿어야 할지니라(히 11:6).

우리의 믿음이 하나님을 기쁘시게 하고 그분을 영화롭게 하는 이유는 그분의 성품이 순전하고 진실하다는 것을 개인적으로 인정하는 것이기 때문이다. 하나님 말씀에 믿음으로 반응하는 것은 하나님이 그분 자신에 대해 말씀하신 모든 것을 온전히 신뢰한다는 것을 의미한다. 하나님을 믿는다는 것은 사람과 천사들 앞에서 그분이 신실하시고, 불의가 없으시며, 언약을 반드시 지키시고, 천 대까지 인애를 베푸시며, 거짓말하지 않으시고, 그분의 사역이 완전하며, 그분의 길이 의롭다는 것을 증언하는 것이다(민 23:19, 신 7:9, 32:4, 딛 1:2, 히 6:18).

그와 대조적으로 불신앙은 하나님의 인격을 노골적으로 모욕하는 것이다. 불신앙은 하나님이 과거에 행하신 사역을 의심할 뿐 아니라,

오늘날에 드러난 그분의 순전한 인격마저도 의문시한다. 불신앙은 "하나님은 실제로 존재할까?", "하나님을 구하는 이들에게 정말 상을 주실까?", "과연 그런 약속을 하셨을까?"라고 묻는다. 이런 의심은 하나님의 주장을 인간의 판단 기준에 귀속시켜 그분을 심문하는 것이나 다름없다. 마귀의 마음에서 비롯한 이 의심은 인류의 첫 조상을 죽음으로 몰아넣은 계기가 되었다(창 3:1-6, 요 8:44). 이처럼 불신앙은 하나님의 존재 전체를 의문시하지만, 믿음은 하나님 자신에 관한 그분의 증언을 인정함으로 그분께 영광을 돌린다.

이 진리는 복음과 관련해 중요한 의미를 지닌다. 하나님은 역사 속에서 이루어진 그분의 모든 사역을 친히 보증하셨고, 부인할 수 없는 수많은 증거를 통해 분명하게 확증하셨다. 그러나 하나님의 가장 큰 증거는 바로 그분의 아들이시다. 따라서 아들을 믿는 사람은 하나님을 믿고 그분의 뜻을 행하지만, 아들을 믿지 않는 사람은 하나님을 거짓말쟁이로 만들고 그분을 적대시한다.

> 만일 우리가 사람들의 증언을 받을진대 하나님의 증거는 더욱 크도다 하나님의 증거는 이것이니 그의 아들에 대하여 증언하신 것이니라 하나님의 아들을 믿는 자는 자기 안에 증거가 있고 하나님을 믿지 아니하는 자는 하나님을 거짓말하는 자로 만드나니 이는 하나님께서 그 아들에 대하여 증언하신 증거를 믿지 아니하였음이라 또 증거는 이것이니 하나님이 우리에게 영생을 주신 것과 이 생명이 그의 아들 안에 있는 그것이니라 아들이 있는 자에게는 생명이 있고 하나님의 아들이 없는 자에게는 생명이 없느니라(요일 5:9-12).

요한은 성령의 감동에 따라 완벽한 논리를 펼쳤다. 첫째, 그는 하나님의 증거가 어느 누구의 증거보다 신뢰할 만하다고 주장했다. 성경은 "사람은 모두 거짓되다"고 선언한다(롬 3:4). 그러나 하나님은 사람이 아니시니 거짓말을 하지 않으시며, 인간이 아니시니 후회하지 않으신다(민 23:19). 따라서 우리가 날마다 인간의 증언을 사실로 받아들인다면, 하나님의 증언은 더욱 신뢰해야 마땅하지 않을까? 둘째, 요한은 하나님이 자신의 아들에 대해 증언하셨다고 말했다. 하나님은 구원에 속하는 모든 것과 자신과의 교제와 영생을 오직 예수 그리스도 안에서만 발견할 수 있다고 증언하셨다. 마지막으로, 요한은 아들을 온전히 영접하지 않는 사람은 영생의 소망을 가질 수 없고, 아들을 믿지 않는 사람은 하나님을 거짓말쟁이로 만드는 것이라고 단호하고도 확고하게 결론지었다. 그 누구도 예수 그리스도를 믿지 않으면, 하나님과 관계를 맺을 수 없다.

> 아들을 부인하는 자에게는 또한 아버지가 없으되 아들을 시인하는 자에게는 아버지도 있느니라(요일 2:23).

이것이 사도적 기독교의 증언이다. 하나님을 영화롭게 하고 기쁘시게 하는 길은 그분의 가장 큰 증언을 믿고, 의지하고, 신뢰하는 것이다. 그 증언은 곧 나사렛 예수께서 하나님이 기뻐하시고 사랑하시는 아들이시고, 길이요 진리요 생명이시며, 그분을 통하지 않고서는 아무도 아버지께로 나올 수 없다는 것이다(마 3:17, 17:5, 막 9:7, 요 14:6, 벧후 1:17). 아들에 관한 진리를 믿고 고백하는 사람은 하나님을 기쁘시게 하고 그분의 이름을 영화롭게 한다. 그러나 믿기를 거부하는 사람은 하나님을 거짓말쟁이로 만들고, 영생의 기회를 상실한다.

우리가 자랑해야 할 것

아무리 사소할지라도 구원 교리에 행위가 첨가되거나 더해지면 그 즉시 기독교는 행위 종교로 전락한다. 다시 말해 공로를 세워 의롭다 하심을 받을 수 있고, 하나님은 사람들에게 빚쟁이가 되시며, 사람들은 그분 앞에서 스스로를 자랑할 수 있게 되는 것이다. 그렇기 때문에 사도 바울은 모든 서신에서 육신으로는 절대로 하나님을 기쁘시게 할 수 없다고 힘써 주장했다. 그는 모든 입을 막고 온 세상으로 하나님의 심판 아래에 있기를 바랐다(롬 3:19). 그래야만 사람들이 자신에게서 눈을 돌려 믿음으로 하나님을 볼 수 있고, 자아가 아니라 하나님을 자랑할 수 있기 때문이다.

> 기록된 바 자랑하는 자는 주 안에서 자랑하라 함과 같게 하려 함이라(고전 1:31).

바울은 로마서 3장에서 성령의 영감을 통해 이 진리를 확실하게 진술했다. 그는 로마서 3장 가운데 처음 절반 이상을 모든 사람이 의로우신 하나님과 그분의 율법 앞에서 정죄당한 죄인일 뿐이라는 사실을 입증하는 데 할애했다(롬 3:1-20). 그러고 나서 관심의 초점을 갈보리에서 이루어진 그리스도의 사역으로 돌려, 성경에서 가장 장엄한 진리를 제시했다. 또한 그리스도를 자기 백성의 죄를 짊어지고, 그들을 대신해 하나님의 진노를 감당하신 화목제물로 묘사했다. 그러면서 그분 덕분에 하나님이 정의의 원칙을 저버리지 않으시고도 죄인을 의롭게 하실 수 있는 길이 열렸다고 설명했다(롬 3:21-26). 그런 다음 마지막으로 이렇게 선언했다.

> 그런즉 자랑할 데가 어디냐 있을 수가 없느니라 무슨 법으로냐 행위로냐 아니라 오직 믿음의 법으로니라 그러므로 사람이 의롭다 하심을 얻는 것은 율법의 행위에 있지 않고 믿음으로 되는 줄 우리가 인정하노라(롬 3:27-28).

바울은 "그런즉 자랑할 데가 어디냐"라는 수사학적 질문으로 자신의 논증을 결론지었다. 그러고는 다른 사람이 대답하기 전에 확고한 신념과 단호한 의지로 "있을 수가 없느니라"고 딱 잘라 말한다. 이 말은 "그런 것은 완전히 배제되었다"라는 의미로 번역할 수도 있다.[12] 바울은 더 이상 이 문제로 왈가왈부하지 않도록 헬라어 부정과거 시제를 사용했다. 구원 수단으로 행위를 자랑하는 것을 절대 받아들이거나 용인할 수 없다는 뜻을 분명하게 밝힌 것이다.[13] 마치 "행위에 대해 무엇을 더 말하랴? 그런 문제는 논의는 고사하고, 생각조차 하지 말라"고 말하는 듯하다.

인간의 행위와 관련된 것을 자랑하는 것은 모두 배제되었다. 행위는 물론, 심지어는 믿음까지도 자랑해서는 안 된다. 그러나 하나님과 그분의 은혜는 마음껏 자랑해도 괜찮다. 누군가가 우리에게 "소망의 이유"(벧전 3:15)를 물을 때는 "모든 것이 은혜다"라고 힘껏 강조해야 한다.[14]

---

12) Joseph Henry Thayer, *Thayers Greek-English Lexicon* (Grand Rapids: Baker, 1977), 195.
13) 바울은 "에클레이오"(*ekkleio*)라는 부정과거 시제를 사용했다. 이 말은 "자랑하는 것은 단번에 확정적으로 배제되었다"는 의미를 담고 있다. W. Robertson Nicoll, *The Expositor's Greek Testament* (London:Hodder and Stoughton, 1897-1910), 2:613.

그 기쁘신 뜻대로 우리를 예정하사 예수 그리스도로 말미암아 자기의 아들들이 되게 하셨으니 이는 그가 사랑하시는 자 안에서 우리에게 거저 주시는 바 그의 은혜의 영광을 찬송하게 하려는 것이라(엡 1:5-6).

너희는 그 은혜에 의하여 믿음으로 말미암아 구원을 받았으니 이것은 너희에게서 난 것이 아니요 하나님의 선물이라 행위에서 난 것이 아니니 이는 누구든지 자랑하지 못하게 함이라(엡 2:8-9).

여호와여 영광을 우리에게 돌리지 마옵소서 우리에게 돌리지 마옵소서 오직 주는 인자하시고 진실하시므로 주의 이름에만 영광을 돌리소서(시 115:1).

인간은 본성상 허영과 자만, 자기자랑으로 가득 차 있다. 라멕과 하만의 정신이 우리 모두 안에 깃들어 있는 것이다(창 4:23-24, 에 5:11). 우리는 우리의 지혜와 힘과 지위를 자랑한다. 그러나 우리의 생명이 코의 호흡에 있고, 우리의 존재가 안개와 같으며, 우리의 지혜가 어리석고, 우리의 의가 더러운 누더기 같다는 사실은 염두에 두지 않는다(사 2:22, 64:6, 약 4:14). 이런 이유로 예레미야 선지자는 이렇게 경고했다.

여호와께서 이와 같이 말씀하시되 지혜로운 자는 그의 지혜를 자랑하지 말라 용사는 그의 용맹을 자랑하지 말라 부자는 그의 부함을 자랑하지 말라 자랑하는 자는 이것으로 자랑할지니 곧 명철하여 나를 아는 것과 나 여호와는 사랑과 정의와 공의를 땅에 행하는 자인 줄 깨닫는 것이라 나는 이 일을 기뻐하노라 여호와의 말씀이니라(렘 9:23-24).

---

14) 이 개념은 다음 자료에 근거한다. Charles Spurgeon, *All of Grace: An Earnest Word with Those Who Are Seeking Salvation by the Lord Jesus Christ* (Pasadena, Tex.: Pilgrim Publications, 1978). 『구원의 확신이 없는 이에게』, 도서출판 첨탑.

성경에 따르면, 인간은 자랑해야 할 이유가 전혀 없다. 인간이 무언가 고귀한 것을 얻었다면 그것은 순전히 하나님의 은혜 덕분이다. 인간이 지닌 약점이나 결함은 모두 스스로의 행위에서 비롯한 것이다. 자랑할 가치가 있는 것은 인간의 것이 아니며, 인간에게 속한 것은 자랑할 가치가 없다. 구원과 하나님 앞에서 의롭다 하심을 받는 것은 특히 더 그렇다. 하나님의 의와 자신의 죄를 깨달은 사람은 누구나 "사람이 의롭다 하심을 얻는 것은 율법의 행위에 있지 않고"(롬 3:28)라고 결론지을 수밖에 없다. 우리의 마음 상태를 정직하게 들여다보고 우리의 공과를 바르게 평가한다면, 분명히 "율법의 행위로 구원받는다면 우리에게는 아무런 희망이 없다"고 고백하게 될 것이다. 우리의 가장 사소한 죄도 하나님의 의의 빛에 비춰본다면, 그 영광의 빛을 통해 스스로의 실상을 깨닫고 부르짖을 수밖에 없을 것이다.

> 내가 주께 대하여 귀로 듣기만 하였사오나 이제는 눈으로 주를 뵈옵나이다 그러므로 내가 스스로 거두어들이고 티끌과 재 가운데에서 회개하나이다(욥 42:5-6).
>
> 화로다 나여 망하게 되었도다 나는 입술이 부정한 사람이요 나는 입술이 부정한 백성 중에 거주하면서 만군의 여호와이신 왕을 뵈었음이로다(사 6:5).
>
> 오호라 나는 곤고한 사람이로다 이 사망의 몸에서 누가 나를 건져내랴(롬 7:24).

죄인은 절대적인 위기 순간에 이르러 스스로에게 구원의 공로가 전혀 없다는 사실을 깨달아야 한다. 자신을 아무리 살펴보아도 구원받을 희망을 도무지 찾을 수 없다는 사실 말이다. 그래야만 하나님의 은혜와 긍휼을 구할 수 있다. 다시 말해, 구원받고 싶다면 세리와 죄인의 대열에 합류해야 한다. 율법을 지켜서 구원받으려는 사람은 저주 아래에 있지만(갈 3:10), 행위가 아닌 믿음으로 의롭다 하심을 받는 자들은 복되다.

> 불법이 사함을 받고 죄가 가리어짐을 받는 사람들은 복이 있고 주께서 그 죄를 인정하지 아니하실 사람은 복이 있도다(롬 4:7-8).

죄인이 회심하려면, 하나님과 자아에 대한 참 지식이 반드시 필요하다. 그러나 그리스도인이 된 뒤에 계속 성화를 이루어나가는 것도 반드시 필요하기는 마찬가지다. 그리스도인은 구원이 자신의 가치나 공로, 경건의 결과라고 생각하지 않고 오직 은혜만 의지하게 될 때까지 하나님과 자아를 아는 지식 안에서 계속 성장해야 한다. 사실 이것이 하나님이 그리스도인의 삶에서 행하시는 성화 사역의 가장 큰 목적이자 결과다. 우리가 살아가는 동안 하나님은 그리스도와 그분이 갈보리에서 이루신 완전한 사역만 의지하게 하시기 위해 모든 섭리를 통해 우리의 자기 의와 자기 확신을 깨부수신다. 그런 일을 행하시는 목적은 그분의 영광을 드러내고, 우리를 유익하게 하시기 위해서다. 자기 확신을 버리고 오직 하나님만 의지해야 영적 싸움에서 승리하여 풍성한 열매를 맺을 수 있다. 예레미야 선지자는 이 진리를 이렇게 말했다.

> 여호와께서 이와 같이 말씀하시니라 무릇 사람을 믿으며 육신으로 그의 힘을 삼고 마음이 여호와에게서 떠난 그 사람은 저주를 받을 것이라 그는 사막의 떨기나무 같아서 좋은 일이 오는 것을 보지 못하고 광야 간조한 곳, 건

건한 땅, 사람이 살지 않는 땅에 살리라 그러나 무릇 여호와를 의지하며 여호와를 의뢰하는 그 사람은 복을 받을 것이라 그는 물가에 심어진 나무가 그 뿌리를 강변에 뻗치고 더위가 올지라도 두려워하지 아니하며 그 잎이 청청하며 가무는 해에도 걱정이 없고 결실이 그치지 아니함 같으리라(렘 17:5-8).

인간의 전적 타락을 설교하면, 같은 교회에 다니는 사람들일지라도 반응이 제각각이다. 인간의 전적 타락에 대한 말씀이란, 인간은 누구나 행위로는 구원의 공로로 내세울 만한 것이 전혀 없고 모두 하나님의 은혜가 절실히 필요한 상태라는 것이다. 실망하고 언짢아하는 사람도 있고, 경건하게 살려고 노력하는데 그런 심한 말을 했다면서 대놓고 분노하는 사람도 있다. 그러나 어떤 사람들은 같은 진리를 듣고서 기쁨이 충만하여 하나님의 선하심을 찬양한다. 설교자가 그들의 상태를 암울하게 묘사할수록 그들은 더욱 기뻐하며 더 크게 찬양한다. 이 두 부류는 무엇이 다를까? 전자는 육신을 의지하며 스스로의 공로와 가치를 자랑하지만, 후자는 하나님의 성령으로 봉사하고 그리스도 예수를 자랑하며 육적인 것을 신뢰하지 않는다(빌 3:3). 후자에 속하는 사람들은 자신의 어둠이 드러나더라도 그리스도와 하나님의 은혜가 높임 받는다면 그런 고통쯤은 기꺼이 감수한다. 그들은 자신의 칠흑 같은 어둠이 은혜의 별빛을 더욱 밝게 빛나게 하리라는 것을 알고 있다.

3
마음으로 믿고 입으로 시인하여

믿음으로 말미암는 의는 이같이 말하되 네 마음에 누가 하늘에 올라가겠느냐 하지 말라 하니 올라가겠느냐 함은 그리스도를 모셔 내리려는 것이요 혹은 누가 무저갱에 내려가겠느냐 하지 말라 하니 내려가겠느냐 함은 그리스도를 죽은 자 가운데서 모셔 올리려는 것이라 그러면 무엇을 말하느냐 말씀이 네게 가까워 네 입에 있으며 네 마음에 있다 하였으니 곧 우리가 전파하는 믿음의 말씀이라 네가 만일 네 입으로 예수를 주로 시인하며 또 하나님께서 그를 죽은 자 가운데서 살리신 것을 네 마음에 믿으면 구원을 받으리라 사람이 마음으로 믿어 의에 이르고 입으로 시인하여 구원에 이르느니라(롬 10:6-10).

본문은 "어떻게 해야 구원받을 수 있는가?"(행 16:30)라는 질문에 가장 감동적이면서도 중요한 대답으로 꼽히는 성경 말씀이다. 기독교 역사를 돌아보면, 행위와 믿음을 적절히 혼합한 것을 구원 수단으로 제시하려는 잘못된 가르침이 거의 늘 있어 왔다. 그때마다 이 본문은 보호막이 되어 그리스도인들에게 무한한 위로를 가져다주었다. 그 어떤 용감한 행위나 고귀한 행동도 인간을 구원할 수 없다. 구원은 오직 믿음으로 주님의 이름을 부를 때만 가능하다.

"말씀이 네게 가까워"

바울은 로마서 10장 처음 다섯 구절에서 이스라엘 백성 가운데 많은 사람이 저지른 큰 신학적 오류를 지적했다. 그들은 열정적인 면에서 훌륭했지만, 그리스도의 속죄 사역을 믿는 믿음으로 하나님 앞에서 의롭다 하심을 받으려고 하지 않았다. 그 대신 의롭게 되기 위해 고통스러울 정도로 엄격하게 율법을 지키는 길을 선택했다(롬 10:1-3). 바울은 인간의 노력으로 의로워지려 하고 하나님께 의롭다고 인정받으려는 모든 시도가 이제는 필요 없다고 선언하며 그들의 잘못된 견해를 논박하려고 했다. 그리스도께서 온전한 구원 사역을 이루셨기 때문이다(롬 10:4).

인간이 하늘에 올라가거나 무저갱에 내려갈 수 없는 것처럼, 타락한 인간은 율법이 요구하는 것을 절대 충족시킬 수 없다. 그러나 믿음은 다르다. 믿음은 영웅적인 업적이나 불가능한 종교적 복종을 요구하지 않는다. 오히려 인간의 "무기력한 상태"를 인정하고, 대장 되신 그리스도와 그분의 공로를 의지하라고 요구한다.[15] 사도 바울은 로마의 신자들에게 사도적 설교를 통해 "그들에게 가까운" 말씀을 믿는 믿음으로 말미암아 하나님 앞에서 의롭다 하심을 받는 데 필요한 모든 것이 그들 소유가 되었다고 강조한다.[16] 그들이 구원을 확신할 수 있는 이유는 그들에게 전파된 복음을 마음으로 믿고 예수님을 구주로 고백했기 때문이다.

말씀을 오용하는 전도자들

로마서 10장 6-10절은 오늘날의 복음 설교자와 전도자들이 즐겨

---

15) H. G. 스패포드, "내 평생에 가는 길", 새찬송가 413장, 2절.
16) "가깝다"는 말은 "쉽게 손에 넣을 수 있다"는 뜻이다.

사용하는 성경 구절이다. 그렇다면 그 참된 의미는 무엇이고, 복음전도에 어떻게 적용해야 할까? 그리스도를 믿겠다고 결심하고, 죄인의 기도를 드리고, 신자들이 모인 자리에서 그리스도를 주로 고백하면 "마음으로 믿고 입으로 시인하라"는 성경의 요구를 온전히 충족시킨 것일까?

  이 질문에 대답하려면 문맥 안에서 바울의 말을 살펴 그 정확한 의미를 찾아내야 한다. 요즘 사람들 가운데 다수가 취하는 방식이라고 해서 그런 식으로 본문을 해석하고 적용하는 방법을 무작정 받아들여서는 곤란하다. 우리는 다른 사람들이 아무 의심 없이 전달받은 성경 해석을 다시 아무 의심 없이 받아들이는 것으로 본문을 이해했다고 생각할 때가 많다. 그러나 그것이 사실인지 확인하려고 성경을 살펴봐야만, 다른 사람들의 성경 해석을 아무 의심 없이 신뢰하는 악순환의 고리를 깨뜨릴 수 있다(행 17:11). 따라서 우리는 이렇게 자문해야 한다. "사도 바울이 과연 죄인의 기도를 위한 본보기를 제시하기 위해 이 글을 쓴 걸까? 혹시 그와는 전혀 다른 의도를 염두에 둔 것은 아닐까?"

  현대 복음전도에서 죄인의 기도는 사람들을 그리스도께로 초청하고 구원의 확신을 심어주는 가장 주된 수단으로 자리 잡았다. 죄인의 기도는 복음적인 전도지 뒷면이나 복음전도를 위한 설교에서 쉽게 접하고 들을 수 있다. 죄인의 기도는 대부분 다음과 같은 내용으로 구성되어 있다. 먼저 구도자로 하여금 자신이 죄인이라는 것을 고백하게 하고, 스스로의 힘으로는 자신을 구원할 수 없다는 것을 인정하게 한다. 그리고 나서는 예수님이 그의 죄를 위해 죽으신 것과 죽은 자 가운데서 다시 살아나셨다는 것을 믿고, 그분을 구주로 영접하라고 권유한다. 마지막에는 죄인의 기도를 진지하게 드렸다면 틀림없이 구원을 받았다고 말한다. 그런 후 나중에 구원받은 사실이 의심스러울 때는 죄인의 기도를 통해 그리스도를 구주로 고백한 순간을 기억하라고 당부한다.

죄인의 기도는 나름대로 약간의 진리를 담고 있다. 그러나 우리는 그런 식으로 죄인을 그리스도께 인도하는 것에 몇 가지 진지한 반론을 제기해야 한다. 첫째, 성경에는 그런 식으로 죄인을 그리스도께 인도한 선례가 없다. 그리스도께서는 물론이고 사도들이나 초대 교회도 그런 방법을 사용한 적이 없다. 둘째, 역사적으로도 교회 안에서 그런 방법이 사용된 적이 거의 없다. 죄인의 기도는 최근에 사용된 방법이다. 셋째, 복음을 간단한 교리적 진술로 바꾸는 위험이 있다. 회심의 증거가 없는 사람들이 한때 그리스도를 믿기로 결심하고 죄인의 기도를 드렸다는 이유만으로 구원받았다고 생각한다. 복음전도에 죄인의 기도를 사용한 사람들은 그런 결과를 전혀 기대하지 않았을 테지만, 이 방법은 그런 형식적인 기독교인을 굉장히 많이 양산했다. 넷째, 회개와 믿음에 초점을 맞춘 성경적인 복음 초청이 죄인의 기도로 대체되었다. 사람들을 그리스도께로 인도한 성경적 사례들을 무시하고, 현대적인 복음 초청 방식을 선호하는 결과를 낳았다. 다섯째, 죄인의 기도가 우선적인 것이 되었고, 종종 구원 확신의 근거로 자리 잡았다. 그 결과 삶에서 하나님의 사역이 이루어지고 있다는 증거가 전혀 없는 사람들이 단지 죄인의 기도를 드렸다는 이유로 구원을 확신하는 어처구니없는 사태가 빚어진다.

로마서 10장 9절을 구도자에게 적용하는 것은 바울의 논리와 의도를 거스른다. 이는 "오직 믿음으로!"(*sola fide*)라는 성경의 강력한 가르침을 왜곡할 뿐 아니라, 하나님의 백성에게 주어진 강력한 약속을 곡해한다.[17] 또한 그것은 본문을 공허한 신조로 전락시켜 회심의 열매가 없는 수많은 사람에게 그릇된 구원 확신을 심어주는 결과를 낳는다. 따라서 우리는 본문을 역사적인 상황과 문맥에 맞춰 철저하게 검토해야 한다.

바울이 말한 의미와 목적을 바르게 이해하려면, 그가 그리스도인의 삶에서 일회적으로 일어난 사건과 그 사건의 결과, 즉 열매를 모두 염두에 두었다는 사실을 기억해야 한다. 바울은 회심이 그리스도인의 삶에서 지속적으로 이루어진다는 사실을 간과하지 않았다. 회심의 경험뿐 아니라 그것이 그리스도인의 삶에 지속적으로 영향을 끼쳐 회심의 진실성을 입증하는 열매를 맺게 된다는 것을 염두에 둔 것이다.

죄인은 그리스도와 그분의 구원 사역을 믿는 순간 의롭다 하심을 받고 하나님과 화목하게 된다. 그러나 그의 믿음과 회개가 사실이라는 증거는 그가 믿고 고백하는 일을 일평생 계속하느냐에 달려 있다. 물론 참된 그리스도인도 의심에 사로잡힐 때가 있고, 실패를 맛보기도 하며, 영적 성장이 둔화되는 상황에 처하기도 한다. 그러나 하나님이 그리스도인 안에서 시작하신 선한 사역은 마지막 날까지 계속되어 결국 완성에 이른다(빌 1:6).

구원은 오직 믿음으로 말미암은 은혜로 이루어진다(엡 2:8). 그러나 구원에 이르는 신앙의 증거는 평생 동안 예수 그리스도의 주 되심을

---

[17] "오직 믿음으로!"는 인간의 공로 없이 오직 예수 그리스도를 통한 하나님의 구원 사역을 믿는 믿음으로 구원받는다는 뜻이다. 이 문구는 종교개혁의 신학적 신념을 요약하는 다섯 가지 문구 가운데 하나다. 다른 네 가지 문구는 "오직 성경으로!"(sola Scriptura), "오직 은혜로!"(sola gratia), "오직 그리스도로!"(solus Christus), "오직 하나님께 영광을!"(soli Deo gloria)이다.

지속적으로 고백하는 삶을 통해 확인된다.

오늘날 로마서 10장 9절을 사용하는 것이 문제가 되는 이유가 바로 여기에 있다. 한때 마음으로 믿고 입으로 고백했을 뿐, 지속적인 열매가 없는 그리스도인이 차고 넘친다는 사실을 부인할 사람은 아무도 없을 것이다. 그들은 하나님의 능력이 지속적으로 역사하고 있다는 것을 입증하는 증거 없이 육신과 세상에 얽매여 살아간다. 성경은 구원에는 반드시 지속적인 삶의 변화가 뒤따라야 한다고 가르친다. 그러나 그들은 한때 결신했고 죄인의 기도를 드렸다는 이유로 자신이 구원받았다고 확신한다.

복음 사역자가 그런 사람들의 구원을 인정하면 문제는 더욱 심각해진다. 복음 사역자는 대부분 그런 회심을 참된 회심으로 간주하고, 지속적인 성화를 통해 삶의 열매가 맺히는지 확인하지 않는다. 그들은 복음의 근본 진리를 잊어버렸다. 참된 회심은 지속성과 열매로 확인할 수 있다는 것, 곧 죄의 권세에서 계속 구원받고 있다는 사실을 근거로 정죄된 상태에서 구원받았음을 판별할 수 있다는 것을 잊어버린 것이다(막 13:13, 빌 1:6, 약 2:18).

"마음으로 믿는다"는 말의 의미

사도 바울은 로마서 10장 9-10절에서 "마음에 믿으면"과 "마음으로 믿어"라는 표현을 사용했다. 우리의 구원이 믿음에 달려 있다면 이 두 표현을 정확하게 이해해야 한다. 믿음에 관한 논의를 시작하기 전에 이 사실을 기억하라. 귀신들도 믿고 떨지만 구원받지는 못한다는 것을 말이다(약 2:19).

예수님이 갈릴리에서 사역하실 때 귀신들은 그들이 사로잡은 한 남자의 입을 통해 "나는 당신이 누구인 줄 아노니 하나님의 거룩한 자니이다"(막 1:24)라고 소리쳤다. 귀신 들린 거라사인은 그보다 한층 더 자세하게 "지극히 높으신 하나님의 아들 예수여"(막 5:7)라고 고백했다. 성경은 사탄과 귀신들이 예수 그리스도와 그분의 사역을 정확하게 알고 있고, 그것을 절대적인 사실로 받아들였다는 것을 분명히 보여준다. 그들은 예수님이 하나님의 아들이시며, 선택받은 백성을 위해 갈보리에서 죽으셨다가 사흘 만에 다시 살아나셨다는 것을 잘 알고 있다. 그런데도 그들은 구원받지 못한다. 구원받기는커녕 오히려 더욱 정죄를 받는다. 이런 불행한 현상이 사람들 사이에서도 그대로 나타난다.

현대 복음주의를 정직하게 평가하자면, 이 시대는 귀신들처럼 "보배로운 믿음"(벧후 1:1)에 관한 지식을 지닌 그리스도인이 수두룩하다.[18] 그들은 그리스도와 그분의 사역을 알고 있고, 편의에 따라 그 사실을 고백하기도 한다. 영원한 구원을 바라는 그들의 희망은 오래전에 내린 믿음의 결단에 근거한다. 그들은 간단한 기도를 통해 그리스도를 영접했다. 그들보다 성경을 더 잘 알고 있는 복음 사역자들이 그들의 희망을 사실로 확증한다. 그러나 그들은 귀신들처럼 구원받지 못한 상태다. 더구나 귀신들은 자신들이 구원받지 못했다는 사실을 알고 있지만, 그들은 그 사실조차 알지 못한다.

지금까지 마음이 없는 믿음을 살펴보았다. 이번에는 마음이 있는 믿음, 곧 마음으로 믿는 참 믿음을 살펴보자. 참 믿음은 그리스도와

---

18) 베드로후서는 참된 그리스도인을 '동일하게 보배로운 믿음을 우리(사도들)와 함께 받은 자들'이라고 표현하고 있다.

그분의 사역에 관한 지식이 있을 뿐 아니라, 그 지식을 통해 변화를 경험한다. 성경은 마음이 인간의 핵심이자 본질이라고 가르친다. 마음은 지성과 의지와 감정의 좌소다. 마음은 우리의 인격 전체를 관장하는 통제 센터다. 마음에서 일어난 일이 우리의 다른 모든 것에 영향을 끼친다. 따라서 마음이 인격 전체에 결정적인 영향을 끼치지 않으면서 "마음에" 또는 "마음으로" 믿을 수 있다고 생각하는 것은 터무니없다.

"하나님이 예수님을 죽은 자 가운데서 살리셨다는 것을 마음으로 믿는다는 것"은 "예수님이 스스로에 대해 가르치신 것이 모두 사실임을 우리가 받아들이는 것"을 의미한다. 그리스도에 관한 사실을 몇 가지만 생각해도 이런 말이 지나치다는 생각은 들지 않을 것이다.

- 그리스도께서는 영원하신 하나님이자 우주의 창조주시다(요 1:1-2, 8:58-59).
- 그리스도께서는 모든 사람의 생명과 빛이시다(요 1:4, 6:35, 8:12, 11:25).
- 그리스도께서는 인류의 유일한 구원자이시다(요 8:24, 14:6, 행 4:12).
- 그리스도께서는 우주의 절대적인 주권자이시다(마 28:18, 행 2:36).
- 그리스도께서는 모든 사람의 영원한 운명을 결정하신다(마 16:27, 25:31-46).
- 그리스도께서는 세상의 부를 모두 합친 것보다 훨씬 큰 가치를 지니신다(마 16:26).
- 그리스도의 뜻과 계획에 따르는 것이 우주와 모든 인간의 목적이다(눅 6:46, 12:47).
- 그 어떤 사람이나 사물보다 그리스도를 더 사랑해야 한다(눅 14:26).
- 어떤 희생이 따르더라도 그리스도께 복종해야 한다(마 16:24-25, 눅 14:27-33).
- 그리스도를 섬기는 자들은 그분의 판단에 따라 각자에게 적합한 상을

받는다(마 16:27, 고후 5:10).

그리스도의 이런 절대적인 주장은 무관심한 반응을 용납하지 않는다. 이런 주장을 지성과 감정과 의지의 중심에 받아들이면, 우리 삶에도 강력하고 혁신적인 영향을 끼칠 것이다. 이성적인 피조물인 인간이 이런 진리를 받아들였는데도 눈에 띄는 변화가 없다는 것은 도저히 있을 수 없는 일이다. 그리스도에 관한 진리는 인간의 인격과 삶의 방향을 획기적으로 변화시킬 것을 요구한다.

구원에 이르는 참된 신앙은 그리스도를 부분적으로나 수동적으로 의지하지 않는다. 참 믿음은 능동적이며 늘 성장한다. 또한 지속적인 성화의 사역을 통해 그리스도인의 삶 전체를 변화시킨다. 한때 암기해서 되풀이한 기도를 통해 그리스도를 영접한 사실이 구원에 이르는 신앙의 증거가 될 수는 없다. 복음을 처음 믿은 순간부터 계속 우리 삶에 그리스도에 관한 진리가 더 강한 영향을 끼쳐야 한다.

"입으로 시인한다"는 말의 의미

지금까지 "마음으로 믿는다"는 말의 의미를 간단히 살펴보았다. 이번에는 "입으로 시인한다"는 말의 의미를 살펴보자. 로마서 10장 9-10절에서 우리가 가장 먼저 발견할 수 있는 사실은 고백의 구체성이다. 이 고백은 예수 그리스도에 대한 믿음을 고백하는 것에 그치지 않고, 그분의 절대적이고 우주적인 주권을 인정하는 데까지 나아간다. 마음으로 믿는 사람, 곧 그리스도와 그분의 사역을 통해 이루어지는 구원을 믿는 사람은 그분을 주님으로 고백한다.

기독교의 오랜 역사를 돌이켜보면 "큐리오스 예수스"(Kurios Iesous), 즉

"예수님은 주님이시다!"라는 고백보다 급진적인 고백은 없었다. 이 고백에는 참으로 큰 희생이 뒤따랐다. 로마 제국에서 "주"는 오직 한 사람, 바로 로마 황제뿐이었다. 황제 말고 또 다른 가능성을 언급하는 것조차도 정치적인 반역으로 간주되어 유배되거나 처형당했다. 유대교에서도 주는 오직 한 분, 여호와 하나님뿐이었다. 다른 존재에게 "주"라는 칭호를 붙이는 것은 신성모독으로 간주되어 사형이 선고되었다. 저명한 헬라어 학자 로버트슨은 이렇게 말했다.

> 『70인경』은 하나님을 "큐리오스"(주)로 호칭했기 때문에 그리스도를 진정으로 믿지 않는다면 유대인 가운데 그 누구도 그 호칭을 그분께 사용하지 않았을 것이다. 또한 이방인의 경우에는 황제를 "주"로 인정하는 한 그리스도는 절대 "주"로 부르지 않았을 것이다.[19]

그는 또 이렇게 말했다.

> 폴리캅은 "큐리오스 카이사르"(Kurios Kaisar_가이사가 주님이다)라고 말하라고 요구할 때마다 "큐리오스 예수스"라고 대답했다. 그런 충실한 믿음 때문에 그는 평생 그 대가를 치러야 했다. 오늘날에는 편안한 인생을 살아가는 사람들이 경박하거나 공손하지 못한 태도로 "주 예수"라는 표현을 종종 사용하지만, 당시에는 유대인이든 이방인이든 그런 고백이 무슨 의미인지도 모르고 아무렇게나 남발하는 일은 결단코 없었다.[20]

---

19) A. T. Robertson, *Word Pictures in the New Testament* (Nashville: Broadman Press), 1930–1933, 4:389.
20) A. T. Robertson, *Word Pictures in the New Testament* (Nashville: Broadman Press), 1930–1933, 4:168.

우리는 예수 그리스도와 그분의 사역을 믿는 믿음으로 구원받는다. 그러나 우리의 믿음이 참되다는 증거는 아무리 큰 희생이 뒤따르더라도 예수 그리스도의 주님 되심을 인정하고 그분께 충성하는 데 있다. 초기 교회는 로마 황제를 숭배하지 않고 예수님을 주님으로 충실하게 고백했기 때문에 많은 고난과 죽음을 경험해야 했다. 지금 이 순간에도 그런 고백 때문에 투옥과 고문, 죽음을 당하는 그리스도인들이 있다. 심지어 물리적인 박해가 거의 사라진 서구 사회에서도 참된 그리스도인은 "이 악한 세대"(갈 1:4)의 기준을 따르기보다 예수 그리스도의 주님 되심에 복종한다. 이것이 "네가 만일 네 입으로 예수를 주로 시인하며 또 하나님께서 그를 죽은 자 가운데서 살리신 것을 네 마음에 믿으면 구원을 받으리라"(롬 10:9)는 말씀이 뜻하는 바다.

예수님을 믿는 참 믿음은 그분의 주님 되심을 공개적으로 고백하고, 그 사실에 복종한다. 이런 고백과 복종은 그리스도인의 믿음이 성숙해지고 어려운 상황에서 더욱 강해지고 철저해진다. 구원의 가장 큰 증거는 성장을 거듭하면서 믿음과 고백이 더욱 온전해지는 데 있다. 저명한 스코틀랜드 침례교 학자였던 로버트 홀데인은 로마서 10장 9-10절을 이렇게 주석했다.

> 인간은 성자에 관한 성부의 증언을 믿는 믿음을 통해 온전히 의롭게 된다. 그러나 그의 믿음이 참되다는 증거는 사람들 앞에서 입으로 주님을 고백하고, 그분의 뜻이라고 생각하는 모든 일을 기꺼이 행하는 데 있다. 그리스도에 대한 고백은 그분을 믿는 믿음만큼 필요한 일이지만, 그 목적은 조금 다르다. 다시 말해 믿음은 의의 선물을 얻는 데 필요하고, 고백은 그 선물을 받았다는 것을 입증하는 데 필요하다. 목숨과 인격, 재산과 자유

등 스스로가 소중히 여기는 것을 희생해도 좋다는 마음으로 그리스도를 고백하지 않으면, 그분을 믿는다고 할 수 없다. 입으로 고백하여 구원에 이른다는 사도 바울의 말은 고백이 구원의 원인이라거나 고백 없이 구원을 얻을 수 없다는 뜻과는 거리가 멀다. 마음으로 믿으면 의롭다 하심을 받는다. 그리스도에 대한 고백은 믿음의 결과이자 마지막 날에 내보여야 할 믿음의 증거다. 믿음으로 죄인에게 그리스도의 의가 전가되며, 그 믿음은 원수들 사이에서나 위험한 상황에서 그분의 이름을 고백하는 것으로 입증된다.[21]

역사적 상황을 통해 보는 고백의 의미

예수님을 주님으로 고백해야 한다고 강조한 바울의 말이 무슨 의미인지 이해하려면, 초기 교회의 그리스도인들이 그것을 어떤 의미로 받아들였는지 살펴봐야 한다. 트라야누스 황제 시대(98-117년)에 비티니아 총독이었던 플리니우스(Pliny the Younger)는 그리스도인이라는 이유로 잡혀 온 사람들을 심문해 증거를 잡아 형을 부과하기도 하고, 무혐의로 석방하기도 한 일을 자세히 묘사했다.

> 내게 몇몇 사람을 고소하는 익명의 제보가 들어왔습니다. 그들은 심문을 당하자 전에나 지금이나 그리스도인인 적이 없었노라고 대답했습니다. 그들은 나를 따라 신들의 이름을 불렀고, 폐하의 조각상 앞에서 포도주와 향으로 숭배 의식을 치렀을 뿐 아니라, 심지어는 그리스도라는 이름

---

21) Robert Haldane, *Exposition of the Epistle to the Romans* (Edinburgh: Banner of Truth, 1958), 508.

을 욕하기까지 했습니다. …… 그래서 그들을 무혐의 처리하는 것이 온당하다고 생각했습니다.[22]

플리니우스는 그리스도를 믿는 그리스도인이라고 잘못 고발당한 몇몇 사람에 관한 이야기를 전하고 있다. 로마 신들의 이름을 부르고, 황제에게 경배하고, 예수님의 이름을 욕하는 것이 그들의 무혐의를 입증하는 증거로 채택되었다. 그들은 로마서 10장 9-10절이 말하는 것과 정반대되는 행동을 했다.

플리니우스의 서신은 그리스도인이 아닌 것으로 입증된 몇몇 사람에 관한 내용을 다루지만, 고발당한 사람이 진짜 그리스도인일 경우에는 분명 정반대되는 상황이 벌어졌을 것이다.

로마 당국자들이 작은 가정 교회를 발견하고 그들을 재판정에 세웠다고 가정해 보자. 그들에 대한 고소가 사실인지 아닌지 입증하기 위해 관리들이 그들을 작은 제단 앞으로 데려가서 몇 가지 간단한 의식을 치르게 한다. 첫째, 로마의 신들을 부른다. 둘째, 황제 숭배에 참여해 로마 황제에 대한 충성심을 입증한다. 셋째, 그리스도를 욕한다. 예수 그리스도의 주님 되심을 부인하든지 그분이 저주받았다고 선언한다(고전 12:3). 끌려온 사람들 가운데 두어 사람이 신속히 제단 앞으로 나아가 관리가 명령하는 대로 행한다. 그들이 무혐의로 처리될 때, 또 관리가 다른 한 사람을 억지로 끌고 가 복종하라고 명령한다. 그러나 그는 두려워 떨면서도 로마의 신들과 로마 황제를 숭배하기를 거부하

---

[22] Merrill C. Tenney, *New Testament Times* (Grand Rapids: Eerdmans, 1965), 329-330. 『신약개론』, 서울말씀사.

고 "큐리오스 예수스!"라고 대답한다. 그는 유배를 당하거나 처형된다. 나머지 사람들도 한 사람씩 충실하게 고백한다. 그것으로 그들의 운명은 결정된다.

이것은 꾸며낸 이야기지만, 기독교 역사는 수많은 그리스도인이 그런 심문을 당하면서도 목숨을 걸고 믿음을 사수했다고 증언한다. 그들이 마음으로 믿어 구원에 이르렀다는 것이 사실인 이유는 죽음을 불사하고 예수님을 주님으로 고백했기 때문이다.

참 의미를 살려 적용하라

로마서 10장 9-10절의 참된 의미와 진정으로 예수님을 주로 고백했다는 이유로 역사상 수많은 그리스도인이 당해야 했던 희생을 고려하면, 오늘날의 복음전도에 이 본문을 적용하는 것은 알맞지 않다. 본문을 죄인의 기도를 위한 성경적 토대로 삼는다면, 많은 전도지와 복음 설교가 심각한 해석학적 오류를 안고 있다고 결론지을 수밖에 없다. 그러나 그런 일이 매우 많은 탓에 회개하지 않은 남녀와 어린아이들이 한때 몇 가지 성경적 진리를 인정하고 기도를 따라했다는 이유로 자신들의 영원한 구원을 거의 절대적으로 확신하고 있다. 그들은 아무런 변화나 지속적인 성화의 사역이 없고, 세상을 멀리하거나 그리스도를 열망하지 않으면서도 그렇게 확신한다. 따라서 바울의 표현을 빌려 그들을 향해 "어리석도다 복음주의자들아, 누가 너희를 꾀더냐?"라고 묻지 않을 수 없다(갈 3:1 참조).

로마서 10장 6-10절은 우리가 믿음으로 구원받는다고 가르친다. 그리스도인은 영웅적인 업적이나 끈질긴 노력으로 구원받지 않는다. 믿음으로 그리스도와 그분의 사역을 받아들인다. 진정으로 믿는 사람은 더 이상 자기 의를 추구하지 않는다. 그리스도인은 오직 그리스도를 믿고 그분의 공로를 의지한다.

그러나 그리스도를 믿는 믿음은 일시적이거나 정적이거나 모호한 상태에 머물러 있지 않는다. 믿음은 지속적이고, 역동적이며, 명백하다. 이렇게 확신할 수 있는 이유는 구원은 하나님이 그분의 영광을 위해 이루시는 사역이기 때문이다. 그리스도인의 마음속에 구원에 이르는 믿음을 허락하신 하나님은 그 믿음이 지속적으로 더욱 깊어지고, 명백하게 드러나도록 인도하신다. 그런 현상 가운데 하나가 어떤 희생이 뒤따르더라도 말과 행위를 통해 예수 그리스도의 주님 되심을 고백하는 것이다.

그러면 이 본문을 어떻게 사용하고 적용해야 할까? 그리스도인의 경우에는 본문을 위로와 경고의 의미로 받아들여야 한다. 먼저 우리가 믿음으로 말미암은 은혜로 구원받는다는 것을 위로로 삼아야 한다. 하나님 앞에서 의롭다 하심을 받는 것은 우리의 힘겨운 노력이나 위대한 행위의 결과가 아니다. 그리스도께서 갈보리에서 놀라운 업적을 이루신 결과다. 또한 구원에 이르는 믿음과 참된 회심의 중요한 증거 가운데 하나가 삶에서 그리스도의 주님 되심을 인정하고 어떤 희생이 뒤따르든지 기꺼이 그분을 따라가는 데 있다는 것을 경고로 삼아야 한다.

이 본문을 복음전도와 구도자를 상대하는 일에 적용하는 방법은 크게 세 가지다. 첫째, 구도자에게 행위의 무익함을 일깨워주고, 개인의 인격이나 공로로 구원받으려는 희망을 일체 갖지 말라고 당부해야 한다. 둘째, 오직 그리스도만 바라보고 그분을 믿어야만 구원에 이를 수 있다고 강조해야 한다. 셋째, 구도자는 이 본문을 잣대로 활용해 고백의 진정성을 지속적으로 판별해야 한다. 만일 그가 진정으로 회심했다면, 예수 그리스도께서 주님이라는 사실이 그의 삶에서 갈수록 분명히 드러날 것이다. 일생을 사는 동안 온갖 시련을 겪으면서 믿음과 경건과 고백이 크게 흔들릴 때도 있을 테지만, 참된 그리스도인의 정체성과 목적은 그리스도께서 그의 주님이 되신다는 사실 안에서 날이 갈수록 더욱 뚜렷해질 것이다.

4
그리스도를 영접하라

영접하는 자 곧 그 이름을 믿는 자들에게는 하나님의 자녀가 되는 권세를 주셨으니(요 1:12).

볼지어다 내가 문 밖에 서서 두드리노니 누구든지 내 음성을 듣고 문을 열면 내가 그에게로 들어가 그와 더불어 먹고 그는 나와 더불어 먹으리라(계 3:20).

현대 복음전도는 결신, 죄인의 기도, 그리스도를 마음에 영접하는 것을 강조한다. 현대 복음주의는 이 방법에 지나치게 익숙한 나머지 그것 없이는 복음전도 자체가 불가능하다고 믿는 데까지 이르렀다. 그러나 이 방법이 아무리 널리 받아들여지고 있다고 해도 그것이 정말 성경에 근거한 것인지는 꼼꼼히 살펴봐야 한다. 이 전도 방식을 지지하는 성경적 근거로 종종 인용되는 구절들이 있다. 바로 요한복음 1장 12절과 요한계시록 3장 20절이다. 따라서 이 두 구절의 의미를 문맥 안에서 올바로 이해하려는 노력이 필요하다. 과연 이 두 구절이 "한때 그리스도를 믿기로 결심하고 기도로 그분을 영접했기 때문에 영원한 구원을 확신해도 좋다"고 단언하는 복음전도 방식을 지지하는 근거가 될 수 있을까?

이 두 본문을 살펴보기에 앞서 우리의 이런 노력이 얼마나 중요한지 깊이 깨달아야 한다. 많은 사람이 동의하는 대로 현대 기독교가 안고 있는 큰 문제는 그리스도인들 사이에 "형식적인 고백"과 "육적인 삶"이 만연하다는 것이다. 몇 가지 단계를 거쳤다는 이유만으로 구원받았다고 확신하면서, 속된 삶을 일삼는 사람이 엄청나게 많다. 대체 그 이유가 무엇일까? 구원의 영향력이 몹시 미약하기 때문에 제자 훈련과 책임 있는 삶을 강조하지 않으면 회심한 사람에게 아무 영향도 끼치지 못하게 된 것일까? 아니면 회심했다고 인정하는 사람들이 실제로 전혀 회심하지 않은 것은 아닐까? 우리가 복음을 올바로 이해하지 못한 탓에 수많은 사람을 멸망의 길로 인도하고 있는 것은 아닐까? 우리도 모르게 언젠가부터 평강이 없는데도 "평강하다 평강하다"(렘 6:14)라고 외치면서 사람들을 대수롭지 않게 고쳐주던 과거의 거짓 선지자들처럼 되어버린 것은 아닐까? 기억하라. 성경적인 복음 초청이 이루어지지 못하면 성경적인 복음을 전한 것이 아니다.

그리스도를 온전히 영접하라

요한복음 서문은 성경에 기록된 가장 아름다운 구원의 약속 가운데 하나다.

> 영접하는 자 곧 그 이름을 믿는 자들에게는 하나님의 자녀가 되는 권세를 주셨으니(요 1:12).

이 구절은 현대 복음전도에서 가장 빈번하게 사용되고 있다. 많은 사람이 이 말씀을 바르게 사용하여 수많은 사람을 그리스도의 왕국으로 인도했다. 그러나 이 말씀을 잘못 사용하는 바람에 잘못된 구원 확신을 심어준 사람들도 그에 못지않게 많다. 따라서 우선 이 말씀의 의미를 옳게 이해하고, 올바르게 적용하는 법을 알아야 한다.

요한은 이 말씀에 앞서 거의 모든 유대인이 메시아를 거부했다고 말했다. 간결하면서도 강력하게 "자기 땅에 오매 자기 백성이 영접하지 아니하였으나"(요 1:11)라고 설명했다. "영접하다"라고 번역된 헬라어 동사는 "파라람바노"(*paralambano*)로, "한쪽으로 데려가다", "환영하다"를 뜻한다. 예수님은 그리스도인들을 성부 하나님의 집으로 데려갈 것을 말씀하실 때 이 용어를 사용하셨다(요 14:3).

요한은 유대 민족이 그리스도를 영접하지 않았다고 말하고 나서 "영접하는 자 곧 그 이름을 믿는 자들에게는 하나님의 자녀가 되는 권세를 주셨으니"(요 1:12)라는 말로 영광스럽고 보편적인 약속을 제시했다. 유대인과 이방인, 왕과 종, 부자와 가난한 자, 철학자와 백치 등 신분에 상관없이 그리스도를 영접하고 그분의 이름을 믿는 사람은 누구나 하나님의 가족이 되어 자녀의 특권과 권리를 누릴 수 있다.

우리는 영원한 구원과 양자 됨을 위한 복음의 보편적 초청을 의문시해서는 안 된다. 이때 논의의 핵심은 "어떻게 이 약속을 소유하느냐"다. 그렇다면 그리스도를 영접한다는 것은 무엇을 의미할까? 과연 이 구절이 구도자에게 마음을 열고 그리스도를 영접하라고 권유하는 근거가 될 수 있을까? 그리스도를 영접한다는 것이 복음의 근본 진리에 동의하고, 죄 사함의 필요성을 인정하며, 기도로 예수님을 삶 속에 받아들인다는 뜻일까? 이 질문은 반드시 해결되어야 한다.

"영접하다"를 뜻하는 헬라어만으로는 "예수님을 영접한다"는 말의 의미를 이해하도록 도와줄 특별한 실마리를 찾기 어렵다. 그러나 이 말이 사용된 문맥을 살펴보면 약간의 통찰력을 얻을 수 있다. 우리가 이해하도록 도와줄 첫째 실마리는 이 구절에서 요한이 "그리스도를 영접하는" 사람과 "그 이름을 믿는" 사람을 동일시한다는 사실에 있다. 성경에서 "믿다"라는 말은 어떤 사실을 지성적으로 이해하거나 그 사실을 받아들이는 것에 국한되지 않는다. 성경이 가르치는 믿음은 믿음의 대상을 온전히 신뢰하고 의지하여 그것을 행위의 근거로 삼는 것을 뜻한다. 따라서 예수 그리스도를 믿는 믿음은 입으로 하는 고백이나 마음으로 느끼는 감정으로 그 진정성을 판단할 수 없다. 그리스도의 인격과 뜻에 따라 우리 행동을 결정하고, 그것이 인생의 전 과정에 영향을 끼쳐야만 비로소 믿음을 가졌다고 할 수 있다.

참 믿음을 가지려면 그리스도인 편에서 상당한 위험을 감수하지 않으면 안 된다. 예수님이 "그리스도시요 살아 계신 하나님의 아들"(마 16:16)이라는 주장에 목숨을 걸어야 하기 때문이다. 사도 바울이 고린도 신자들에게 말한 대로 그리스도의 주장이 사실이 아니라면 "모든 사람 가운데 우리가 더욱 불쌍한 자"(고전 15:19)가 될 수밖에 없다. 인생의 전 과정을 거짓에 맡긴 셈이 되기 때문이다. 이처럼 그리스도를 영접한다는 것은 우리의 모든 것을 그리스도께서 주장하신 진리에 맡겨 삶의 전 과정을 그분 뜻대로 이끌어나가는 것이다.

둘째 실마리는 "그 이름"이라는 문구에 있다. 성경에서 하나님의 이름을 믿는다는 것은 그분의 인격 전체를 믿는 것, 곧 그분이 자신에 대해 계시하신 모든 것을 믿는다는 뜻이다. 성경은 하나님의 계시 가운데 일부만 받아들여도 좋다고 가르치지 않는다. 하나님과 부분적인 관계를 맺는 것만으로 그분과 언약의 관계를 맺을 수 있다는 생각은 성경의 가르침에 전혀 부합하지 않는다. 또한 예수님을 구원자로 영접했다가 나중에 가서 그분을 주님이자 왕으로 영접할 수 있다는 생각도 성립할 수 없다. 예수님을 믿어 구원받고 하나님의 자녀가 되려면 선지자이자 제사장이며 왕이신 그분을 온전히 다 받아들여야 한다. 그리스도를 구원자로 받아들이고 그분을 주님으로 알아 복종하는 삶이 처음에는 매우 미약해 보여도 그것은 엄연한 사실이고, 구원의 계속적인 사역을 통해 점차 성숙한 상태로 발전하기 마련이다.

셋째 실마리는 바로 앞에 있는 구절에서 발견할 수 있다. 그 구절에 따르면, 참된 그리스도인이 그리스도를 영접하는 것은 유대 민족이 예수님을 배척한 것과 정면으로 대조된다. 예수님 당시 유대 문화와 종교에 익숙하지 않은 사람들은 유대인들이 구원자만이 아니라, 왕을 기대했다는 사실을 잘 의식하지 못한다. 메시아는 다윗의 왕통을 잇는 다윗의 후손이어야 했다. 예를 들어, 유대인들은 예수님을 그리스도가 아니라고 배척하면서 "가이사 외에는 우리에게 구원자가 없나이다"가 아니라 "가이사 외에는 우리에게 왕이 없나이다"(요 19:15)라고 말했다. 그들이 고대하던 메시아는 그들에게 평화의 감람나무 잎사귀를 가져다줄 구원자이자, 그들 위에 군림할 왕이어야 했다. 구원은 하되 통치하지 않는 메시아라는 개념은 유대인들에게 없었다. 따라서 그들이 예수님을 구원자로 영접한다는 것은 곧 그분을 왕으로서 영접한다는 의미였다.

그리스도 당시에 유대 민족이 지닌 개념은 오늘날의 유대인과 이방인 모두에게 똑같이 적용된다. 그리스도를 영접한다는 것은 그분의 전부를, 곧 "그리스도를 구원자와 주님으로 영접한다"는 뜻이다. 이런 이유로 이사야는 메시아에 관해 예언하면서 "이새의 뿌리 곧 열방을 다스리기 위하여 일어나시는 이가 있으리니 열방이 그에게 소망을 두리라"(롬 15:12)고 말했다. 이사야가 고대한 그리스도는 구원을 희망하는 이방인을 다스리실 분이었다. 그분은 유대인의 왕이요, 믿는 이방인들의 왕이시다.

그리스도를 구원자와 주님으로 영접하는 것이 무슨 의미인지 정확히 이해하기 위해 한 가지 예를 들어보자. 적군의 공격으로 멸망할 위기에 처한 한 성이 있다. 적군이 아직 멀리 있을 때, 한 위대한 왕이 성문 앞에 와서 그 안에 있는 사람들을 소리쳐 부른다. 그 왕은 그들에게 성문을 열고 통치권을 완전히 넘겨주면, 그 대가로 적군의 공격에서 구원해 줄 것이라고 약속한다. 이때 성 안에 있는 사람들의 반응은 크게 세 가지다. 첫째는 왕을 비웃고 조롱하는 것이다. 그들은 구원자가 필요 없다고 생각하거나 그 왕이 자신들을 구원할 수 있으리라고 믿지 않는다. 그러면 왕은 결국 발길을 돌리고, 성은 파괴될 것이다. 둘째는 왕의 능력을 믿고 기꺼이 그를 구원자로 영접하지만, 통치권을 넘겨주지는 않는 경우다. 이때도 왕은 발길을 돌리고, 성은 파괴될 것이다. 셋째는 왕의 능력을 믿고 기쁨으로 문을 열어 그를 구원자이자 통치자로 영접하는 것이다. 그러면 왕은 그 성에 들어가 보좌 위에 앉아 백성을 구원할 것이다.

우리도 성 안에 있는 사람들과 비슷하게 그리스도를 영접한다. 회심하는 순간에 우리는 우리 힘으로 자신을 구원할 수 없는 절박한 상태에 놓여 있다는 사실을 의식한다. 그때 그리스도의 부르심이 들려온다. 그분은 왕국을 넘겨주면 구원을 베푸시겠다고 약속한다. 우리는 그분을 구원자요, 주님으로 삶에 모셔 들인다. 자율적인 태도를 거부하고, 우리를 다스리는 그분의 통치권을 인정한다. 우리는 스스로의 힘과 공로를 버리고, 오직 우리를 구원하는 그분의 능력만 의지한다. 이처럼 그리스도를 진정으로 영접했다는 증거는 그분의 주님 되심에 복종하는 것, 곧 그분의 구원 사역을 의지하는 믿음이 날마다 깊어지고, 우리 삶 전체를 지배하게 되는 것을 통해 확인된다. 이 지속적인 성화의 사역은 모든 그리스도인의 삶에서 온전하게 보장된다. 우리는 그분이 만드신 바이고, 우리 안에서 선한 일을 시작하신 하나님이 그리스도 예수께서 다시 오시는 날까지 그 일을 완성하실 것이기 때문이다(엡 2:10, 빌 1:6).

현대 복음전도는 이 점을 강조하지 않을 때가 많다. 다시 말해, 그리스도의 주권적 통치에 복종하지 않고도 얼마든지 그분의 구원하는 은혜를 누릴 수 있다고 가르칠 때가 적지 않다. 더욱이 구도자들은 삶에서 지속적인 성화의 사역이 이루어지고 있다는 증거가 전혀 없는데도 단지 진지하게 죄인의 기도를 드렸다는 이유만으로 구원을 확신하는 경우가 비일비재하다. 이것이 우리 시대의 병폐다. 그 때문에 스스로 속아 멸망의 길로 달려가는 사람이 한둘이 아니다.

그리스도를 삶의 전부로 영접하라

그리스도를 영접해 구원받으려면 그분의 주권뿐 아니라 통치권까지 인정해야 한다. 복음은 그리스도를 우리 삶의 전부로 영접하라고 요구한다. 그리스도를 겉옷이나 머리에 다는 액세서리처럼 우리 삶의 장식품으로 대우해서는 안 된다. "멋진 인생, 행복한 가정, 아름다운 집, 좋은 직업을 가졌지만 모든 것을 온전하게 만들려면 한 가지, 곧 예수 그리스도와 인격적인 관계를 맺는 것이 필요하다"는 식으로 죄인들에게 말하는 것은 큰 잘못이다. 그런 말은 이미 멋진 인생을 살고 있는데, 그 위에 예수님을 보태 더욱 멋지게 만들라는 소리밖에 되지 않는다. 그런 말은 기껏해야 예수님을 삶을 보완하는 보조물로 전락시켜 그분의 신성을 모독하는 것이나 다름없다. 그리스도의 탁월하심과 복음의 특권을 바르게 이해한 역사상의 그리스도인들이나 성경은 그런 말이나 태도를 전혀 지지하지 않는다. 오히려 청교도 설교자이자 저술가였던 존 플라벨은 이렇게 말했다.

> 오, 아름다운 태양과 달, 아름다운 별과 꽃, 아름다운 장미와 백합, 아름다운 피조물이여! 그러나 그보다 수만 배나 더 아름다우신 그리스도시여! 그분을 이렇게 비교하다니 참으로 죄스럽구나. 오, 어두운 태양과 달이여! 밝게 빛나는 주 예수님이여! 오, 아름답지 못한 꽃과 백합과 장미여! 지극히 아름다우신 주 예수님이여! 오, 세상의 모든 아름다운 것도 지극히 아름다우신 주 예수님에 비하면 조금도 아름답지 않고, 흉측하고, 음침하기만 하구나! 하늘은 어둡지만, 그리스도께서는 아름다우셔라. 오, 빼어나게 아름다우신 그리스도께 비하면 천사들의 아름다움조차 무색해지는구나!23)

우리가 그리스도를 진정으로 알고 또 그분의 정직한 사자들이라면 "그리스도 외에도 하늘과 땅 가운데 선한 것이 있을 수 있다"는 말을 입 밖에 꺼내서는 안 된다. "만물이 그로 말미암아 지은 바 되었으니 지은 것이 하나도 그가 없이는 된 것이 없느니라"(요 1:3)는 말씀이 사실이지 않은가? 그리스도 없는 삶은 헛되고 무익하지 않은가?(전 1:2) 그리스도께서 없으면 우리 안에 선한 것이 거하지 않고, 우리의 모든 의

---

23) John Flavel, "Epistle Dedicatory," *The Works of John Flavel* (London: Banner of Truth, 1968), 1: xix-xx.

로운 행위가 더러운 누더기이지 않은가?(사 64:6, 롬 7:18) 그런데 타락한 인간이 스스로의 능력과 인격으로 이미 성취한 것에 그리스도를 보탠다는 말이나 생각이 어떻게 가능하단 말인가?

우리는 죄인들에게 이렇게 말해야 한다.

"모두 진리에서 떠나 쓸모없게 되었다(롬 3:12). 발바닥에서 머리까지 성한 곳이 하나도 없다(사 1:6). 우리는 부자라 부요하여 부족한 것이 없다고 말하지만 우리 자신이 비참하고, 불쌍하고, 가난하고, 눈멀고, 벌거벗은 사실을 모르고 있다(계 3:17). 우리는 잠깐 보이다가 없어지는 안개 같다(약 4:14). 하나님을 무시하는 사람은 바람에 나는 겨와 같다(시 1:4). 각자 일한 결과가 심판 날에 불로 시험받아 밝혀질 것이고, 우리 행위는 불에 타 소멸될 것이다(고전 3:11-15). 재물로는 스스로를 구원하지 못할 것이다. 구원의 대가는 무한히 비싸기 때문이다(시 49:7-9). 천하를 얻고서도 목숨을 잃는다면 무슨 유익이 있겠는가?(막 8:36-37) 그러니 회개하고 그리스도를 믿으라. 모든 것을 해로 여기라. 그리스도를 얻고 그분 안에서 발견되려면, 우리가 이룬 모든 업적을 배설물로 여기라(빌 3:8-9)."

현대 복음주의는 이런 노골적인 말에 "이 말씀은 어렵도다 누가 들을 수 있느냐"(요 6:60)고 반문할지도 모르겠다. 교회 성장 전문가들이나 "상황화"(contextualization)라는 명분을 앞세워 선교 사역에 임하는 사역자들은 이런 어려운 말을 거부하면서 이렇게 주장할 것이 분명하다.

"현대인들은 마음이 몹시 여리고 상한 상태이기 때문에 그런 가혹한 말을 받아들이지 못합니다."

"그런 말은 성경적이지만, 요즘 사람들보다 심리 상태가 더 굳세고 자긍심이 더 강한 사람들이 살던 시대에나 어울리죠."

이런 터무니없는 주장이 또 어디에 있는가! 사람들에게 그들이 아무것도 아니라는 것, 곧 그리스도를 떠나서는 아무 가치가 없다는 사실을 곧이곧대로 전하는 것이 복음 사역자의 임무다. 참 복음의 메시지는 영혼을 철저히 유린해 약탈한다. 다시 말해, 그리스도께서 모든 것이 되시게 하기 위해 영혼 안에 아무것도 남겨두지 않는다. 플라벨처럼 모든 것을 그리스도와 비교한다면, 그의 심령이 새롭게 변하지 않겠는가? 모든 것을 빼앗고 그 자리에 그리스도만 남겨두는 복음을 전하는 것은 결코 잘못이 아니다. 그리스도만으로 충분하다! 그분이 온 세상보다 더 귀하시지 않은가?

그리스도인이자 복음 사역자인 우리는 이렇게 가르쳐야 한다.

"그리스도를 이 세상과 다음 세상의 모든 부요함보다 더 높이 존중하고 사랑해야 한다."

우리는 이 낮은 세상과 명백한 대조를 이루시는 그리스도를 힘껏 외쳐야 한다. 그러나 그리스도를 그렇게 전하려면 그분을 정확히 알아야 한다. 말씀과 기도를 통해 그리스도와 함께 머물면서 그분을 찾는 사람만이 그런 지식을 갖게 될 것이다. 그리스도와 더 많은 시간을 함께 보내야만 그분을 더 잘 알 수 있고, 더 큰 능력으로 그분을 전할 수 있다. 그렇게 되어야 다른 우상들을 섬기는 이들보다 더 밝은 빛을 드리우고 그들을 부끄럽게 만들 수 있다.

그리스도를 생명의 유지자로 영접하라

예수님은 가버나움 회당에서 유대인들에게 이렇게 선언하셨다.

> 내가 곧 생명의 떡이니라 …… 내가 진실로 진실로 너희에게 이르노니

> 인자의 살을 먹지 아니하고 인자의 피를 마시지 아니하면 너희 속에 생명
> 이 없느니라(요 6:48, 53).

이 말씀에는 많은 진리가 담겨 있지만, 한 가지만 간단히 생각해 보자. 예수님을 영접한다는 것은 그분을 생명의 원천이자 유지자로 영접하는 것을 의미한다. 예수님은 우리 삶을 보완해 온전하게 만들거나 가장 충만한 삶을 이루도록 우리를 돕는 역할을 하시는 분이 아니다. 우리의 양식과 음료, 즉 우리의 생명 자체이시다. 또한 그분은 포도나무 줄기에서 각 가지로 흘러들어가는 생명의 수액이시다(요 15:1-6, 골 3:4).

처음 회심한 사람은 이 진리를 잘 의식하지 못하고, 삶에서 체감하지 못할 가능성이 높다. 그러나 그 사람 안에서 선한 일을 시작하신 하나님이 그 일을 차츰 온전하게 이루어나가실 것이다(빌 1:6). 그리스도인이 신앙생활을 유지해 나가는 동안 신기하게도 세상의 것들은 차츰 희미해지고, 그리스도의 영광과 은혜의 빛은 더욱 밝게 드러날 것이다.[24] 그리스도인은 자기만족을 추구하던 삶이 그리스도를 의지하고 그분 안에서 만족을 얻는 삶으로 대체되어가는 것을 볼 것이다. 또한 성화 사역이 진행되면서 자기 손으로 판, 물을 담을 수 없는 터진 웅덩이를 뒤로 하게 될 것이다(렘 2:13). 그리고 다윗의 후손을 위해 열린 샘, 곧 모든 것을 만족시키는 생명수를 찾을 것이다(슥 13:1).

그리스도를 생명의 원천이자 유지자로 영접한다는 것은 두 가지 의미를 지닌다. 첫째, 그리스도께서는 단지 여러 가지 음식 가운데 하나

---

24) Helen H. Lemmel, "Turn Your Eyes upon Jesus," 후렴구.

가 아니라, 음식 전체이시다. 그분은 생명과 경건에 속한 모든 것의 원천이시다(벧후 1:3). 사도 바울은 고린도 신자들에게 그리스도께서 "하나님으로부터 나와서 우리에게 지혜와 의로움과 거룩함과 구원함"이 되셨기 때문에 주님이 이루신 사역과 주님을 자랑해야 한다고 말했다 (고전 1:30-31). 그리스도를 영접하는 것은 자기만족, 우리의 업적, 현재와 장래의 모든 칭찬, 영예를 버리는 것을 의미한다. 영원토록 오직 "은혜의 수혜자"라는 한 가지 칭호에만 만족하는 것이다.

참된 그리스도인이 된다는 것은 온갖 좋은 은사와 온전한 선물이 예수 그리스도와 그분의 사역을 통해 위로부터 임한다는 것을 인정하는 것이다(약 1:17). 다시 말해 우리에게 무슨 가치나 선한 업적이 있다면 모두 그리스도에게서 비롯한 것이라고 기꺼이 고백하는 것을 뜻한다. 그리스도를 우리가 숨 쉬는 공기, 육신의 생명을 유지시켜주는 물과 음식처럼 알고 온전히 그분을 의지하는 것이 참 믿음이다. 그리스도 안에서 만족하면 양식이 아닌 것을 위해 재물을 사용하거나 배부르게 하지 못할 것을 위해 수고하는 일이 더 이상 없다(사 55:2). 참 믿음은 오직 그리스도의 식탁만 바라본다. 참 믿음은 속된 것들로 그것을 대체하거나 보완하려고 하지 않는다. 이미 주님의 선하심을 맛보아 알게 되었는데(시 34:8), 애굽의 파와 마늘을 어떻게 그리스도의 만나와 비교할 수 있겠는가?(민 11:5)

"그리스도께서 그리스도인을 위한 생명 유지자"라는 진리의 둘째 의미는 만찬이 회심의 순간에만 국한되는 일회적인 행사가 아니라는 것이다. 만찬은 그리스도인이 살아가는 동안 계속된다. 회심은 일평생 지속되는 영원한 만찬의 시작일 뿐이다. 그리스도인이 성장하는 동안 성령께서 제공하시는 양식도 갈수록 더 늘어나기 마련이다. 현대 복음주의의 큰 문제는 구원을 과거의 일회적 사건으로만 생각하는 것이다. 곧 구원을 현재와 미래를 통해 계속 지속되는 경험으로 간주하지 않는다. 일평생 지속되는 성화가 회심의 증거라는 사실을 잊지 말라. 그리스도를 늘 먹고 마시는 것이 과거에 그분의 식탁에 참여했다는 증거다. "기도"라는 돈을 지불하고 사서 주머니에 넣어두었다가, 죽을 때 천국에 들어가려고 꺼내드는 천국 입장표 정도로 예수님을 생각하는 것은 엄청난 잘못이다. 구원을 죄인의 기도를 드린 사람들의 운명을 결정짓는 단 한 번의 거래로 생각한다면, 진정한 구원이 이루어졌다고 볼 수 없다.

회심하는 순간, 죄인은 주님의 선하심을 맛보아 안다(시 34:8). 그러나 그의 영적 미각은 그렇게 민감하지 못하다. 이 세상의 앙금이 여전히 그의 뱃속에서 썩고 있고, 참된 양식의 맛을 알아보는 기능도 아직 원활하지 못하다. 그리스도의 단단한 음식을 소화시키기 어려워 젖만 먹어야 하는 상태다(히 5:12). 히브리서 저자는 이렇게 말한다.

> 이는 젖을 먹는 자마다 어린아이니 의의 말씀을 경험하지 못한 자요(히 5:13).

그러나 하나님은 새신자를 그런 상태에만 머물게 하지 않으시고, 온전히 장성한 사람으로 성장하도록 이끄신다. 새신자가 이 세대의 잘못된 양식을 멀리하고, 갓 태어난 아이처럼 순전한 말씀의 젖을 사모할 수 있는 능력을 주신다(벧전 2:1-3). 성령께서는 마음을 새롭게 하시고, 세상을 이길 수 있는 은혜를 허락하신다. 그리고 선악을 구별할 수 있는 능력을 주셔서 세상의 음식을 버리고 그리스도만 사모하게 하신다(히 5:14). 부패한 육신의 뒷맛은 점차 사라지고, 영적 감각이 민감해진다. 그 결과 애굽의 음식을 잊을 뿐 아니라 혐오하기에 이른다. 므비보셋처럼 왕의 식탁에 점차 익숙해지는 것이다(삼하 9:6-7). 더 이상 세상의 속된 음식을 바라지 않고 그것을 경멸하게 된다.

이 간단한 논의를 마무리하기 전에 다시 한 번 기억해야 할 것이 있다. 바로 처음 회심할 때 "그리스도를 영접한다", "그리스도를 전적으로 의지한다", "오직 그리스도만 사모한다"는 의미를 온전히 이해하는 사람은 아무도 없다는 사실이다. 성령의 감동하심과 역사를 통해 예수님을 영접했더라도 우리의 생각은 온갖 오류에 오염되어 있고, 우리의 동기는 이기심에 지배당하며, 우리의 마음은 충성할 대상을 아직 확실하게 정하지 못한 상태다. 수십 년 동안 우리 삶에서 성화 사역이 이루어진 뒤에도 이런 불완전한 상태에서 온전히 벗어날 수는 없다. 영적 상태가 많이 나아지고, 그리스도를 의지하는 마음이 더욱 깊어지며, 그분을 사모하는 마음이 더욱 강렬해지기는 하지만, 아직도 온전히 그분의 소유가 된 것은 아니다. 장차 우리가 영화로워져서 주님을 직접 대할 때가 되기 전에는 온전한 마음을 이룰 수 없다.

그렇기 때문에 새신자에게 성숙한 이해와 헌신을 요구하는 것은 잘못이다. 성숙한 그리스도인도 그런 단계에 이를 수 없다. 완전한 상태를 믿음의 증거로 삼거나 흠 없는 헌신을 구원의 증거로 내세워, 그리스도인들이 구원을 확신하는 것을 방해하지 않도록 조심하라. 설령 성화가 칭의의 참된 증거이고, 그리스도를 영접한 상태를 지속하는 것이 그분을 영접해 구원에 이르렀다는 증거라고 해도 말이다. 우리는 우리가 잡힌 바 된 그것, 즉 "예수 그리스도에 대한 복종"을 잡으려고 항상 달려가야 한다(빌 3:12-14). 구원의 증거는 목표에 도달한 상태가 아니라, 하나님의 일을 더욱 깊이 이해하고 더욱 거룩해지기 위해 노력하는 과정에 있다. 그리스도를 진정으로 영접한 사람은 그분을 더욱 온전히 이해하는 증거를 보여준다. 그런 사람에게는 날이 갈수록 그리스도께서 더 큰 현실로 다가오신다. 그와 반대로 예수님을 영접했다고 하면서 그 의미가 구체적인 현실로 나타나지 않는 사람은 참된 회심을 경험했다고 말하기 어렵다.

5
마음의 문을 두드리시는 그리스도

볼지어다 내가 문 밖에 서서 두드리노니 누구든지 내 음성을 듣고 문을 열면 내가 그에게로 들어가 그와 더불어 먹고 그는 나와 더불어 먹으리라(계 3:20).

워너 샐먼의 "마음의 문을 두드리시는 그리스도"(Christ at Heart's Door)는 복음주의 그리스도인과 가톨릭 신자 모두에게 널리 알려진 성화다.[25] 워너 샐먼은 그리스도께서 라오디게아 교회에 "볼지어다 내가 문 밖에 서서 두드리노니 누구든지 내 음성을 듣고 문을 열면 내가 그에게로 들어가 그와 더불어 먹고 그는 나와 더불어 먹으리라"(계 3:20)고 하신 말씀에서 영감을 얻어 이 그림을 그렸다.

화가는 그리스도께서 마음의 문을 두드리시며 안으로 들어가게 해 달라고 요청하고 계시는 의미로 이 구절을 해석했다. 이 그림에서 가장 눈에 띄는 점은 바깥으로 돌출된 문고리나 걸쇠가 없다는 것이다.

---

[25] 워너 샐먼(Warner Sallman, 1892-1968년)은 시카고 출신 기독교 화가로, 이 작품은 영국 화가 윌리엄 홀먼 헌트가 1835년에 완성한 "세상의 빛"(The Light of the World)이라는 작품에 근거한다.

화가가 모르고 그리지 않은 것이 아니다. 오히려 그는 인간의 마음은 오직 안에서만 열 수 있다는 것을 보여주기 위해 일부러 문고리를 그리지 않았다. 그리스도께서는 늘 은혜로우시기 때문에 억지로 문을 여시거나 강제로 들어가지 않으신다. 하나님은 구원을 베풀길 원하시지만, 마음을 열어 그분을 영접하는 것은 죄인의 몫이다. 많은 교회에 이 그림이 걸려 있다. 복음주의 설교나 전도지, 책에도 많이 인용된 이 그림은 복음 초청의 중요한 요소로 자리 잡았다.

그릇된 해석

대중매체의 힘은 아무리 과장해도 지나치지 않다. 요즘에는 많은 사람이 그림, 소설, 영화 등 대중매체에서 해석한 내용에 근거하여 역사적 사건을 이해한다. 세실 드밀(Cecil B. DeMille) 감독의 영화 "십계"(1956년)가 대표적인 경우다. 성경보다 이 영화에 근거하여 이스라엘의 출애굽 사건을 이해하는 사람이 많다.

마찬가지로 요한계시록 3장 20절에 관한 설교도 본문을 진지하게 생각하기보다는 워너 샐먼의 그림을 감상하는 것으로 이해하는 경우가 많은 듯하다. 설교자들은 성도에게 이렇게 권유하며 가르친다.

"그리스도께서 마음의 문을 두드리고 계십니다. 그렇지만 오직 당신만이 문을 열어드릴 수 있습니다. 그러니 기도로 그분을 영접하세요."

"진심으로 기도드린 사람은 그리스도를 마음에 영접했기 때문에 구원을 확신해도 좋습니다. 감정이나 느낌을 의지하지 말고, 이 진리를 믿음으로 굳게 붙잡으십시오."

새로운 회심자를 상담하는 사람들은 그들의 의심을 없애주기 위해 다음과 같은 논리를 전개한다.

1. 그리스도께서는 마음의 문을 열면 들어오시겠다고 약속하셨다.
2. 믿음과 기도로 마음의 문을 열었다.
3. 그리스도께서는 항상 약속을 지키시기 때문에 이미 마음에 들어오셨다. 만일 그러지 않으셨다면 그분은 거짓말쟁이시다.
4. 그러나 그리스도께서는 절대로 거짓말을 하지 않으신다. 그러므로 이제 확실히 구원이 이루어졌다.

이런 논리 때문에 삶의 변화가 거의 없는데도 구원을 확신하는 사람이 매우 많다. 이들은 삶에서 그리스도께 전혀 헌신하지 않으며, 참된 기독교 신앙을 지녔다는 외적 증거를 아무것도 보여주지 못한다. 이런 상황을 어떻게 설명할 수 있을까? 말씀은 아무 문제가 없다. 문제는 말씀을 잘못 해석해서 적용하는 데 있다.

이 본문을 문맥에 비춰 생각하면, 현대 복음전도가 제시하는 의미와 사뭇 다르다는 것을 알 수 있다. 첫째, 그리스도께서는 죄인의 마음 문이 아니라 라오디게아 교회의 문을 두드리셨다. 둘째, 그리스도께서는 기도를 통해 자신을 마음속 깊이 영접하라고 요구하지 않으셨다. 오히려 그분은 자기 이름으로 모이는 사람들을 꾸짖으시고, 그들의 미지근한 신앙을 회개하라고 요구하셨다. 또한 "네 곤고한 것과 가련한 것과 가난한 것과 눈먼 것과 벌거벗은 것을 알지 못하는도다"라는 말씀으로 그들의 영적 무지를 책망하셨다(계 3:16). 게다가 스스로 부요하여 부족한 것이 없다고 자부하는 그들의 물질주의와 교만을 엄중히 꾸짖으셨다(계 3:17). 셋째, 그리스도께서는 사람들에게 복음을 믿으라고 요구하지도 않으셨고, 아직 믿음이 없는 구도자들에게 영생을 약속하지도 않으셨다. 오히려 교회 안에 있는 그리스도인들에게 참된 뉘우침을 통해 그분의 음성을 듣고 그분과의 교제를 회복하면, 영원한 상급과 교제를 허락하시겠다고 약속하셨다.

위험한 모순

요한계시록 3장 20절의 의도나 문맥이 복음전도와 아무 상관이 없다는 사실은 우리의 경각심을 일깨워주기에 충분하다. 사실 마음의 문을 열고 예수님을 영접하여 복음의 메시지에 응답하라고 명령하는 말씀은 성경 어디에도 없다. 성경은 단지 "죄를 회개하고 그리스도를 믿으라"고 명령할 뿐이다(막 1:15, 눅 24:46-47, 행 16:30-31, 17:30).

이 본문이 복음전도와 아무런 관련이 없는데도 현대 복음전도 방법의 근거가 되고 복음을 전할 때 가장 많이 인용되는 성경 구절이 된 것은 매우 흥미롭다. 더욱이 현대의 복음전도는 사도들의 복음전도와 하나님의 구원 사역을 분명하게 보여주는 다음 말씀을 거의 전적으로 무시하고 있다.

> 두아디라 시에 있는 자색 옷감 장사로서 하나님을 섬기는 루디아라 하는 한 여자가 말을 듣고 있을 때 주께서 그 마음을 열어 바울의 말을 따르게 하신지라(행 16:14).

많은 설교자가 요한계시록 3장 20절을 그리스도께 마음의 문을 열도록 권유하는 근거로 사용한다. 그들은 마음을 여는 문고리가 인간 내면에 있는 것처럼 말한다. 이것은 하나님은 외부에서 마음의 문을 여실 수 없고, 그럴 생각도 없으시며, 오직 인간만이 그 일을 할 능력이 있다는 뜻을 내포한다. 워너 샐먼의 그림은 그리스도를 무기력하게 안으로 들어오라는 허락만을 기다리시는 분으로 묘사한다. 이처럼 이 본문은 성경 어디에서도 발견되지 않는 복음전도 방법을 뒷받침하는 근거가 되기도 하고, 그 안에 전혀 함축되어 있지 않은 교리를 입증하는 증거로 사용되기도 한다.

본문에 대한 오늘날의 해석과 적용은 사도행전 16장 14절의 가르침과 정면으로 충돌한다. 사도행전 본문은 하나님이 루디아의 마음을 열어 바울의 가르침에 반응하게 하셨다고 분명하게 가르친다. "열어"라고 번역된 헬라어는 "디아노이고"(*dianoigo*)다.[26] 저명한 헬라어 학자 로버트슨은 이 말의 의미를 "접혀 있는 문 양쪽을 완전히 열어젖히는 것"으로 정의했다.[27] 헬라어 언어학자 세이어가 설명한 의미도 비슷하다. 그는 "서로 나누거나 잡아떼어 열다", "완전히 열다"라고 말했다.[28] 누가는 어머니의 태에서 처음 태어난 사람(눅 2:23), 예수님이 제자들의 마음을 열어주신 일(눅 24:45), 하나님이 하늘을 열어 자기 오른편에 계시는 예수님을 보여주신 일(행 7:56)을 묘사할 때도 같은 용어를 사용했다. 이 사건들은 수동적이지 않다. 처음 사건은 갓난아이의 출생을, 나머지 두 사건은 하나님의 역사를 각각 가리킨다. 모두 능동적인 행위에서 비롯한 사건들이다.

---

26) 이 단어는 "둘의", "떼어", "통해"를 뜻하는 헬라어 접두사 "디아"(*dia*)와 "열다"를 뜻하는 헬라어 동사 "아노이고"(*anoigo*)로 이루어진 파생어다.

27) A. T. Robertson, *Word Pictures in the New Testament* (Nashville: Broadman Press, 1930–1933), 3:252.

28) Joseph Henry Thayer, *Greek–English Lexicon* (Grand Rapids: Baker, 1977), 140.

말씀의 올바른 적용

건전한 신학을 바탕으로 회심을 바르게 이해하여 요한계시록 3장 20절을 적용한다면, 복음 초청을 위한 본문으로 사용해도 큰 문제는 없다. 본문이 그리스도께서 자기만족에 사로잡혀 미지근한 신앙생활을 하는 그리스도인들을 꾸짖는 내용이라는 데 많은 학자가 동의한다. 뿐만 아니라 죄인에게 오래 참으시며 영적 교제를 진지하게 제시하시는 그리스도를 아울러 전하고 있다는 데에도 동의한다. 올바른 관점에서 생각한다면 우리는 요한계시록 본문을 다음과 같은 방식으로 적용할 수 있다.

1) "볼지어다 내가 문 밖에 서서 두드리노니"

본문은 복음의 보편적 초청이 이루어지고 있다는 것을 분명하게 보여준다. 이 사실을 의심하는 그리스도인이 단 한 사람도 있어서는 안 된다. 하나님은 악인의 죽음을 기뻐하지 않으신다. 그분은 그들이 악한 길에서 돌이켜 생명을 얻길 바라신다(겔 18:23). 따라서 우리는 예수 그리스도의 복음을 하늘 아래 있는 모든 사람에게 전하고, 그들에게 회개와 믿음을 권유해야 한다(막 16:15, 행 17:30). 우리는 주님이 재림하실 때까지 일관된 태도로 사람들에게 빠짐없이, 열심히 복음을 전해야 한다. 겸손한 태도로 청중에게 그리스도께서 그들을 부르고 계신다는 것을 깨우쳐주는 데 모든 정성과 노력을 기울여야 한다.

둘째, 우리는 본문을 통해 하나님이 무한히 인내하시며 죄인들을 부르신다는 사실을 깨달을 수 있다. 하나님은 자비롭고, 은혜롭고, 노하기를 더디 하시고, 인자와 진실이 많은 분이다(출 34:6). 하나님은 가장 강퍅한 죄인도 기꺼이 부르시고, 일평생 그분의 은혜를 거부해 온 사람들을 인내하며 기다리신다. 이사야는 하나님의 오래 참으심을 아름답고 감동적으로 묘사했다.

> 나는 나를 구하지 아니하던 자에게 물음을 받았으며 나를 찾지 아니하던 자에게 찾아냄이 되었으며 내 이름을 부르지 아니하던 나라에 내가 여기 있노라 내가 여기 있노라 하였노라 내가 종일 손을 펴서 자기 생각을 따라 옳지 않은 길을 걸어가는 패역한 백성들을 불렀나니(사 65:1-2).

설교자는 죄인들을 오래 참으시는 하나님을 힘써 전해야 한다. 죄인들을 인도하여 회개하게 만드는 것은 바로 하나님의 은혜와 관용과 인내이기 때문이다(롬 2:4). 또한 설교자는 언제 구원 초청이 끝나고 심판만 남게 될지는 오직 하나님만 알고 계신다고 경고해야 한다.

2) "누구든지 내 음성을 듣고 문을 열면"
하나님은 사람들에게 복음의 메시지에 반응할 것을 요구하신다. 이것이 이 문구에 담겨 있는 놀라운 진리다. 사람들의 반응을 요구하지 않는 설교는 좋게 보면 균형을 잃은 설교이고, 나쁘게 말하면 이단적인 설교라고 할 수 있다. 메시지를 전하면서 청중에게 긴박한 의식을 불러일으키지 못한다면, 즉 복음의 요구에 적절히 반응하지 못하면 멸망한다는 의식을 일깨워주지 못한다면 복음 전도자의 소임을 다했다고 말할 수 없다. 이 점은 주님과 사도들이 성경을 통해 우리에게 전한 여러 사례에서 분명하게 드러난다.

예수님은 사역을 처음 시작하실 때부터 사람들에게 회개와 믿음으로 복음에 반응하라고 요구하셨다(막 1:15). 베드로는 오순절에 청중에게

"이 패역한 세대에서 구원을 받으라"(행 2:40)는 말로 강력하게 반응을 촉구했다. 사도 바울도 그리스도를 대신해 죄인들에게 하나님과 화목하라고 간절히 호소했다(고후 5:11, 20). 바울은 "보라 지금은 은혜 받을 만한 때요 보라 지금은 구원의 날이로다"(고후 6:2)라며 죄인들에게 강력하게 권고한다.

복음은 말씀을 듣는 사람의 반응을 강력하게 촉구한다. 그러나 개인적으로나 집회에서 복음 설교를 듣고 난 다음, 전도지 뒤에 적힌 기도를 드리는 것만으로는 적절한 반응이 이루어졌다고 말할 수 없다. 성경은 그리스도의 구원 사역과 주권적 통치에 삶을 온전히 맡겨야 한다고 강조한다. 또한 죄인들에게 죄를 회개하고, 삶을 스스로 주도하려는 태도를 버리며, 예수님을 주님으로 고백하라고 요구한다(롬 10:9-10). 성경은 육신의 팔로 구원의 소망을 붙잡으려는 시도를 중단하고, 믿음으로 그리스도 안에 나타난 하나님의 긍휼을 온전히 의지하라고 요구한다. 그리스도의 음성을 듣고 그분께 삶의 문을 열어드리는 것이 무슨 의미인지 이해하려면 다음 성경 말씀을 이해해야 한다.

> 진실로 진실로 너희에게 이르노니 죽은 자들이 하나님의 아들의 음성을 들을 때가 오나니 곧 이때라 듣는 자는 살아나리라(요 5:25).
> 내 양은 내 음성을 들으며 나는 그들을 알며 그들은 나를 따르느니라(요 10:27).

그리스도께서는 첫째 본문에서 구원을 "영적 죽음에서 부활하는 것"으로 말씀하셨다. 죄인의 마음을 변화시켜 그에게 영적 생명을 주는 것은 초자연적인 기적의 사역이다. 새로 회심한 사람은 그리스도의 무한한 능력을 통해 죽은 자 가운데서 새로운 피조물로 거듭났다. 그는 하나님이 창세전에 예비하신 선한 일을 위해 그리스도 예수 안에서 새로 지으심을 받았다(고후 5:17, 엡 2:10). 영적 부활은 죽은 나사로가 그리스도의 명령으로 다시 살아난 것에 못지않은 변화요, 기적이 아닐 수 없다. 따라서 그리스도의 음성을 진정으로 듣고 하나님의 강력한 사역을 경험하고도 아무런 변화가 없다는 것은 도무지 생각할 수 없는 일이다. 요한복음 5장 25절은 "듣는 자는 살아나리라"고 가르친다. 그리스도의 음성을 듣는 사람은 새 생명 가운데서 행하기 마련이다(롬 6:4).

둘째 본문은 그리스도를 계속 따르는 것이 그분의 음성을 듣고 그분께 삶을 열어드린 사람들의 특징이라고 가르친다. 그리스도의 음성을 듣고 영적 죽음에서 살아났는데도 그 효과가 삶을 통해 계속 이어지지 않는다는 생각은 터무니없다. 그런 식으로 가르치는 것은 이단이다. 또한 단지 구원받을 정도만 그리스도께 삶을 열어드린 후 다시 문을 닫은 채 구원자이신 주님을 조금도 의식하지 않고 스스로가 삶의 주도권을 쥐고 살아갈 수 있다는 것도 요한복음 10장 27절에 정면으로 위배된다. "듣다"를 뜻하는 히브리어는 말씀을 듣는 행위뿐 아니라 복종의 행위도 의미한다.

복음의 단순한 진리를 다시 제시해 보겠다. 인간은 믿음으로 말미암은 은혜로 구원받는다. 구원은 인간의 공로와 무관한 하나님의 선물이기 때문에 육신을 자랑해서는 안 된다(엡 2:8-9). 인간이 하나님의 지으심을 받아 새로운 피조물로 거듭나는 것은 성령의 초자연적인 사역이다. 이런 복음의 진리는 "말씀을 듣고 삶을 열어 구원에 이른 사람은 지속적인 성화의 사역을 통해 그리스도께 복종한다"는 것을 보여준다. 아울러 그렇게 될 수 있는 이유는 회심자의 의지력 때문이 아니라, 죄인을 구원하시는 하나님의 능력과 신실하심 때문이다. 그의 안에서 착한 일을 시작하신 하나님이 그 일을 끝까지 완성하신다(빌 1:6).

3) "내가 그에게로 들어가"

새 언약의 가장 위대하고 은혜로운 현실 가운데 하나는 "그리스도께서 자기 백성 안에 거하신다"는 것이다. 그분은 세상 끝 날까지 우리의 진정한 임마누엘이시다(사 7:14, 마 1:23, 28:20). 성경이 가르치는 그리스도의 내주하심은 시적이고 비유적인 의미가 아니라, 하나님의 자녀 모두가 실제로 경험하는 현실을 가리킨다. 골로새 교회에 보낸 서신에서 사도 바울은 우리 안에 거하시는 그리스도를 그리스도인이 장래의 영광을 희망할 수 있는 근거로 제시했다.[29] 성령을 통한 그리스도의 내주하심은 안으로는 영적 생명을 부여하고, 밖으로는 분명하게 식별할 수 있는 변화를 일으킨다. 그렇기 때문에 그리스도인은 자신이 그리스도께 속했다는 확신은 물론 장래의 영광을 희망할 수 있는 충분한 근거를 가질 수 있다. 이처럼 성령을 통한 그리스도의 내주하심은 능동적이다.[30] 이것은 은밀한 비밀이나 신비적이거나 주관적인

---

29) 골 1:27. 로버트슨은 이렇게 설명했다. "바울은 이방인을 상대로 말하고 있다. 여기에서 '안에'는 말 그대로 '가운데'가 아닌 '안'을 의미한다. 바울은 모든 성도가 각자 자신의 삶에서 그리스도의 임재를 개인적으로 경험한다는 것을 염두에 두었다. 이것은 그리스도께서 마음에 거하신다고 말하는 에베소서 3장 17절의 가르침과 일맥상통한다. 그리스도께서 영광의 소망이신 이유는 그분이 하나님의 '쉐키나'(*shekina*)이시기 때문이다. 그리스도께서는 현재의 소망이자(딤전 1:1), 장차 나타날 영광의 소망이시다(롬 8:18)." A. T. Robertson, *Word Pictures in the New Testament* (Nashville: Broadman Press, 1930-1933), 4:485.

인상에 국한된 현상이 아니라, 눈에 띄는 식별 가능한 현실이다.

그리스도께서는 믿음으로 자기를 영접하는 모든 자에게 들어가시겠다고 약속하셨다. 그러나 거듭 말하지만 믿음의 증거, 곧 그리스도를 영접했다는 증거는 우리 안에서 그분의 사역이 활발하게 이루어져 그분의 형상을 닮아가는 데 있다. 다시 말해, 그리스도의 이름을 고백했다면 지속적으로 변화되어야 한다. 다음 말씀은 그리스도께서 그리스도인 안에 거하신다는 것이 무슨 의미인지를 매우 잘 보여준다.

> 사람이 나를 사랑하면 내 말을 지키리니 내 아버지께서 그를 사랑하실 것이요 우리가 그에게 가서 거처를 그와 함께하리라(요 14:23).

예수님은 자신이 그리스도인 안에 거하시는 것이 그리스도인 편에서의 많은 사랑이나 철저한 복종에 근거한다고 가르치지 않으셨다. 그리스도를 사랑하고 그분의 말씀을 지킨다고 해서 그분이 내주하시는 것은 아니다. 사랑과 복종은 그분의 내주하심을 입증하는 증거다. 다시 말해, 우리가 전에 없었던 사랑으로 그리스도를 사랑할 수 있는 이유는 우리가 거듭났고, 그리스도께서 성령을 통해 우리 안에 거하시기 때문이다. 또한 말씀에 대한 복종은 우리가 그분의 말씀과 새로운 관계를 맺었다는 증거다.

이런 성경의 가르침은 한때 기도로 예수님을 마음에 영접했기 때문에 구원을 확신할 수 있다는 생각과 정면으로 충돌한다. 사람들은 그

---

30) William Hendriksen, *New Testament Commentary: Exposition of Colossians and Philemon* (Grand Rapids: Baker, 1964), 91.

리스도께서 내주하신다는 것을 보여주는 내적 감정이나 외적 증거가 없는데도 그리스도께서 약속하셨고, 그 약속대로 진심을 다해 기도했기 때문에 구원받았다고 확신한다. 이런 태도는 그리스도의 내주하심을 수동적이고, 무력하며, 식별할 수 없는 현실로 취급하는 것이다. 결국 인격이나 하나님과의 관계가 실제로 변화하는 것과는 아무 상관 없이 단지 천국행 티켓을 거머쥐는 것으로 구원의 의미가 축소된다.

이런 이해가 아무리 만연되어 있더라도 성경에서는 아무 근거도 찾을 수 없다. 회개의 경험을 생각하면 구원을 확신할 수 있을지 모르지만, 그런 경험만으로는 그리스도를 고백하는 믿음의 타당성을 입증하기에 부족하다. 그리스도인의 삶에서 지속적으로 이루어지는 성화 사역, 즉 갈수록 깊어지는 회개, 늘 성장하는 믿음, 그리스도를 아는 지식의 증가, 그분의 뜻에 더욱 철저하게 복종하는 삶과 같은 믿음의 중요한 요소들이 필요하다.

4) "그와 더불어 먹고 그는 나와 더불어 먹으리라"

복음의 가장 큰 약속 가운데 하나는 "그리스도와의 교제"다. 그러나 사람들은 그리스도와의 교제는 뒷전이고, 자기 삶에만 관심을 기울이는 경향이 많다. 다시 말해, 사람들이 예수님을 마음에 영접하라는 말에 귀 기울이는 이유는 현세에서 더 나은 삶을 살고 내세에서 영원한 멸망을 피할 수 있다는 약속이 좋기 때문이다. 그 약속은 사실이다. 그러나 그것을 그리스도와의 교제보다 우위에 두면 예수님이 가르치신 영생의 의미와 정면으로 충돌한다. 그래서 결국 복음이 왜곡되고 만다. 예수님은 "영생은 곧 유일하신 참 하나님과 그가 보내신 자 예수 그리스도를 아는 것이니이다"(요 17:3)라고 말씀하셨다.

사람이 자기의 목숨을 구원하기 위해서라면 무슨 일이든 할 것이라는 마귀의 말은 매우 정확하다.

> 사탄이 여호와께 대답하여 이르되 가죽으로 가죽을 바꾸오니 사람이 그의 모든 소유물로 자기의 생명을 바꾸올지라(욥 2:4).

인간은 기도를 드리고, 교회에 출석하고, 봉사활동에 참여하고, 심지어는 순교자가 될 수도 있다. 그러나 인간의 부패한 본성이 변해 그리스도를 존중하고 그분과의 교제를 사모하려면 성령의 초자연적인 역사가 필요하다. 더 나은 삶과 영생의 축복을 제안하면 세속적인 사람들이 많이 나아올 것이다. 그러나 그리스도와의 교제를 제안하면 성령께서 이끌지 않으시는 한, 단 한 사람도 나오지 않을 것이다. 예수님은 이렇게 말씀하셨다.

> 나를 보내신 아버지께서 이끌지 아니하시면 아무도 내게 올 수 없으니 오는 그를 내가 마지막 날에 다시 살리리라(요 6:44).

요한계시록 3장 20절로 복음을 전할 때, 두 가지 중요한 진리를 기억해야 한다. 첫째, 우리는 그리스도를 크게 강조하고 청중에게 그분의 가치를 전해야 한다. 그리하여 그분과의 교제를 다른 무엇보다 열망하도록 이끌어야 한다. 우리가 전해야 할 복음의 유익은 수없이 많지만 그리스도께서 그 가운데 가장 으뜸 되는 가치를 지니시며, 그분이 그 모든 유익을 다 합친 것보다 존귀하시다고 선포해야 한다. 또한 그리스도의 빛에 비춰보면 다른 모든 것은 그다지 큰 가치가 없다는 것을 일깨워주어야 한다.

　무엇을 그리스도와 비교할 수 있을까? 우리는 주님의 식탁이 아닌 돼지우리에서 먹는 편이 더 나을 사람들의 관심을 끌기 위해 가장 귀한 것은 한쪽으로 밀쳐둔 채 그보다 못한 것을 전해야 할까? 그리스도의 아름다우심과 복음의 영광을 가장 중요한 주제로 삼으면 사람들의 관심은 덜 끌겠지만, 그런 설교를 듣고 그분 앞에 나오는 사람은 참된 그리스도인이 될 가능성이 높다. 그런 사람은 성령의 역사를 통해 그리스도 앞에 나아와 그분 곁에 머무를 것이다. 비록 세상의 기쁨과 번영의 약속이 이루어지지 않을지라도 어렴풋하게나마 영광스러운 그리스도를 보았기 때문에 다른 모든 것을 배설물로 여기며 끝까지 믿음의 경주를 완주할 것이다(빌 3:7-8).

　둘째, 우리는 이 본문을 통해 참된 회심을 경험한 증거가 평생 그리스도와 교제를 나누는 데 있다는 것을 보여주어야 한다. 예수님은 "내가 그에게로 들어가 그와 더불어 먹고 그는 나와 더불어 먹으리라"고 약속하셨다. 이 말씀은 예수님이 새신자 안에 거하시는 것은 그분과 그 사람 사이에 평생 지속될 교제의 시작이자 원동력이라는 것을 일깨워준다. 이것이 참된 회심의 표징 가운데 하나다. 그리스도께서 우리를 구원하시고 우리 안에 거하시는 이유는 우리와 교제를 나누시기 위해서다. 그분은 우리와 더불어 먹고, 우리는 그분과 더불어 먹는다.

　지속적인 교제의 약속이 모든 참된 그리스도인의 삶에서 나타나게 될 확실한 현실로 진술되었다는 사실은 매우 중요하다. 이 약속은 새 언약에 관한 구약성경의 아름다운 약속과 매우 비슷하다.

　그날 후에 내가 이스라엘 집과 맺을 언약은 이러하니 곧 내가 나의 법을 그들의 속에 두며 그들의 마음에 기록하여 나는 그들의 하나님이 되고 그들은 내 백성이 될 것이라(렘 31:33. 예레미야 24장 7절, 32장 28절, 히브리서 8장 10절 참고).

이 언약의 약속은 하나님이 자기와 화목하게 하실 백성을 새롭게 창조하시는 날에 성취하실 예정이었다. 메시아의 속죄의 죽음과 성령의 거듭나게 하시는 사역을 통해서 말이다. 그리고 그 약속은 지금 온전히 이루어졌다. 하나님이 그들을 위해 행하신 초자연적인 사역 덕분에 그분은 그들의 하나님이 되고, 그들은 그분의 백성이 될 것이다. 이것은 단순히 그러기를 바라는 무력한 신의 공허한 염원이 아니라, 절대 주권자이신 하나님의 확고한 뜻이다. 하나님은 새롭게 창조된 백성을 변함없이 신실하게 대하시겠다고 약속하셨고, 그들이 적절하게 반응할 수 있는 방법으로 그들 안에서 역사하시겠다고 언약하셨다.

우리는 요한계시록 3장 20절에서도 그처럼 확실한 약속을 발견할 수 있다. 그리스도께서는 참된 회심자와 계속 교제하시겠다고 약속하셨을 뿐 아니라, 그의 안에 거하셔서 그가 적절하게 반응하게 하시겠다고 언약하셨다. 물론 이 약속은 그리스도인이 그리스도에 대한 헌신이 미지근해지는 일 없이 믿음의 경주를 완주할 수 있다는 뜻과는 거리가 멀다. 이 약속은 그리스도인의 삶이 그리스도와의 실질적인 교제에 바탕을 두게 될 것을 암시할 뿐이다. 그리스도인은 오래전 처음 믿음을 가질 때 드린 기도가 아닌, 살아 계시는 그리스도와의 지속적인 관계에 근거해 구원을 확신할 수 있다.

누가 그리스도와 더불어 먹는가?

이 주제를 마무리하기 전에 마지막으로 한 가지만 더 생각해 보자. 요한계시록 3장 20절을 복음전도의 수단으로 사용하는 것과 관련된 문제는 대부분 문을 두드리시는 분이 누구신지를 정확하게 이해하면 깨끗하게 해결된다. 문을 두드리시는 분은 바깥에 쫓겨난 그리스도, 곧 부스러기 조각과 같은 헌신을 구걸하는 그리스도가 아니시다. 그분은 영광의 주님이다. 영광의 주님이 인간에게서 무엇이 필요하시겠는가? 그분은 하늘 보좌에 앉아 계시고, 땅은 그분의 발등상이다(사 66:1). 그리스도께서는 모든 인간에게 생명과 호흡과 만물을 주시는 분이기 때문에 무엇이 부족한 것처럼 사람의 손으로 섬김 받으실 필요가 없다(행 17:25). 세계와 그 안에 충만한 것이 모두 그리스도의 것이기 때문에 설혹 굶주리시는 일이 있더라도 사람들에게 아무것도 구하시지 않을 것이다(시 50:12). 더욱이 사람들은 죄를 짓고 많은 허물을 쌓기에 급급한데 하나님을 거스르는 일 외에 다른 무엇을 할 수 있겠는가? 설혹 인간이 의롭다고 해도 하나님께 무슨 유익이 있겠는가?(욥 35:6-7) 그런 점에서 토저가 한 말은 매우 지당하다.

> 모든 인간이 갑자기 눈이 멀지라도, 태양과 별들은 여전히 낮과 밤을 비출 것이다. 그 빛의 혜택을 받는 수많은 인간에게 아무것도 빚진 것이 없을 테니 말이다. 마찬가지로 세상의 모든 사람이 무신론자가 되더라도 하나님께 아무 영향도 끼칠 수 없다. 그분은 다른 것에 의존하지 않고서도 스스로 충만하시다. 그분을 믿는다고 해서 그분의 온전하심에 보탬이 되거나, 그분을 의심한다고 해서 그분께 무슨 누를 끼치는 일은 절대 없다.[31]

이처럼 인간의 마음을 두드리시는 그리스도께서는 우리가 불쌍히 여겨야 할 걸인과 같은 존재가 아니다. 마땅히 공경하고 존귀하게 여겨야 할 은혜로운 주님이다. 그분이 인간의 마음에 들어오시면 모든 것을 그 뜻대로 행하실 것이다. 그분은 인간의 변덕스러운 생각에 자신의 뜻을 맡기지 않으시고, 전인적인 충성을 요구하실 것이다. 이것이 산상설교에서 예수님이 "마음이 청결한 자는 복이 있나니 그들이 하나님을 볼 것임이요"(마 5:8)라고 말씀하신 이유다. 마음이 순수하고 충성심이 나뉘지 않는 사람은 복이 있다. 하나님을 볼 것이기 때문이다.

그리스도께서 마음의 문을 두드리고 계신다는 가정 아래 다음과 같은 경우를 생각해 보자. 그분은 문 밖에서 치유와 평화, 영생을 약속하신다. 그러자 구원의 온갖 축복에 귀가 솔깃해진 사람이 문을 열려고 문고리에 손을 내민다. 그런데 그가 막 문을 열려고 하는 순간, 그리스도께서 이렇게 경고하신다.

"문을 열면 내가 들어가 네게 한 모든 약속을 지킬 것이다. 그러나 나는 네 주님으로서 네게 들어간다. 내 뜻이 곧 법이다. 네 모든 인격과 네가 가진 것 전부가 내 것이 되어 내 선한 뜻과 목적에 따라 사용될 것이다. 너는 내 종이 되고, 나는 네 주님이 될 것이다. 너를 가르치고, 시험하고, 훈련할 것이며, 나를 기쁘게 하지 않는 것은 모두 제거할 것이다. 네 삶을 주관하고, 내 형상을 본받게 할 것이다.

미리 경고한다. 내게 문을 여는 순간 너는 나 외에 다른 것에는 영

---

31) A. W. Tozer, *The Knowledge of the Holy* (New York: Harper & Row, 1961), 40. 『하나님을 바로 알자』, 생명의말씀사.

원히 문을 닫아야 할 것이다. 내게 '네' 라고 말하면 세상에게는 '아니요' 라고 말하는 것이 된다. 나를 얻는 것은 곧 세상을 잃는 것이다."

이런 복음 초청을 부인하는 것은 참된 회심과 제자도가 지닌 철저하면서도 혁신적인 본질에 관해 예수님이 가르치신 것을 전면 부인하는 것이다.

그러므로 너는 이스라엘 족속에게 이르기를 주 여호와께서 이같이 말씀하시기를 이스라엘 족속아 내가 이렇게 행함은 너희를 위함이 아니요 너희가 들어간 그 여러 나라에서 더럽힌 나의 거룩한 이름을 위함이라 여러 나라 가운데에서 더럽혀진 이름 곧 너희가 그들 가운데에서 더럽힌 나의 큰 이름을 내가 거룩하게 할지라 내가 그들의 눈앞에서 너희로 말미암아 나의 거룩함을 나타내리니 내가 여호와인 줄을 여러 나라 사람이 알리라 주 여호와의 말씀이니라 내가 너희를 여러 나라 가운데에서 인도하여 내고 여러 민족 가운데에서 모아 데리고 고국 땅에 들어가서 맑은 물을 너희에게 뿌려서 너희로 정결하게 하되 곧 너희 모든 더러운 것에서와 모든 우상 숭배에서 너희를 정결하게 할 것이며 또 새 영을 너희 속에 두고 새 마음을 너희에게 주되 너희 육신에서 굳은 마음을 제거하고 부드러운 마음을 줄 것이며 또 내 영을 너희 속에 두어 너희로 내 율례를 행하게 하리니 너희가 내 규례를 지켜 행할지라 내가 너희 조상들에게 준 땅에서 너희가 거주하면서 내 백성이 되고 나는 너희 하나님이 되리라(겔 36:22-28).

2

참된 회심과 새 마음

6
하나님은 왜 구원을 베푸시는가

그러므로 너는 이스라엘 족속에게 이르기를 주 여호와께서 이같이 말씀하시기를 이스라엘 족속아 내가 이렇게 행함은 너희를 위함이 아니요 너희가 들어간 그 여러 나라에서 더럽힌 나의 거룩한 이름을 위함이라 여러 나라 가운데에서 더럽혀진 이름 곧 너희가 그들 가운데에서 더럽힌 나의 큰 이름을 내가 거룩하게 할지라 내가 그들의 눈앞에서 너희로 말미암아 나의 거룩함을 나타내리니 내가 여호와인 줄 여러 나라 사람이 알리라 주 여호와의 말씀이니라(겔 36:22-23).

기독교의 가장 중요한 문제 가운데 다음과 같은 문제가 포함되어 있다.

"무엇 때문에 정의롭고 거룩하신 하나님이 악한 죄인들에게 선을 베푸시고, 그들의 구원을 위해 일하시는가?"

"눈이 정결하셔서 차마 악을 보지 못하시는 하나님이 어떻게 죄인의 친구가 되실 수 있는가?(합 1:13) 온 세상의 재판관이신 하나님이 옳은 일을 행하셔야 하지 않겠는가?(창 18:25)"

하나님의 인격과 속성에 관한 진리, 그리고 인간의 전적 타락을 진지하게 생각하는 사람이라면 누구나 이와 같은 사실을 인정할 수밖에 없을 것이다.

"하나님과 인간의 인격과 행위는 서로 아무런 유사점이 없다."

하나님은 선하시고, 의로우시며, 사랑이 많으시다. 그러나 타락한 인간은 악하고, 불의하며, 이기적이고, 사랑이 없다. 인간을 이렇게 낮게 평가하는 것이 충격적인가? 사실 성경은 이보다 훨씬 강도 높은 어조로 부패한 인간의 실상을 낱낱이 공개하고 있다.

> 곧 모든 불의, 추악, 탐욕, 악의가 가득한 자요 시기, 살인, 분쟁, 사기, 악독이 가득한 자요 수군수군하는 자요 비방하는 자요 하나님께서 미워하시는 자요 능욕하는 자요 교만한 자요 자랑하는 자요 악을 도모하는 자요 부모를 거역하는 자요 우매한 자요 배약하는 자요 무정한 자요 무자비한 자라(롬 1:29-31).
>
> 기록된 바 의인은 없나니 하나도 없으며 깨닫는 자도 없고 하나님을 찾는 자도 없고 다 치우쳐 함께 무익하게 되고 선을 행하는 자는 없나니 하나도 없도다 그들의 목구멍은 열린 무덤이요 그 혀로는 속임을 일삼으며 그 입술에는 독사의 독이 있고 그 입에는 저주와 악독이 가득하고 그 발은 피 흘리는 데 빠른지라 파멸과 고생이 그 길에 있어 평강의 길을 알지 못하였고 그들의 눈앞에 하나님을 두려워함이 없느니라 함과 같으니라(롬 3:10-18).

성경이 타락한 인간을 평가하는 내용에 익숙한 사람이라면, 하나님이 인간을 배척하고, 단죄하고, 심지어는 영원한 형벌을 내리신다고 해도 아무런 이의를 제기하지 못할 것이다. 오히려 어떻게 하나님이 인간을 사랑하시고, 의롭다 하시며, 친밀한 관계를 맺으시는지 의아해할 것이다. 또한 그분의 인격과 순전하심을 의문시할 것이 틀림없다. 어떤 사람들과 어울리고, 어떤 관계를 좋아하느냐에 따라 그 사람의 도덕성을 판단할 수 있기 때문이다.

구체적인 예를 한 가지 들어보자. 악한 행위를 저지른 사람은 악인이라고 평가할 수 있다. 히틀러는 인류를 상대로 극악한 만행을 저질렀기 때문에 인류 역사상 "악의 완벽한 본보기"라고 불린다. 그러나 그런 행위를 저지르지 않은 사람도 악을 저지른 사람과 관계를 맺는다면, 그 사람 또한 악하다고 판단할 수밖에 없다. 예를 들어, 히틀러처럼 만행을 저지르지는 않았지만 그의 악행을 알면서도 여전히 그를 친구로 삼고 옹호하려고 애쓴다면 그 사람 역시 악한 것이나 다름없다. 비록 직접적으로 악한 행위에 연루되지는 않았더라도 말이다. 악행을 저지른 사람과 친분을 쌓고 교제를 나눈다면 그 또한 스스로의 악함을 증명하는 셈이 된다.

자, 그렇다면 거룩하신 하나님이 악한 사람들과 관계를 맺고, 그들을 죄의 결과에서 구원하시려는 이유가 대체 무엇일까? 성경의 답변을 생각하기 전에, 오늘날 많은 인기를 누리고 있는 신성모독적인 견해를 간단히 짚고 넘어가겠다. 바로 하나님이 어떤 필요에 의해서, 또는 관계를 갈망하는 마음 때문에 인류를 구원하시기로 작정하셨다는 견해다.

참으로 불행하게도, 수많은 사람이 이 견해에 미혹되어 있다. 그래서 그 주장이 성경은 물론 역사적 기독교 사상과 정면으로 충돌하는데도 그 사실을 의식하지 못하고 있다. 하나님의 속성에 관한 가장 중요한 교리 가운데 하나가 "하나님의 자기 충족성"이다. 하나님은 아무것도 필요하시지 않다. 특히 그분은 인간과의 관계가 필요하지 않으시다. 오늘날 기독교는 인간을 만물의 척도이자, 모든 평가를 뛰어넘는 가치를 지닌 존재로 격상시켜 실제로 하나님보다 우월한 위치에 올려놓았다. 우리가 없는 천국은 천국이 아니고, 인간이 구원받지 못하면 하나님도 온전하실 수 없다는 생각이 만연하다. 그러나 성경은 모든 민족의 가치가 "통의 한 방울 물"과 같고 "저울의 작은 티끌" 같다고 말한다(사 40:15). "하나님은 오직 인간만이 채울 수 있는 필요를 느끼신다"는 생각을 논박하는 데는 사도 바울의 이 말 한마디면 충분하다.

> 우주와 그 가운데 있는 만물을 지으신 하나님께서는 천지의 주재시니 손으로 지은 전에 계시지 아니하시고(행 17:24).

하나님은 아무런 결함이 없는 분이다. 그래서 그분의 존재를 유지하고 강화하기 위해 그분 밖에 있는 어떤 존재도 필요하지 않으시다. 더욱이 하나님은 관계가 필요 없으시다. 성부, 성자, 성령께서 영원부터 영원까지 서로 완전한 교제를 나누고 계시기 때문이다. 무한히 풍성하신 하나님은 무슨 필요 때문이 아니라, 넘치는 충만하심 때문에 세상을 창조하셨다.

구원의 동기_하나님의 사랑

이제 "하나님은 무엇 때문에 우리를 구원하기로 작정하셨는가?"라는 문제에 성경이 뭐라고 대답하는지 살펴보자. 그 첫째 대답은 요한일서 4장 8절에 있다.

> 사랑하지 아니하는 자는 하나님을 알지 못하나니 이는 하나님은 사랑이심이라(요일 4:8).

그리스도인에게는 이 대답이 전혀 놀랍지 않겠지만, 한편으로는 늘 놀랍고 경이롭게 느껴져야 마땅하다. 바로 "하나님은 사랑이시다"라는 것이다. 하나님이 타락한 인류를 구원하기 원하신 이유는 그분이 사랑이시기 때문이다. 이 간단한 진리는 하나님이 무엇을 사랑하신다는 것을 가르치는 데 국한되지 않는다(물론 이것 자체만으로도 참으로 놀라운 진리다). 이 진리는 "하나님은 사랑이시다"라고 진술한다. 하나님의 사랑은 결심이나 성향, 행위보다 훨씬 깊은 차원을 지닌다. 사랑은 하나님의 속성, 곧 그분 존재의 일부다. 사랑은 하나님의 본성에 속하기 때문에 그분은 다른 존재들을 유익하게 하시기 위해 아무 사심 없이 기꺼이 자신을 내어주신다. 이처럼 인간에 대한 하나님의 사랑은 그분의 본성에서 비롯하는 것으로, 사랑의 대상에게서 발견되는 가치나 공로와는 아무 상관이 없다.

하나님이 사람들을 구원하시는 이유는 그들이 가치 있기 때문이 아니다. 아무 가치가 없는데도 하나님은 그들을 구원하신다. 하나님의 사랑은 그분 자신의 성품과 의지에서 비롯한다. 인간의 인격이나 행위에 있는 가치나 공로가 하나님의 사랑을 이끌어내는 것이 결코 아니다. 논리는 간단하다. 즉, 하나님이 죄인을 구원하시는 이유는 그들을 사랑하시기 때문이고, 그들을 사랑하시는 이유는 그분이 사랑이시기 때문이다.

하나님이 아무 자격도 없는 죄인에게 무조건적인 사랑을 베푸신다는 성경 진리가 신명기에 잘 드러나 있다. 하나님은 그곳에서 이스라엘 민족을 선택하신 근거, 즉 그 동기를 모세에게 분명히 설명하셨다.

> 여호와께서 너희를 기뻐하시고 너희를 택하심은 너희가 다른 민족보다 수효가 많기 때문이 아니니라 너희는 오히려 모든 민족 중에 가장 적으니라 여호와께서 다만 너희를 사랑하심으로 말미암아……(신 7:7-8).

이스라엘이 "왜 저희를 이렇게 사랑하시나요?"라고 물으면, 하나님은 "내가 너희를 사랑하는 이유는 너희를 사랑하기 때문이다"라고 대답하신다. 이처럼 이스라엘과 타락한 인류에 대한 하나님의 사랑은 그들의 인격이나 행위와는 아무런 관계가 없다. 모든 것은 하나님의 성품과 그분의 결정에 달려 있다. 하나님이 타락한 죄인들을 사랑하시는 이유는 그분이 사랑이시고, 또 그들을 사랑하기로 결정하셨기 때문이다.

타락한 인류가 아무 공로가 없는데도 하나님이 사랑을 베푸신다는 진리는 에스겔서에도 잘 드러나 있다. 하나님은 구원 사역을 베푸시기 이전의 비참하고 혐오스러운 이스라엘의 본성을 적나라하게 묘사하셨다. 그것은 우리 모두의 본성이기도 하다.

> 이르기를 주 여호와께서 예루살렘에 관하여 이같이 말씀하시되 네 근본과 난 땅은 가나안이요 네 아버지는 아모리 사람이요 네 어머니는 헷 사람이라 네가 난 것을 말하건대 네가 날 때에 네 배꼽 줄을 자르지 아니하였고 너를 물로 씻어 정결하게 하지 아니하였고 네게 소금을 뿌리지 아니하였고 너를 강보로 싸지도 아니하였나니 아무도 너를 돌보아 이 중에 한 가지라도 네게 행하여 너를 불쌍히 여긴 자가 없었으므로 네가 나던 날에 네 몸이 천하게 여겨져 네가 들에 버려졌느니라 내가 네 곁으로 지나갈 때에 네가 피투성이가 되어 발짓하는 것을 보고 네게 이르기를 너는 피투성이라도 살아 있으라 다시 이르기를 너는 피투성이라도 살아 있으라 하고 (겔 16:3-6).

하나님은 이스라엘 민족(타락한 인류 전체)을 수치스럽고 비천한 혈통을 지닌 채 태어난 아이로 묘사하셨다. 이스라엘은 원수의 혈통으로 더럽게 태어나 들판에 버려져 피투성이 상태로 꿈틀대는 아이였다. 동정심이 많은 사람일지라도 소름끼치는 몰골을 한 채 비참하게 허우적대는 갓난아이를 선뜻 구하겠다고 나서기는 어려울 것이다. 그러나 긍휼이 풍성하신 하나님은 우리를 사랑하신 그 크신 사랑 때문에 허물로 죽은 우리를 그리스도와 함께 다시 살리셨다(엡 2:4-5).

하나님이 구원을 베푸신 이유는 인간의 가치를 보시고 사랑의 감정이 동하셔서가 아니다. 우리 없이 홀로 지내실 수 없기 때문도 아니다. 우리는 사악하고, 더럽고, 비참하기 짝이 없어 멸시와 버림을 받을 수밖에 없는 처지, 곧 사랑이신 하나님 말고는 아무도 관심을 기울이지 않는 처지에 놓여 있었다. 그런 우리를 하나님이 구원하셨다. 이것이 복음의 영광이다.

구원의 목적_ 하나님의 영광

지금까지 에스겔 36장 22-28절을 토대로, 하나님의 구원 사역에서 가장 우선적인 동기가 "하나님의 값없는 사랑"이라는 사실을 간단히 살펴보았다. 이번에는 같은 본문으로, 하나님의 모든 사역을 가능하게 하는 위대한 동기를 살펴보려고 한다. 바로 "하나님의 영광"이다. 간단히 말해서, 하나님은 그 기쁘신 뜻에 따라 자신을 위해 사람들을 구원하신다. 본문에 사용된 표현은 비그리스도인은 물론, 인도주의에 깊이 물든 그리스도인에게도 이상해 보일 수 있다.

우리의 관심을 사로잡는 첫째 진리는, 이스라엘이 어떤 가치를 지니고 있었기 때문에 하나님이 그들을 구원하신 것이 아니라는 사실이다. 이 짧은 본문 안에 이스라엘이 민족들 사이에서 하나님의 이름을 더럽히고, 그분의 영예를 욕되게 했다는 말씀이 두 번이나 언급된다.

바울은 이스라엘의 우상 숭배와 악한 행위 때문에 하나님의 이름이 이방인들 가운데서 모독을 받는다고 말했다(롬 2:24). 하나님은 이스라엘 안에서 구원은커녕 그들을 정죄할 이유만 발견하셨다.

그런 말씀이 이스라엘 민족에게 적용되었다면, 지구상에 있는 이방 민족들에게는 훨씬 더 잘 적용되지 않겠는가? 율법과 하나님에 관한 증언을 소유하고 있는 유대인들이 가치나 공로를 전혀 내세우지 못할 처지라면, 영적 어둠에 처해 강퍅한 마음으로 살아가는 이방인의 상태는 더욱 심각하지 않겠는가? 유대인의 실패는 그들은 물론, 온 세상이 더 이상 아무것도 자랑할 것이 없게 만든다(롬 3:19). 따라서 우리는 우리에 대한 판결문이 낭독될 때 고개를 푹 숙이고 있어야 할 것이다.

> 기록된 바 의인은 없나니 하나도 없으며 깨닫는 자도 없고 하나님을 찾는 자도 없고 다 치우쳐 함께 무익하게 되고 선을 행하는 자는 없나니 하나도 없도다(롬 3:10-12).

하나님이 우리에게서 우리를 구원할 이유를 단 한 가지도 찾으실 수 없는데, 대체 우리를 구원하시는 이유가 무엇일까? 그 대답은 에스겔서에서 찾을 수 있다. 하나님은 이렇게 말씀하셨다.

> 내가 이렇게 행함은 너희를 위함이 아니요 …… 나의 거룩한 이름을 위함이라 …… 나의 큰 이름을 내가 거룩하게 할지라 …… 나의 거룩함을 나타내리니 내가 여호와인 줄 여러 나라 사람이 알리라(겔 36:22-23).

하나님은 자신을 위해 많은 민족 가운데서 이스라엘을 구원하기로 작정하셨다. 그분은 자신의 영광과 큰 이름을 밝히 드러내 찬양을 받으시고, 세상 만민이 오직 자신만을 하나님으로 알게 하시기 위해 구원을 베푸셨다. 하나님은 예레미야 선지자를 통해서도 말씀하셨다.

> 내가 그들을 내게 범한 그 모든 죄악에서 정하게 하며 그들이 내게 범하며 행한 모든 죄악을 사할 것이라 이 성읍이 세계 열방 앞에서 나의 기쁜 이름이 될 것이며 찬송과 영광이 될 것이요 그들은 내가 이 백성에게 베푼 모든 복을 들을 것이요 내가 이 성읍에 베푼 모든 복과 모든 평안으로 말미암아 두려워하며 떨리라(렘 33:8-9).

하나님은 자기 백성을 구원하신 동기를 분명하게 밝히셨다. 바로 그들에게 베푸신 모든 복으로 인해 그 소식을 듣는 모든 사람에게 영광과 존귀와 찬양을 얻으시기 위해서였다.

하나님이 스스로의 영광을 드러내시려는 열정을 지니고 계시다는 진리는 계시의 전 과정을 관통하는 위대한 주제다. 성경은 우주의 창조, 인간의 타락, 이스라엘 민족, 그리스도의 십자가, 교회, 민족들에 대한 심판이 한 가지 최종적인 목적, 곧 하나님의 영광을 이루기 위한 것이었다고 가르친다. 다시 말해, 하나님이 사역을 행하시는 이유는 피조물에게 그분의 온전한 충만함을 드러내시어 존귀와 경배를 받으시고, 자기를 영원토록 즐거워하게 하시기 위해서다. 교회 역사상 가장 뛰어난 신학자들 가운데 본문을 이런 의미로 해석하는 사람들이 적지 않다. 찰스 하지는 이렇게 말했다.

"하나님은 왜 세상을 창조하셨을까? 창조 사역은 어떤 목적을 이루기 위한 것이었을까?'라는 문제에 만족스러운 대답을 찾기 위해 사람들은 오랫동안 노력해 왔다. 이 문제를 만족스럽게 해결할 수 있는 유일한 대답은 성경에 있다. 성경은 하나님의 영광, 곧 그분의 완전하심을 나타내는 것이 그분이 행하시는 모든 사역의 최종 목적이라고 분명하게 가르친다.[32]

또한 조나단 에드워즈는 이렇게 말했다.

> 성경이 다양하게 표현하고 있는 대로, 하나님의 사역이 지향하는 위대한 목적은 오직 한 가지다. 그 한 가지 목적을 가장 적절하고도 포괄적인 한마디로 압축하면, 바로 "하나님의 영광"이다.[33]

자신의 영광을 드러내시려는 하나님의 열정은 설명이 필요 없는 확실한 성경 진리다. 그러나 많은 사람, 심지어 진지한 그리스도인들조차도 하나님이 그분의 영광을 위해 일하시는 것이 옳은지 의심한다. 성경에 따르면, 그분은 모든 피조물을 합쳐놓은 것보다 무한히 더 위대하시다. 따라서 하나님이 가장 높은 지위를 취하시고, 그분의 영광을 스스로 행하시는 모든 행위의 궁극적인 목적으로 삼으시는 것은 옳고도 반드시 필요한 일이다. 하나님이 중심을 차지하시고 만사를 섭리해 그분의 영광(즉 자신의 충만하심)을 만민에게 알려 영광을 받으시는 것은 지극히 정당하다. 하나님이 지극히 탁월하심을 드러내지

---

32) Charles Hodge, *Systematic Theology*, ed. Edward N. Gross (Grand Rapids: Baker, 1988), 1:565-567. 『찰스 하지 조직신학』, 크리스챤다이제스트사.
33) Jonathan Edwards, *Dissertation on the End for Which God Created the World*, in *The Works of Jonathan Edwards* (Edinburgh: Banner of Truth, 1974), 1:119.

않으신다면, 스스로 하나님이라는 것을 부인하는 셈이 되기 때문이다. 하나님 외에 다른 존재가 그런 탁월함을 주장하는 것은 가장 심각한 우상 숭배다. 이것은 많은 신학자와 설교자들의 일치된 견해이기도 하다. 아치볼드 하지는 이렇게 말했다.

> 하나님은 모든 피조물의 총합보다 무한히 더 귀하시기 때문에 그분의 탁월하심을 드러내시는 것이 …… 인간이 상상할 수 있는 가장 고귀하고 가치 있는 목적이 되어야 마땅하다.[34]

찰스 스펄전도 이렇게 말했다.

> 하나님은 가장 고귀한 동기를 지니셔야 한다. 그분 자신의 영광보다 더 큰 동기는 생각할 수 없다.[35]

우리가 이해해야 할 둘째 진리는 하나님이 피조물의 가장 큰 유익을 무시한 채 오로지 자신의 영광만 구하시지는 않는다는 것이다. 사실 하나님이 피조물에게 베푸실 수 있는 가장 큰 선과 은혜는 스스로를 영화롭게 하시는 것이다. 다시 말해, 만사를 주관하고 섭리하셔서 그분의 충만하심을 그들 앞에 드러내시는 것이다. 하나님은 무한한 가치와 탁월함, 아름다움을 지니고 계시기 때문에 가장 가치 있고, 탁

---

34) A. A. Hodge, *Outlines of Theology* (Edinburgh: Banner of Truth, 1972), 245.
35) C. H. Spurgeon, *The Metropolitan Tabernacle Pulpit: Containing Sermons Preached and Revised* (Pasadena, Tex.: Pilgrim Publications, 1969-1980), 10:304.

월하고, 아름다운 선물을 피조물에게 베푸셔서 자신의 영광을 나타내신다.

루이스 벌코프는 이 귀한 진리를 이렇게 말했다.

> 하나님은 자기 이름의 영광을 스스로 드러내고자 하실 때 피조물의 행복과 가장 큰 유익을 무시하시기는커녕 오히려 크게 증진시키셨다. …… 창조 사역의 가장 큰 목적은 하나님의 영광을 나타내는 것이고, 거기에 부차적으로 뒤따르는 목적은 피조물의 행복과 구원, 그리고 피조물이 감사하는 마음으로 하나님을 흠모하며 외치는 찬양을 받으시는 것이다.[36]

하나님은 만사를 주관하시고 섭리하셔서 피조 세계에 그분의 충만하심을 드러내심으로 스스로를 영화롭게 하신다. 특히 하나님은 그리스도의 십자가와 구원 사역을 통해 영광을 거두셨다. 이 일을 통해 하나님의 충만하신 속성이 가장 탁월하게 나타났다. 그 결과 하나님은 천사와 구원받은 그리스도인들에게 존귀함을 얻으시고, 그들의 경배를 받으셨다. 그들은 이 일로 인해 하나님을 가장 크게 즐거워하게 되었다. 하나님은 무엇 때문에 악인들을 구원하시기 위해 독생자를 내주셨을까? 타락한 인간에게서 그 이유를 찾으려고 하지 말라. 인간은 그 가치를 모두 잃어버렸고, 아무 공로도 없는 상태다. 하나님을 바라보라. 그분은 자기 이름을 위해, 곧 자신의 영광을 드러내 찬양 받으시기 위해 위대한 구원 사역을 이루셨다. 아마도 하나님이 스스로를

---

[36] Louis Berkhof, *Systematic Theology* (repr., Edinburgh: Banner of Truth, 1998), 136-137. 『벌코프 조직신학 합본』, 크리스챤다이제스트사.

위해 일하지 않으셨다면, 우리를 위해 일하실 아무 이유도 없으셨을 것이다.

이 진리는 경외심을 불러일으킬 뿐 아니라, 우리의 구원과 관련해 매우 실질적인 의미를 지닌다. 다시 말해서, 하나님이 그리스도인의 삶에서 시작하신 구원 사역은 결코 중도에 좌절되지 않는다. 우리 안에서 착한 일을 시작하신 하나님은 그 일을 반드시 온전하게 이루실 것이다(빌 1:6). 그분의 명예가 걸려 있기 때문이다. 구원은 하나님의 사역이자 그분의 가장 위대한 업적이다. 단 한 가지라도 실패한다면 하나님의 영광이 퇴색하고 말 것이다. 이 진리는 모세가 하나님을 거역한 이스라엘 백성을 대신해 중보 기도를 드린 사건에서 명백하게 드러난다.

> 이제 주께서 이 백성을 하나같이 죽이시면 주의 명성을 들은 여러 나라가 말하여 이르기를 여호와가 이 백성에게 주기로 맹세한 땅에 인도할 능력이 없었으므로 광야에서 죽였다 하리이다 이제 구하옵나니 이미 말씀하신 대로 주의 큰 권능을 나타내옵소서 이르시기를 여호와는 노하기를 더디 하시고 인자가 많아 죄악과 허물을 사하시나 형벌 받을 자는 결단코 사하지 아니하시고 아버지의 죄악을 자식에게 갚아 삼사 대까지 이르게 하리라 하셨나이다 구하옵나니 주의 인자의 광대하심을 따라 이 백성의 죄악을 사하시되 애굽에서부터 지금까지 이 백성을 사하신 것같이 사하시옵소서(민 14:15-19).

모세의 기도는 하나님의 영광을 구하는 열정에서 비롯되었다. 하나님이 자기 백성을 멸하여 약속된 땅으로 인도하지 못하신다면, 이방 나라들이 그 실패의 원인을 하나님의 무능력 때문이라고 말할 것이라는 그의 논리는 참으로 훌륭했다. 마찬가지로 하나님은 그리스도인 안에서 시작하신 구원 사역을 포기하지 않으실 것이다.

> 내가 여호와인 줄을 여러 나라 사람이 알리라(겔 36:23).
>
> 이 성읍이 세계 열방 앞에서 나의 기쁜 이름이 될 것이며 찬송과 영광이 될 것이요 그들은 내가 이 백성에게 베푼 모든 복을 들을 것이요 내가 이 성읍에 베푼 모든 복과 모든 평안으로 말미암아 두려워하며 떨리라(렘 33:9).
>
> 만군의 여호와가 이르노라 해 뜨는 곳에서부터 해 지는 곳까지의 이방 민족 중에서 내 이름이 크게 될 것이라(말 1:11).

하나님은 선택받은 백성을 인내하시고 변함없이 돌보신다. 그리고 그것을 통해 그분은 그분의 영광을 드러내신다.

7
구원의 창시자

> 내가 너희를 여러 나라 가운데에서 인도하여 내고 여러 민족 가운데에서 모아 데리고 고국 땅에 들어가서 맑은 물을 너희에게 뿌려서 너희로 정결하게 하되 곧 너희 모든 더러운 것에서와 모든 우상 숭배에서 너희를 정결하게 할 것이며 또 새 영을 너희 속에 두고 새 마음을 너희에게 주되 너희 육신에서 굳은 마음을 제거하고 부드러운 마음을 줄 것이며 또 내 영을 너희 속에 두어 너희로 내 율례를 행하게 하리니 너희가 내 규례를 지켜 행할지라 내가 너희 조상들에게 준 땅에서 너희가 거주하면서 내 백성이 되고 나는 너희 하나님이 되리라(겔 36:24-28).

앞에서 하나님이 악인들을 구원하시는 이유를 살펴보았다. 이번에는 그리스도인 안에서 이루어지는 회심 사역을 잠시 생각해 보자. 에스겔 36장 24-28절은 "메시아의 도래"와 "하나님의 구원 사역을 통해 시작될 새 언약"을 아름답고 강력하게 예언하고 있다. 본문은 성경 곳곳에서 발견되는 중생과 회심의 교리를 참으로 명쾌하게 설명한다.

이 본문을 이해했을 때 그리스도인이 얻는 유익은 두 가지다. 첫째, 그리스도를 고백하는 믿음의 진실성과 성경적인 구원 확신을 판단할 수 있는 기준을 알 수 있다. 본문은 "참된 회심은 하나님의 초자연적인 사역에서 비롯한다"고 가르친다. 그 사역은 죄인의 마음과 본성을 변화시켜 하나님께 반응하게 만든다. 지속적인 성화 사역과 하나님의 뜻에 복종하는 것은 진정으로 회심했다는 증거다. 둘째, 무한한 위로와 기쁨과 위안을 얻을 수 있다. 그리스도인은 순례의 길을 걷는 동안 일탈이나 실패로 인해 행보가 느려질 때가 많다. 그는 경주를 방해하는 죄를 극복하고 앞으로 나아갈 수 있을지 종종 의심한다(히 12:1). 본문은 하나님이 우리를 온갖 더러움과 우상에서 깨끗하게 하시고, 계명을 지키며 살 수 있도록 도와주실 것이라는 확신을 심어준다.

우리가 본문에서 살펴봐야 할 위대한 진리는 "하나님은 구원의 창시자이자 완성자"이시라는 것이다. 개인이라는 사적 차원에서 이루어지는 것이든, 교회라는 공적 차원에서 이루어지는 것이든 구원은 모두 하나님의 사역이다. 하나님은 일단 구원 사역을 시작하셨으면 끝까지 이루신다. 구원이 그리스도 예수의 날이 되어 온전해질 때까지 결코 사역을 중단하지 않으신다. 하나님의 주권은 상투적인 신학 용어가 아니라, 그리스도인을 위한 희망의 토대이자 능력을 주는 원천이다. 하나님이 확실하게 말씀하신 것은 결코 실패하지 않는다. 이 사실은 본문에 포함된 여러 가지 말씀을 통해 명백히 입증된다. 하나님이 "나"라는 일인칭(하나님이 행동의 주체이시다)을 사용하시면서 무조건적인 약속을 허락하신 것에 유념하라.

- 내가 너희를 여러 나라 가운데에서 인도하여 내겠다.
- 내가 여러 민족 가운데에서 모아 데리고 고국 땅에 들어가겠다.
- 내가 맑은 물을 너희에게 뿌리겠다.
- 내가 너희 모든 더러운 것에서와 모든 우상 숭배에서 너희를 정결하게 하겠다.
- 내가 새 영을 너희 속에 두고 새 마음을 너희에게 주겠다.
- 내가 너희 육신에서 굳은 마음을 제거하고 부드러운 마음을 주겠다.

- 내가 내 영을 너희 속에 두겠다.
- 내가 너희로 내 율례를 행하게 하겠다.

의심이나 불확실함이 전혀 느껴지지 않는 아주 확실한 약속이다. 하나님은 우리를 향해 그분의 꿈과 희망을 큰소리로 외치지 않으셨다. 우리가 협력해야만 이렇게 저렇게 하겠다고 말씀하시지도 않았다. 하나님은 원하시는 모든 것을 행하시며, 모든 일을 그분 뜻대로 이루시는 분으로서 말씀하셨다(시 115:3, 엡 1:11). 하나님은 모든 그리스도인의 삶에서 행하실 일을 말씀하시는 데 그치지 않으시고, 그 사역의 결과까지 확실하게 보장하셨다.

- 너희는 정결해질 것이다.
- 너희는 내 율례를 행하고 내 규례를 지켜 행할 것이다.
- 너희는 내가 너희 조상들에게 준 땅에서 거주할 것이다.
- 너희는 내 백성이 되고 나는 너희 하나님이 될 것이다.

교회의 구원과 그리스도인의 회심을 통해 나타나는 하나님의 놀라운 능력을 보라! 하나님이 부르신 자는 모두 새로 창조되고, 그분이 새로 창조하신 자는 모두 깨끗해지며, 그분이 깨끗하게 하신 자 안에 그분이 거하신다. 그분이 내주하시는 자는 그분의 율례를 지켜 행하고, 그분의 계명에 주의 깊게 복종한다. 사도 바울은 로마서에서 이른바 "구원의 황금 사슬"이라고 불리는 진리를 제시했다.[37]

따라서 우리도 바울처럼 "그런즉 이 일에 대하여 우리가 무슨 말 하리요 만일 하나님이 우리를 위하시면 누가 우리를 대적하리요"(롬

8:31)라고 외칠 수 있다.

　물론 이 사실은 구원과 관련된 인간의 책임이나 죄와 그리스도인의 싸움을 부인하지 않는다. 그리스도인은 그리스도의 형상을 닮으려고 애쓰는 동안 승리와 패배를 모두 경험하기 마련이다. 그러나 하나님은 자신을 위해 자기 백성을 세우기로 작정하신 이상, 그분의 능력으로 그 일을 완수하실 것이다. 그분이 부르시는 사람은 모두 그분께 올 것이고, 그분께 오는 사람은 단 한 사람도 잃어버리지 않으실 것이다(요 6:37, 39, 18:9). 우리는 그리스도의 보혈로 의롭다 하심을 받고, 성령의 능력으로 거듭나 거룩해지며, 성령의 인도하심을 받는다(요 3:3-8, 롬 5:9, 6:11, 8:14, 고전 6:11, 갈 5:18, 딛 3:5). 그러나 저마다 성장하는 속도나 정도는 다르다. 어떤 사람들은 겨우 기어 다니는데, 어떤 사람들은 성장 속도가 매우 빨라서 날아다니는 것처럼 보인다. 그런데도 그들은 모두 "그리스도 예수 안에서 하나님이 위에서 부르신 부름"을 따라 늘 성장한다(빌 3:14). 또한 말과 행위로 자신들이 하나님의 백성이고, 그분이 자신들의 하나님이 되신다는 사실을 보여준다.

　우리는 본문이 전하는 이러한 회심의 핵심 진리를 이해하고, 참된 회심은 그리스도인의 삶에서 반드시 열매를 맺는다는 사실을 거듭 강조해야 한다. 그 열매는 매우 다양하여 30배나 60배를 결실하는 사람도 있고, 100배를 결실하는 사람도 있다(마 13:23). 그러나 그들은 모두

---

37) 로마서 8장 29-30절은 종종 "구원의 황금 사슬"이라고 불린다. 이 말씀은 그리스도인의 삶에서 이루어지는 하나님의 구원 사역의 각 단계(선택-예정-칭의-성화-영화)를 확실하고 명쾌하게 제시한다. "하나님이 미리 아신 자들을 또한 그 아들의 형상을 본받게 하기 위하여 미리 정하셨으니 이는 그로 많은 형제 중에서 맏아들이 되게 하려 하심이니라 또 미리 정하신 그들을 또한 부르시고 부르신 그들을 또한 의롭다 하시고 의롭다 하신 그들을 또한 영화롭게 하셨느니라."

열매를 맺으며, 그 열매로 그들을 알 수 있다(마 7:16-20). 이런 구원의 확실성은 그리스도인들의 헌신 때문이라기보다는 회심의 본질적 속성 때문이다.

> (믿음으로 의롭다 하심을 받은) 우리는 그가 만드신 바라 그리스도 예수 안에서 선한 일을 위하여 지으심을 받은 자니 이 일은 하나님이 전에 예비하사 우리로 그 가운데서 행하게 하려 하심이니라(엡 2:10).

8
세상에서 이끌어내어 깨끗하게 하시다

> 내가 너희를 여러 나라 가운데에서 인도하여 내고 여러 민족 가운데에서 모아 데리고 고국 땅에 들어가서 맑은 물을 너희에게 뿌려서 너희로 정결하게 하되 곧 너희 모든 더러운 것에서와 모든 우상 숭배에서 너희를 정결하게 할 것이며(겔 36:24-25).

　오늘날 기독교가 성장하는 이유는 교회의 세속화와 밀접하게 관련되어 보인다. 이런 때일수록 "성경적 회심의 참된 본질(근본 속성)이 무엇이냐?"는 질문이 매우 중요하다. 사람은 어떻게 거듭나며, 거듭난 상태란 어떤 것일까? 감사하게도 에스겔 36장 22-28절에 기록된 새 언약 안에 이 질문에 대한 대답이 분명하게 제시되어 있다.

　지금부터는 참된 회심의 근본 속성 가운데 몇 가지를 살펴볼 것이다. 아울러 회심의 시간적 순서를 따르기보다는 본문에 언급된 순서에 따라 하나씩 고찰할 생각이다. 이 책을 읽으며 우리의 삶에서 회심의 표징이 어느 정도나 드러나고 있는지 생각해 보라. 사도 바울의 말처럼, 우리는 자신이 믿음으로 살고 있는지 스스로 살피고 시험해 봐야 한다(고후 13:5).

분리의 사역

참된 회심에서 가장 눈에 띄는 한 가지 결과는 "세상과의 분리"다. 진정으로 회심한 사람은 하나님을 근심하시게 하고 그분의 뜻을 거스르는 모든 것을 점차 버리게 된다. 그러나 분리는 회심의 목적이 아니다. 그것은 더 큰 목적, 즉 하나님과 더욱 깊은 관계를 맺고, 그분의 뜻과 목적에 헌신하기 위한 수단일 뿐이다. 에스겔 36장 24절은 이 진리를 구체적으로 약속하고 있다. 하나님은 에스겔 선지자를 통해 "내가 너희를 여러 나라 가운데에서 인도하여 내고 여러 민족 가운데에서 모아 데리고 고국 땅에 들어가서"라고 말씀하셨다.

이스라엘 민족이 바벨론 포로 시대를 마치고 귀향한 사건이 이 새 언약을 온전히 성취한 것은 아니다. 오히려 이 약속은 하나님이 모든 민족, 곧 유대인과 이방인들 가운데서 자기 백성을 불러 사랑하시는 아들의 깃발 아래 모으실 때에 궁극적으로 성취된다. 더욱이 하나님은 중생과 성화 사역을 통해 이방 나라들 가운데서 자기 백성을 취하실 뿐 아니라, 이방 나라들이 그들에게 영향을 끼치지 못하도록 하겠다고 약속하셨다. 하나님은 선택하신 백성을 자기에게로 모으실 것이다. 그분은 그들의 하나님이 되고, 그들은 그분의 백성이 될 것이다.

본문에서 우리가 눈여겨볼 한 가지 진리는 하나님의 백성을 주변의 세속 문화에서 분리하는 최초의 원인자가 하나님 자신이라는 사실이다. 세상과의 분리는 인간의 책임을 요구하지만, 일차적으로는 하나님의 사역을 통해 이루어진다. 하나님은 자신의 사역을 친히 보장하신다. 그분은 도덕적 부패에서 자기 백성을 이끌어내어 자기에게로 불러 모으신다. 그리스도인은 현 세대의 이상과 쾌락을 차츰 멀리하고, 하나님과 동행하며 그분의 계명을 지키는 법을 배운다. 본문을 비롯해 성경의 다른 많은 구절이 그런 점진적인 과정을 확실하게 보장한다. 하나님은 믿음의 창시자이자 완성자이시다(히 12:2). 우리는 하나님이 만드셨고(엡 2:10), 우리 안에서 착한 일을 시작하신 하나님이 그것을 온전히 이루실 것이다(빌 1:6).

지난 몇 십 년 동안, 기독교는 귀하고 위대한 진리를 많이 포기하고 망각한 것처럼 보인다. 그 가운데 하나는 "교회와 각 그리스도인이 하나님의 소유"라는 진리다. 하나님은 교회와 그리스도인에게 절대 주권을 행사하신다. 그들을 창조하시고 구원하셨기 때문이다. 하나님은 그들을 지으셨고, 값 주고 사셨다(고전 6:20, 7:23, 골 1:16). 하나님은 그들의 주인이시기 때문에 그분 뜻대로 그들을 주장하실 수 있다. 하나님은 옛 언약을 통해 이스라엘 백성에게 "세계가 다 내게 속하였나니 …… 너희는 모든 민족 중에서 내 소유가 되겠고"(출 19:5)라고 말씀하셨다. 하나님은 새 언약을 통해서도 교회를 향해 똑같이 말씀하신다. 우리가 하나님의 소유가 된 이유는 그분의 영광을 찬양하고, 아름다운 덕을 선포하기 위해서다(엡 1:14, 벧전 2:9). 그리스도께서는 우리를 모든 악에서 구원하시고 깨끗하게 하셔서, 선한 일을 열심히 하는 그분의 백성이 되게 하신다(딛 2:14).

하나님이 자기 소유를 마음대로 처리할 수 있는 권한을 지니시는 것은 당연하지 않은가? 우리가 창조와 구원을 통해 하나님의 소유가 되었다면, 우리를 하나님의 뜻과 목적대로 사용하실 권리가 그분께 있어야 하지 않겠는가? 성경은 이 모든 질문에 "그렇다"라고 확실하게 대답한다.

우리가 저버린 또 하나의 진리는 하나님이 질투하시는 분, 곧 자기 백성의 사랑을 다른 누구와도 나누기를 싫어하시는 분이라는 사실이다(출 34:14). 하나님은 이스라엘 백성에게 다른 신을 섬기거나 숭배하지 말라고 명령하셨다(출 20:4-5). 교회와 그리스도인이 세상과 벗하는 것은 곧 하나님과 원수가 되는 것이다. 하나님이 우리 속에 살게 하신 성령님은 우리를 질투하기까지 사랑하시기 때문이다(약 4:5). "하나님의 질투"라는 부분은 많은 비난을 받고 있지만, 성경이 가르치는 아름다운 진리다. 그것은 자기 백성에 대한 하나님의 사랑이 절대 변하지 않는다는 증거다. 남편이 자기 아내를 다른 모든 남자와 공유하길 원한다면, 그의 사랑은 큰 의심을 불러일으킬 수밖에 없다. 하나님의 사랑이 인간의 사랑보다 덜하다고 생각할 수 있을까? 하나님이 자기 백성에게 베푸실 수 있는 가장 큰 사랑은 "큰 해가 되는 것을 사랑하지 못하게 막는 것"이다.

하나님은 "자기 백성에 대한 소유권"과 "질투하는 사랑"이라는 두 가지 진리를 토대로 그들의 삶에서 자신의 뜻을 이루어나가신다. 그분은 거짓된 사랑과 이 타락한 세상의 도덕적 부패에서 그들을 건져내 자신에게로 불러 모으신다. 그리고 새롭게 변화된 그들을 보배로운 소유로 삼으신다. 하나님은 원하시는 목적을 이루기 위해서라면 어떤 희생도 마다하지 않으시고, 온갖 수단과 자원을 모두 동원하신다. 하나님은 예레미야 선지자를 통해 자신이 선택하신 목적을 자기 백성을 위해 반드시 이루실 것이라고 말씀하셨다. 그분은 그 일을 "마음과 정성을 다하여"(렘 32:41) 행하신다. 또한 그 일을 온전히 이루시는 데 신성의 충만함을 모두 쏟아 부으신다.

논의를 계속하기 전에 다음 질문을 하나 더 짚고 넘어가는 것이 좋을 듯하다.

"하나님이 행하시는 분리의 사역이 우리 삶에서 구체적으로 이루어 지고 있는가? 이 세상의 도덕적 부패에서 벗어나 그분께로 나아가고 있는 과정이, 회심하는 순간부터 지금까지 하나님의 섭리를 통해 이어져 왔다는 것을 생생하게 인식할 수 있는가?"

참된 그리스도인이라면 누구나 그렇다고 대답하고, 그런 현실을 구체적으로 보여줄 것이다. 성화 사역이 이루어지지 않고 있거나 삶을 통해 뚜렷하게 드러나지 않는다면, 우리가 과연 믿음 안에 있는지 스스로를 살펴보고 시험해 봐야 한다(고후 13:5).

정화의 사역

타락한 인간의 공통적인 특징으로 "도덕적 불결함"이 있다. 시편 저자에 따르면 모든 사람이 잘못된 길로 갔으며 하나같이 더러워졌고, 선을 행하는 사람이 하나도 없을 정도로 철저히 부패했다(시 14:3). 이사야 선지자는 우리가 다 죄로 더러워졌고, 우리의 의로운 행위는 더러운 옷과 같다고 말했다(사 64:6). 욥은 인간이 도덕적으로 몹시 더러워 인간의 방법으로는 도무지 극복할 수 없는 상태에 이르렀다고 말했다(욥 9:29-31).

인간에 대한 성경의 증언은 엄연한 사실이다. 인류 역사를 돌아보면 인간이 철저히 부패했고, 도덕적으로 타락했으며, 인간의 방법으로는 도무지 문제를 해결할 수 없다는 것을 보여주는 증거를 무수히 발견할 수 있다. 우리를 모든 더러움과 우상 숭배에서 깨끗하게 하시겠다는 하나님의 약속이 우리에게 큰 기쁨으로 다가오는 이유가 바로 여기에 있다(겔 36:24-25).

기독교는 정화를 요구하지만, 인간의 힘으로는 불가능하다고 가르친다는 점에서 다른 모든 종교와 구별된다. 기독교는 다른 종교들과 달리 인간의 노력으로는 도덕적 속박에서 벗어나거나 도덕적 불결함에서 깨끗해질 수 없다고 단호하게 말한다. 무력한 인간들에게 해방과 정화의 사역을 이루실 수 있는 분은 오직 하나님뿐이라고 가르친다. 하나님은 이사야 선지자를 통해 "나 곧 나는 여호와라 나 외에 구원자가 없느니라"(사 43:11)고 말씀하셨다.

에스겔서에서 하나님은 세상으로부터 구별해 자기 백성으로 삼으신 자들을 깨끗하게 하시겠다고 약속하셨다. 성경은 정화의 사역이 신분적 차원과 경험적 차원을 동시에 지닌다고 가르친다. 다시 말해 정화의 사역은 칭의와 성화와 밀접하게 관련된다. 칭의와 성화는 쌍둥이 같아서 서로 나눌 수 없다. 의롭다 하시는 하나님이 또한 거룩하게 하신다.

성경에 따르면, 인간은 스스로를 의지하는 데서 돌이켜 그리스도의 속죄 사역을 믿는 순간에 의롭다 하심을 받고 하나님과 올바른 관계를 맺게 된다. 그 순간 하나님 앞에서의 신분이 변한다. 시편 저자는 이 신분상의 변화를 "잘못을 용서받고, 하나님이 죄를 덮어주시며, 주께서 그 죄를 인정하지 않는 사람"이라고 묘사했다(시 32:1-2, 롬 4:7-8). 다른 비유로 말하면, 우슬초로 정결해지고 눈보다 더 희게 씻음 받은 상태가 된다(시 51:7). 심지어는 거룩하시고 전지하신 하나님의 불꽃같은 눈조차도 그 안에서 아무런 흠도 찾지 못한다(아 4:7).

믿음으로 의롭다 하심을 받는다는 교리는 큰 위로가 되는 위대한 교리지만, 그리스도인의 삶에는 칭의만 존재하는 것이 아니다. 점진적인 성화의 사역이 항상 동반된다. 칭의를 통해 그리스도인은 하나님의 보좌 앞에서 도덕적 부패와 우상 숭배에 대한 죄책으로부터 온전히 깨끗해졌다고 선고받는다. 또한 그리스도의 의가 전가되는 덕분에 그는 "하나님의 의"가 된다(고후 5:21). 그러나 의롭다 하심을 받은 그리스도인은 점진적인 성화의 사역을 통해 차츰 그리스도의 형상으로 변화되어야 한다. 하나님은 지혜로운 섭리와 말씀, 성령의 사역을 통해 그리스도인에게 들러붙어 있는 더러움을 조금씩 씻어내신다. 그리고 그분의 지극히 탁월하심을 문제시하며 충성심을 빼앗으려고 애쓰는 온갖 우상을 하나씩 제거하신다.

하나님의 칭의 사역은 완성된 사역이다. 더 이상 완성될 것이나 보탤 것이 남아 있지 않다. 그러나 하나님의 성화 사역은 점진적으로 계속된다. 성화는 영화롭게 되어 하나님 앞에 서게 될 때까지 결코 완성되지 않는다. 다시 말하지만, 칭의와 성화는 떼려야 뗄 수 없는 관계를 맺고 있다. 칭의는 성화를 가능하게 하고, 성화는 칭의의 증거다.

에스겔서에 기록된 다른 모든 약속과 마찬가지로 성화의 사역은 근거 없는 희망에서 비롯하는 공허한 희망사항이 아니다. 그것은 하나님의 변하지 않는 작정에 따른 절대적인 현실이다. 신앙생활을 하다 보면 수많은 싸움을 치러야 한다. 그리고 그 과정에서 승리와 실패를 모두 경험한다. 그러나 그리스도인 안에서 착한 일을 시작하신 하나님은 그 일을 온전히 이루신다(빌 1:6). 그리스도인을 옭아매는 죄가 점차 제거되고, 그를 하나님에게서 멀어지게 만드는 우상들이 파괴된다. 물론 이 세상에 사는 한, 죄를 짓지 않고 살 수는 없다. 그러나 그리스도인은 갈수록 하나님의 일에 더욱 관심을 기울이고, 예수 그리스도의 형상을 점점 더 닮아간다. 하나님은 그리스도인의 삶에 주권적인 섭리를 베푸셔서 모든 것을 이 목적으로 인도하신다. 그분이 그렇게 하시는 이유는 자신의 영광과 자기 백성의 영광을 위해서다. 예화를 통해 이 진리를 구체적으로 살펴보자.

한 농장에서 자란 소년이 있다. 소년은 날마다 아침부터 저녁까지 축사에서 일도 하고 놀기도 하며, 들에서 밭을 갈기도 한다. 그는 저녁이면 온통 흙먼지를 뒤집어쓴 몰골로 집으로 돌아온다. 그가 문을 열고 집 안에 들어서기 전에 어머니는 항상 현관에서 이렇게 말한다.

"옷은 벗어서 세탁물 통에 갖다놓고, 바로 몸을 씻으렴."

평소 어머니의 말에 순종하던 소년이 어느 날 저녁에는 어리석게도 몸을 씻지 않겠다며 자기 생각을 고집했다. 그는 몸이 그렇게 많이 더럽지도 않고, 몹시 피곤하다고 말했다. 어머니는 즉시 부모의 당연한 권위를 내세워 갈등을 매듭지었다. 아들의 방에 들어가 눈을 바라보며 이렇게 명령했다.

"애야, 지금 당장 몸을 씻어라."

부모의 권위를 거역할 길이 없다고 판단한 소년은 마지못해 욕실로 가서 가장 많이 더러워진 부위에만 살짝 물을 적셨다. 그러고는 수건으로 물기를 닦고, 여전히 더러운 부위는 잠옷으로 가렸다. 모든 것이 계획된 대로 잘 진행되었다. 어머니가 욕실에 들어와 보기 전까지는 말이다. 소년의 어머니는 깨끗하던 하얀 수건이 전보다 더러워졌다는 것과 아들이 서 있던 욕실 바닥이 전보다 덜 더럽다는 것을 알아차렸다. 아들의 턱을 들어 올리자 목 주위에 들러붙은 때가 훤히 드러났다. 잠옷 소매와 바짓가랑이를 들추자 팔꿈치와 무릎에 남아 있는 때가 눈에 띄었다. 그는 다시 부모의 권위를 내세워 즉시 옷을 벗고 욕실에 들어가라고 명령했다. 그러고는 놀란 표정을 짓고 있는 아들에게 새 물을 붓고 비누칠을 한 다음 이렇게 말했다.

"너는 내 아들이니 깨끗해야 한다."

소년의 어머니는 쭉 농장에서 살아왔다. 여자였지만, 어지간한 남자들보다 일을 훨씬 잘할 수 있었다. 그는 가축을 보살피고, 건초를 날랐다. 손에는 노동자의 손처럼 굳은살이 단단히 박여 있었다. 그가 자녀들을 씻기고 나면, 아이들은 그야말로 새사람이 된 듯 깨끗했다.

소년의 어머니가 자녀들을 씻길 때면, 아무도 스스로의 권리나 자유의지를 거론하지 않았다. 권위를 남용한다거나 자녀들의 자유의지를 무시하고 있다며 그를 비난할 사람은 아무도 없었다. 소년의 어머니는 단지 불순종하는 자녀들에게 부모의 올바른 권위를 행사했을 따름이다.

우리 앞에 놓인 문제가 바로 이것이다.

"오늘날의 기독교는 하나님이 그 누구에게도, 심지어는 그분의 자녀들에게도 권위를 행사할 권한이 없으시다는 결론에 안주할 것인가? 자녀를 다스리는 권한을 하나님보다 세상의 어머니에게 더 많이 부여하는 것이 과연 옳을까?"

누군가가 이렇게 말했다.

"오늘날 기독교의 하나님은 명목상으로만 전능하시고 탁월하실 뿐, 실제로는 인간의 허락을 받지 않으면 아무것도 행하실 권위가 없는 분이다."

하나님은 자기 백성을 지옥에서 구원하실 수 있지만, "인간의 자율성"이라는 개념을 훼손하지 않으시려면 인간에게 그 무엇도 요구하셔서는 안 된다는 생각이 만연하다.

다음 이야기는 터무니없을 뿐 아니라 불경스럽기까지 하다. 어린 자녀를 여럿 둔 아버지가 아이들을 제대로 먹이지도, 입히지도 못했다는 이유로 법정에서 재판을 받았다. 그는 날마다 아이들에게 음식을 준비해 주고, 몸을 깨끗이 씻고 새 옷을 갈아입으라고 말했다며 스스로를 변호했다. 그러나 그렇게 부지런히 보살폈는데도 아이들이 순종하지 않았다고 강조했다. 아이들을 위해 최선을 다했지만, 그들의 자유의지를 존중했기 때문에 적극적으로 개입할 수가 없었다고 말했다. 그러나 법정은 인간의 자율성을 존중했다며 그를 칭찬하지 않을 것이 분명하다. 오히려 비이성적인 행동으로 자녀들을 소홀히 보살피는 잘못을 범했다고 질책할 것이다.

음주운전 사고와 그 때문에 사망하는 사람 수가 엄청난 속도로 증가하고 있다. 이런 현상에 대해 한 대중매체는 "친구가 음주운전을 하도록 놔두지 말자"라는 표어를 내걸었다. 이 말에는 진정한 친구라면 술에 취한 친구가 운전대를 잡도록 놔두지 않을 것이라는 의미가 담겨 있다. 이런 경우에는 인간의 자율성을 빌미로 음주운전을 만류하는 행위를 비난하지 않을 것이다. 그런 비난을 제기할 사람은 아무도 없다. 자유의지를 존중한다는 이유로 술에 취한 친구가 운전대를 잡도록 방관하는 것은 미덕이 아닌 악덕이며, 더 정확하게는 범죄 행위이기 때문이다.

하나님의 사역과 인간의 자율성에 관한 오늘날의 견해는 건전한 판단에 위배될 뿐 아니라, 성경의 가르침과도 정면으로 충돌한다. 첫째, 성경의 하나님은 모든 것을 그분 뜻대로 이루시는 분이다(엡 1:11). 그리고 세상 나라들이 계획한 것을 좌절시키시는 하나님은(시 33:10) 자기 백성을 유익하게 하시기 위해 그들을 그분 뜻에 따라 다스릴 권한을 지니고 계신다. 이러한 이유로 잠언 저자는 이렇게 선언했다.

> 사람이 마음으로 자기의 길을 계획할지라도 그의 걸음을 인도하시는 이

는 여호와시니라(잠 16:9).

사람의 마음에는 많은 계획이 있어도 오직 여호와의 뜻만이 완전히 서리라(잠 19:21).

우리는 놀란 마음으로 자율성을 옹호하려고 급급해하지 않아도 된다. 하나님이 모든 그리스도인의 삶을 위한 계획을 가지고 계시고, 전능하신 능력으로 그 계획을 이루실 것이기 때문이다. 이 진리는 예레미야 선지자의 말대로 큰 위로와 희망의 근거가 된다. 그는 "너희를 향한 나의 생각을 내가 아나니 평안이요 재앙이 아니니라 너희에게 미래와 희망을 주는 것이니라"(렘 29:11)고 말했다.

하나님은 창조주이자 구원자로서 그 선하신 뜻에 따라 자기 백성의 삶에서 역사하실 권한을 지니고 계신다. 이사야 선지자는 이 권한을 인정하지 않거나 다른 주장을 내세우는 것은 창조주와 다투는 반역 행위라고 말했다(사 45:9). 그것은 상황을 전도시키고, 창조된 질서를 뒤집어엎으며, 토기장이를 진흙처럼 여기는 것과 같다(사 29:16). 따라서 우리는 피조물인 우리의 권리를 악착같이 옹호하려고 애쓰지 말고, 창조주이자 구원자이신 하나님의 권리를 존중하는 데 전념해야 한다. 우리도 이사야처럼 하나님의 은혜로운 섭리 앞에서 복종하며 이렇게 부르짖어야 한다.

그러나 여호와여, 이제 주는 우리 아버지시니이다 우리는 진흙이요 주는 토기장이시니 우리는 다 주의 손으로 지으신 것이니이다(사 64:8).

하나님과 오랫동안 동행해 온 그리스도인들은 이렇게 주저 없이 말할 것이다. 신앙생활은 우리를 정죄에서 구원하여 거룩하게 하시는 신실하신 하나님의 지속적인 사역이라고 말이다. 자신의 삶을 돌아볼 때, 그리스도인은 하나님이 자신을 온갖 더러움과 우상 숭배에서 깨끗하게 해주신 일이 많음을 알게 될 것이다.

더러움을 씻어주고 우상을 제거하는 하나님의 사역이 삶에서 현실로 나타나는가? 그동안의 신앙생활을 돌아보면 하나님이 금을 연단하는 자의 불처럼 우리의 찌꺼기를 태우시고, 표백하는 자의 잿물처럼 우리를 깨끗하게 하시는 것을 볼 수 있는가?(말 3:2) 하나님이 신전에 서 있던 다곤 신상을 산산이 깨뜨리신 것처럼(삼상 5:2-7), 우리 삶 속에서 우상들을 깨뜨리시고 있는 것을 목격하는가? 우리가 참된 그리스도인이라면 하나님이 우리 삶에서 성화의 사역을 이루시는 것이 우리 자신과 주변 사람들에게까지 명백하게 드러나야 한다. 신앙생활을 하는 동안 그리스도의 일에 대한 관심이 더욱 깊어지고, 그분의 형상을 더욱 닮아가는 과정이 계속 진행되어야 한다. 우리는 하나님이 만드셨고, 우리 안에서 착한 일을 시작하신 그분이 그 일을 온전히 이루실 것이기 때문이다(엡 2:10, 빌 1:6). 하나님은 "맑은 물을 너희에게 뿌려서 너희로 정결하게 하되 곧 너희 모든 더러운 것에서와 모든 우상 숭배에서 너희를 정결하게 할 것"이라는 약속을 반드시 지키실 것이다.

징계의 사역

하나님이 분리의 사역과 정화의 사역을 행하실 때 즐겨 사용하시는 수단은 무엇일까? 바로 징계의 사역이다. 우리가 믿는 하나님은 사랑이 풍성하시고 지극히 지혜로우시다. 하나님은 세상의 일시적인 즐거움을 모두 합친 것보다 영원의 문제를 무한히 더 중요한 일로 간주하신다. 하나님은 자기 백성을 가장 유익하게 하는 것이 그리스도의 형상을 닮게 하는 것이라고 생각하신다(롬 8:28-29). 하나님은 의로운 수단이라면 무엇이든 가리지 않으시고 자기 백성을 변화시키기 위해 일하신다. 그러한 수단에는 교훈, 책망, 바르게 함, 교육이 포함된다(딤후 3:16).

징계는 가벼울 때도 있지만, 매우 엄격할 때도 있다. 그러나 하나님은 그리스도인의 가장 큰 유익을 염두에 두시고 항상 사랑으로 징계를 베푸신다. 하나님은 우리를 몹시 사랑하시기 때문에 우리가 성장을 멈춘 채로 머물기를 원하지 않으신다. 일시적인 고난을 통해서라도 크고 엄청난 영광을 얻을 수만 있다면, 하나님은 우리에게 그런 섭리를 베풀길 주저하지 않으신다(고후 4:17).

그런 하나님의 징계를 잘 보여주는 사례가 바로 족장 야곱의 삶이다. 하나님은 말라기 선지자를 통해 강팍한 이스라엘 민족에게 "내가 야곱을 사랑하였고 에서는 미워하였으며"라고 선언하셨다(말 1:2-3). 당시 이스라엘 민족은 정치적, 경제적 시련을 겪고 있었다. 하나님은 포로로 잡혀 갔던 그들을 고향으로 되돌아오게 하셨다. 그러나 하나님의 징계는 그것으로 끝나지 않은 듯했다. 약속된 번영이 어디에도 가시화되어 나타나지 않았다. 몸과 마음이 모두 지쳐버린 이스라엘 백성은 하나님의 언약적 사랑을 의심하기 시작했다.

말라기 선지자는 백성의 의심을 달래기 위해 하나님이 야곱과 그의 형제 에서(에돔)를 다루신 방식을 서로 대조시켰다. 이스라엘은 하나님께 큰 징계를 받았지만, 그것은 그들을 구원하기 위한 일이었다. 그에 반해, 에돔은 아무런 상처도 입지 않은 채 이스라엘의 손실로 인해 번영하는 것처럼 보였다. 그러나 그것은 그들의 궁극적인 멸망과 하나님이 그들을 버리셨다는 것을 암시하는 표징이었다. 다시 말해, 말라기 선지자는 의심하는 이스라엘 백성에게 주어진 교정과 징계는 하나님의 언약적 사랑을 더욱 분명하게 입증하는 증거라고 강조했다. 잠언의 지혜는 하나님의 논리를 이렇게 설명한다.

> 내 아들아 여호와의 징계를 경히 여기지 말라 그 꾸지람을 싫어하지 말라 대저 여호와께서 그 사랑하시는 자를 징계하시기를 마치 아비가 그 기뻐하는 아들을 징계함같이 하시느니라(잠 3:11-12).

야곱과 에서의 삶과 하나님이 그들을 대하신 태도를 살펴보면, 잠언의 진리를 그리스도인에게 적용할 수 있는 방법을 알아낼 수 있다. 하나님은 어떤 식으로 야곱은 사랑하고, 에서는 미워하셨을까? 야곱의 경우에는 그를 분리시키셔서 그의 삶을 온전히 주장하시고, 그를 자신의 뜻에 복종하게 하심으로 사랑을 표현하셨다. 에서는 스스로 원하는 대로 할 수 있도록 방치하여 다른 이방인들처럼 자유롭게 행하게 하심으로 미움을 표현하셨다.

에서의 삶을 살펴보면, 하나님이 에서에 관해 이삭에게 약속하신 것이 모두 이루어졌음을 알 수 있다. 에서는 형제인 야곱과 멍에를 같이 메지 않았고, 야곱의 도움이나 축복이 필요 없을 정도로 풍요로운 삶을 누렸다(창 27:40, 33:9). 그러나 하나님은 에서의 삶에 간섭하지 않으시고, 그를 미워하며 배척하셨다. 그의 삶에서는 분리와 성화의 사역이 이루어지지 않았다. 하나님은 에서를 원하는 대로 살게 놔두셔서 망령된 자의 본보기가 되게 하셨다(히 12:16).

그러나 야곱의 삶에서 하나님은 매순간 그를 가르치고 인도하셨다. 철저하면서도 가혹하게 그를 징계하셨다. 야곱에게 주어진 징계는 약속의 땅에 돌아올 무렵에 다리를 절어야 할 만큼 혹독했다(창 32:31). 하나님의 섭리는 야곱의 육체를 상하게 했지만, 그를 사기꾼에서 통회하며 복종하는 아들로 변화시켰다. 하나님은 자녀들을 그런 식으로 다루신다.

> 주께서 그 사랑하시는 자를 징계하시고 그가 받아들이시는 아들마다 채찍질하심이라(히 12:6).

우리는 이 본문에서 참된 회심의 가장 큰 증거가 우리를 거룩하게 만드는 "하나님의 징계"라는 사실을 알 수 있다. 하나님은 사랑으로 그분의 자녀들에게 온전히 헌신하신다. 하나님은 그들을 유익하게 만들어 자신의 거룩하심에 참여하게 하시려고 그들을 권고하고, 훈계하고, 징계하신다(히 12:10). 하나님은 그들을 민족들 가운데서 취하시고, 모든 땅에서 불러 모으셔서 그들을 위해 준비하신 나라와 삶 속으로 인도하신다.

그리스도인은 축복으로 생각해야 마땅한 것을 종종 불행으로 여기는 경향이 있다. 주변 사람들은 하나님의 율법을 자유롭게 어기고서도 아무 탈이 없어 보이는데, 자신은 사소한 잘못만 저질러도 징계를 받는다고 불평할 때가 많다. 그러나 오히려 기뻐하고 감사해야 한다. 그것은 새로운 피조물이 되어 하나님의 자녀가 되었다는 확실한 증거다.

> 너희가 참음은 징계를 받기 위함이라 하나님이 아들과 같이 너희를 대우하시나니 어찌 아버지가 징계하지 않는 아들이 있으리요 징계는 다 받는 것이거늘 너희에게 없으면 사생자요 친아들이 아니니라(히 12:7-8).

한 소년이 여름 방학이 끝난 첫날 학교에 가는 상황을 상상해 보자. 그의 어머니는 새 교복을 입히면서 학교가 끝나면 곧장 집으로 돌아오라고 당부한다. 어머니는 친구들과 어울리거나 개울가에 가서 놀지 말라고 말한다. 그러나 집으로 돌아오는 동안, 유혹에 끌려 제대로 판단하지 못한 소년은 결국 친구들을 따라 개울가로 향한다. 노는 재미에 푹 빠져 시간이 얼마나 흘렀는지조차 의식하지 못할 정도다. 당연히 소년의 깨끗한 옷은 더러운 누더기처럼 변한다. 그는 자신이 저지른 잘못과 그로 인해 당할 일을 생각하고, 자신과 같이 부모 말에 순종하지 않은 친구 둘을 데리고 집으로 돌아간다. 어머니가 그에게 벌을 주겠다고 하자, 그는 얼른 다른 두 친구를 가리키며 이렇게 묻는다.

"친구들은 아무 벌도 받지 않는데 왜 저만 벌을 주시죠? 그건 옳지 않은 것 같은데요?"

어머니는 그 물음에 간결하면서도 단호하게 대답한다.

"저 아이들은 내 자식도 아니고, 내가 보살피지도 않잖니. 그렇지만 너는 내 자식이니까 너한테만 벌을 주는 거야."

이 이야기의 요점은 징계가 부모 자식의 관계를 부인하기는커녕 오히려 그것을 입증한다는 데 있다. 어머니가 자식을 훈계하고 징계한 이유는 어머니로서 자식의 행복에 관심이 있고, 자식을 사랑하기 때문이다. 히브리서 저자는 이 점을 명쾌하게 진술했다.

> 또 우리 육신의 아버지가 우리를 징계하여도 공경하였거든 하물며 모든 영의 아버지께 더욱 복종하며 살려 하지 않겠느냐 그들은 잠시 자기의 뜻대로 우리를 징계하였거니와 오직 하나님은 우리의 유익을 위하여 그의 거룩하심에 참여하게 하시느니라(히 12:9-10).

하나님이 그리스도인 개개인을 소유하신다는 것은 이런 의미다. 하나님이 그들을 보호하시고 인도하시는 목적은 그들의 삶에서 거룩하게 하시는 역사를 이루시기 위해서다. 항상 명백하지는 않더라도 그분은 가르치고, 바르게 하고, 벌하고, 징계하는 일을 쉬지 않으신다. 하나님이 그들의 삶에서 끈질기게 일하시는 이유는 그들을 사랑하시기 때문이다. 하나님은 그분의 사역이 완성될 때까지 망치와 정을 놓지 않으신다.

어떤 사람들이 생각하는 것과 달리, 하나님은 무책임하고 무관심한 아버지가 아니시다. 그분은 자녀들이 이 세상의 길거리에 제멋대로 뛰어다니도록 놔두지 않으신다. 양들이 길을 잃고 헤매든 말든 아무런 관심이 없는 목자와는 다르시다. 그리스도인을 자처하면서도 줄곧 속된 삶을 살아가는 사람들 때문에 하나님께 그런 비난의 화살이 돌아가는 것이다. 그런 사람들은 하나님의 은혜를 높이기는커녕 "방탕한 것"으로 바꾼다(유 1:4). 그들은 하나님의 오래 참으심을 찬양하기보다 그분을 무관심하고 무기력한 아버지로 보이게 만들고, 복음을 영광스럽게 하기보다 아무 능력이 없는 공허한 말로 전락시킨다. 이 모든 것은 믿지 않는 사람들에게 하나님을 모독할 빌미를 제공한다. 사도 바울은 이렇게 말했다.

> 하나님의 이름이 너희 때문에 이방인 중에서 모독을 받는도다(롬 2:24).

마지막으로 다음 몇 가지 질문을 곰곰이 생각해 보자.

하나님의 섭리를 통해 세상과 분리되어 그분께 가까이 나아가고 있다는 것을 보여주는 증거가 삶에서 나타나고 있는가? 회심한 이후로 지금까지의 삶을 돌아볼 때, 분리의 사역과 성화의 사역이 이루어지고 있다는 증거를 찾을 수 있는가? 오직 하나님께만 속한 백성이 되어 가고 있는가? 하나님과 동행하며 살 때 그분의 기쁨을 느낄 수 있는가? 우리가 곁길로 치우칠 때 하나님이 우리를 바로잡아 주시는가? 우리 삶에서 하나님의 자애로운 징계가 이루어지고 있는가?

삶 속에서 하나님의 거룩한 사역이 이루어지고 있다면, 우리는 구원을 확신할 수 있다. 그러나 그런 사역의 증거가 없다면, 크게 걱정하며 관심을 기울여야 할 것이다.

9

새 마음을 주시다

또 새 영을 너희 속에 두고 새 마음을 너희에게 주되 너희 육신에서 굳은 마음을 제거하고 부드러운 마음을 줄 것이며 (겔 36:26).

에스겔 36장 26절은 중생의 교리를 생생하고 교훈적으로 제시하고 있다. 우리는 이 교리의 성경적인 의미를 이해해야 할 뿐 아니라, 그 중요성을 충분히 인식해야 한다. 회심과 복음전도 방법을 바라보는 관점은 중생을 어떻게 이해하느냐에 달려 있다고 해도 지나치지 않다.

중생은 성령의 초자연적인 사역이다. 중생은 영적으로 죽은 죄인을 살리고, 철저히 부패한 본성을 변화시켜 회개하고, 예수 그리스도를 믿으라는 복음의 부름에 반응할 수 있게 만든다. 『웨스트민스터 신앙고백』과 『런던 침례교 신앙고백』은 성령의 거듭나게 하시는 사역을 이렇게 묘사했다.

영적이고 구원적인 차원에서 생각을 조명하여 하나님의 일을 깨닫게 하고, 돌 같은 마음을 제거해 부드러운 마음을 주시며, 그 의지를 새롭게 하시어 ...... (사람들을) 예수 그리스도께로 효과적으로 이끄신다. 그들은 그분의 은혜 덕분에 기꺼이 자유롭게 나아온다.[38]

"중생"이란 용어는 "다시 창조하다"를 뜻하는 라틴어(regenerare)에서 비롯했다. 신약성경은 다양한 표현과 용어를 사용해 중생 교리를 묘사한다. 요한복음에서 예수님은 "거듭나다", "위에서 나다"라는 표현으로 중생을 묘사하셨다(요 3:3; 6-7, 그리스어로 "겐나오 아노덴"[gennao anothen]). 베드로는 첫 서신에서 "거듭나다", "새로 태어나다"를 뜻하는 헬라어 단수 동사를 사용했고(벧전 1:3, 23, 그리스어로 "아나겐나오"[anagennao]), 바울은 중생을 죽은 자 가운데서 살려 새 생명 가운데서 행하게 하시는 것으로 묘사했다(롬 6:4, 엡 2:4-5). 바울은 성령의 혁신적이고 전인적인 사역을 염두에 두고, 누구든지 그리스도 안에 있으면 새로운 피조물이라고 말했다(고후 5:17).

이 모든 진리는 에스겔서에 아름답고 생생하게 묘사되어 있다. 에스겔 선지자에 따르면 중생의 역사는 표면적인 변화, 곧 의지의 훈련을 통해 이루어지는 행동의 변화를 훨씬 뛰어넘는다. 다시 말해, 중생은 존재론적인 변화를 포함한다.[39] 개인의 본성이 해체되어 다시 창조되는 것이다. 영적 자극에 반응하지 못하는 돌 같은 마음이 반응할 수 있는 부드러운 마음으로 변화한다.

---

38) 웨스트민스터 신앙고백 10장, 1689년 런던 침례교 신앙고백 10장.
39) 존재론적인 변화란, 사물이나 사람의 존재와 본성이 변화되는 것이다.

구체적으로 이해하기 위해 사람의 형상과 똑같이 만들어진 조각상 앞에 서 있다고 가정해 보자. 조각상은 지성과 의지를 지닌 인간과 완벽하게 똑같이 생겼다. 그러나 돌이기 때문에 생명이 없다. 발로 차고, 찌르고, 심지어는 불을 붙여도 아무런 반응이 없다. 생명이 없는 돌이기 때문에 어떤 자극에도 반응하지 않는다. 그러나 그 조각상을 살아 있는 몸으로 바꿀 수 있다면, 찌르고 때리는 자극이 이전과는 사뭇 다른 결과를 가져올 것이다. 살아 있는 건강한 몸은 매우 민감하다. 살아 있는 몸은 느끼고 반응한다. 피부에 와 닿는 부드러운 바람도 느낄 수 있고, 손가락이 조금만 닿아도 금방 알아차릴 수 있다. 살아 있는 몸은 모든 자극에 곧장 반응을 일으킨다.

마찬가지로 죄인은 영적으로 죽어 있는 상태이기 때문에 영적 자극에 반응할 수 없다. 물론 그런 능력이 없다고 해서 하나님 앞에서 책임져야 할 죄책을 모면할 수는 없다. 그런 무능력 상태를 자초했기 때문이다.

죄인은 하나님의 역사가 없으면, 그분께 긍정적으로 반응할 수 없다. 비록 하나님을 알고 그분의 계시된 뜻을 이해할 능력이 있지만, 자신이 사실로 알고 있는 것을 애써 부인한다(롬 1:18-32). 불의를 사랑하고 자율을 고집하는 본성을 지닌 인간은 하나님을 적대시한다. 따라서 인간은 그분을 인정할 수 없고, 그분의 율법에 복종할 수도 없다.

인간에 대한 이 엄연한 진실이 요셉과 그의 형제들의 관계를 통해 여실히 드러난다. 성경은 요셉의 형제들이 그를 미워했기 때문에 그에게 편안하게 말할 수 없었다고 증언한다(창 37:4). 우리는 여기에서 "도덕적 무능력"이라는 교리를 생생하게 확인할 수 있다. 요셉의 형제들은 그와 대화를 나눌 수 있고 친절한 말을 건넬 수도 있었지만, 그에 대한 증오심 때문에 그렇게 할 수가 없었다. 그들이 그렇게 할 수 없었던 것은 그런 마음이 없었기 때문이고, 그런 마음이 없었던 이유는 증오심 때문이었다.

이 진리는 왕권에 도전한 죄로 감옥에 갇힌 정치범의 삶을 통해서도 분명하게 드러난다. 왕은 순수한 호의로 감옥 문을 모두 열고 자신의 적법한 주권을 인정하기만 하면 온전한 사면을 허락하겠다고 제안했다. 그러나 증오심에 사로잡힌 반역자는 문을 세차게 닫고, 왕에게 무릎을 꿇느니 차라리 지옥에서 썩을 것이라고 말했다. 그는 사면을 제안하는 왕의 소리를 들었고, 그것이 무슨 의미인지 이해할 수 있었다. 그러나 제안대로 할 수 없었다. 그럴 의지가 없었기 때문이다. 그럴 의지가 없었던 이유는 그가 왕을 증오했기 때문이다.

이것이 거듭나지 않은 사람이 하나님 앞에서 취하는 태도다. 그가 하나님께 나오지 않는 이유는 그분께 나올 의향이 없기 때문이고, 하나님께 나올 의향이 없는 이유는 불의를 사랑하고 거룩한 주권자이신 하나님을 미워하기 때문이다. 따라서 그의 마음은 돌에 비유할 수 있다. 그는 생명이 없는 상태이기 때문에 성령의 초자연적인 사역이 없으면 복음의 부름에 응할 수 없다.

어떤 사람들은 우리가 예수님을 좀 더 확실하게 보여주기만 한다면 세상이 바뀔 것이라고 말한다. 그러나 그런 생각은 인간의 도덕적 부패와 영적 어둠, 하나님에 대한 불순종이 얼마나 심각한지를 잘 모르고 하는 소리다. 회개하지 않은 사람들이 가득 들어차 있는 강당에서 우리가 예수님을 온전히 보여준다면, 그들은 과연 어떻게 반응할까?

첫째, 우리는 그들이 영적 어둠에 사로잡혀 있다는 사실을 기억해야 한다. 성경의 가르침에 따르면, 그들은 유일무이하신 그리스도의 인격이나 그분의 가르침에 담긴 참된 가치를 이해하지 못할 것이다. 겉으로 보기에 예수님은 속된 사람들이 우러러보거나 관심을 기울일 만한 위풍당당한 외모나 매력을 갖추지 못하셨다(사 53:2). 또한 성경은 그들이 예수님의 가르침을 받아들일 수 없고, 진리를 분별할 수도 없으며, 오히려 그것을 어리석게 여길 것이라고 말한다(고전 2:14). 그들이 무지하기 때문이 아니다. 그 이유는 그들 자신에게 있다. 다시 말해, 그들은 스스로 지혜롭다고 생각하기 때문에 어리석게 된 것이다(롬 1:22).

둘째, 회개하지 않은 사람들의 영적 어둠이 걷혀 그리스도를 더욱 분명하게 보고, 그분의 가르침을 더 깊이 이해할 수 있게 되었다 치자. 그렇더라도 여전히 훨씬 큰 문제에 봉착할 것이다. 바로 의를 적대시하는 태도와 마음의 도덕적 부패다. 성경은 인간이 철저하게 타락했다고 가르친다. 인간은 하나님을 미워하고, 그분의 의로운 율법을 멸시한다. 따라서 그리스도의 참된 모습을 보고 그분의 가르침을 더 많이 이해할수록, 그분을 더 심하게 미워할 수밖에 없다. 불의한 사람들이 온전히 의로우신 그리스도의 모습을 본다면, 그분께 나아오기는커녕 더 멀리 도망칠 것이 분명하다. 예수님도 친히 이렇게 말씀하셨다.

> 그 정죄는 이것이니 곧 빛이 세상에 왔으되 사람들이 자기 행위가 악하므로 빛보다 어둠을 더 사랑한 것이니라 악을 행하는 자마다 빛을 미워하여 빛으로 오지 아니하나니 이는 그 행위가 드러날까 함이요(요 3:19-20).

사람이 그리스도 앞에 기꺼이 나오려면, 먼저 그 사람 안에서 변화가 일어나야 한다. 그 변화는 그의 의지를 억지로 강요한다고 해서 이루어지는 것이 아니다. "중생"이라는 성령의 초자연적인 재창조 사역이 필요하다.

늑대 한 마리가 종종 양떼를 습격하는 일이 벌어지고 있다. 그래서 목자들이 서로 힘을 합쳐 늑대를 사로잡았다. 이때 문제를 해결하는 방법은 크게 세 가지다. 첫째, 목자들이 사로잡은 늑대를 죽여 사건을 마무리하는 것이다. 그렇게 하면 목자와 양들에게는 유익하지만, 늑대에게는 아무런 유익이 없다. 이 늑대는 하나님의 심판 아래 있는 사람과 같다.

둘째, 목자들이 늑대를 우리 안에 죽는 날까지 가두어놓는 것이다. 늑대의 행동거지가 바뀔 테지만, 그런 변화는 단지 우리 안에서만 가능하다. 늑대는 약탈자의 본성을 그대로 간직한 채 우리 안을 끊임없이 서성거릴 것이다. 그런 조치는 늑대의 타고난 본성을 바꾸지 못한다. 늑대는 양을 잡아먹고 싶은 충동을 느낄 것이고, 잘 지키지 않으면 우리를 뚫고 나와 많은 양을 죽일 가능성이 매우 높다. 이 늑대는 죄에 속박되어 회개하지 않는 사람을 나타낸다. 늑대가 우리 안에 있는 한, 목자와 양들은 유익하지만, 늑대는 여전히 양을 잡아먹고 싶은 충동에 시달릴 것이다.

셋째 해결책은 목자들의 능력으로는 불가능하다. 바로 약탈자인 늑대의 본성을 순한 양처럼 변화시키는 것이다. 늑대의 본성을 변화시키려면, 늑대가 목자와 양들에 대해 느끼는 감정을 변화시켜야 한다. 그렇게만 한다면 목자를 따라다니며 양들과 평화롭게 살 수 있다. 이때 늑대는 성령의 능력으로 거듭난 사람을 나타낸다. 인간에게는 불가능한 것이 하나님께는 가능하다(눅 18:27).

찰스 스펄전은 회개하지 않은 사람의 참된 본성과 거듭남의 능력을 다음과 같은 예화를 사용하여 구체적으로 설명했다.

돼지에게 두 가지 방법으로 먹이를 주려고 한다. 방 한쪽에는 인간이 먹을 수 있는 최상의 요리를 차려놓고, 다른 쪽에는 음식물 찌꺼기를 담은 통을 놓았다. 그런 다음 돼지를 풀어놓고 마음대로 음식을 선택하게 했다. 돼지는 진수성찬에는 눈길도 주지 않은 채 곧장 음식물 찌꺼기가 담겨 있는 통을 향해 달려갔다. 도시 사람들은 놀랐지만, 돼지를 잘 알고 있는 농부는 전혀 놀라는 기색이 없었다. 돼지는 그 통에 머리를 처박고, 욕구가 채워질 때까지 음식을 마구 흘리면서 게걸스럽게 먹었다. 돼지는 쓰레기 같은 음식을 먹어도 병에 걸리지 않고, 다른 사람들 앞에서 그런 태도를 보여도 수치스러워하지 않는다. 돼지의 행동은 그 본성과 완벽하게 일치한다. 돼지는 항상 그런 행동을 하게 되어 있다.

그러나 돼지의 본성을 사람의 본성으로 바꿀 수 있는 능력이 우리에게 있다고 하자. 그런 초자연적이고 존재론적인 변화는 어떤 결과를 가져올까? 첫째, 인간이 된 돼지는 이전에 간절히 원하던 것을 역겹게 느끼고, 전과 달리 구정물 같은 음식에서 풍겨나는 고약한 냄새에 몸서리를 칠 것이다. 둘째, 그는 구정물 통에서 고개를 들고, 그토록 좋아하던 음식물 찌꺼기를 모두 토해낼 것이다. 돼지에게는 맛있을지 몰라도 사람으로서는 도무지 먹을 수 없는 음식이기 때문이다. 셋째, 그는 다른 사람들이 자신의 행동을 지켜보고 있다는 사실을 의식할 것이다. 그리고 수치스러워하며 몹시 미안해할 것이다. 넷째, 그는 자신이 인간으로 변화된 날을 결코 잊지 못할 것이며, 여물통처럼 생긴 모양을 보거나 구정물 냄새만 맡아도 역겨워할 것이다.

그리 유쾌한 상상은 아니지만, 이 예화는 그리스도를 진정으로 영접한 사람들의 회심을 구체적으로 보여준다. 성경은 우리 모두 죄악 가운데 잉태되었고, 회심하기 전에는 물을 마시듯 악을 저질렀다고 증언한다(욥 15:16, 시 51:5). 하나님이 우리 앞에 상을 차려주시고, 주님의 선하심을 맛보고 알라고 초청하셨는데도 우리는 그분의 초청에 아무런 관심도 기울이지 않았다(시 34:8, 사 55:1-2). 우리는 돼지가 구정물 같은 음식이 있는 곳으로 달려가듯, 도덕적인 더러움을 추구했다. 우리의 행동은 우리의 본성, 즉 철저히 타락하고 도덕적으로 부패한 본성과 정확하게 일치했다. 우리는 돌 같은 마음을 가졌으며, 죄 가운데 죽어 있었다. 또한 타락한 세상은 물론 하나님의 원수인 마귀의 뜻에 따라 살았다. 게다가 타락한 본성에 이끌려 살았고, 육신의 욕심을 따라 지냈으며, 본질상 진노의 자녀들이었다(엡 2:1-3).

도무지 회복할 수 없는 상태에서 아무런 희망도 찾을 수 없을 때, 하나님이 개입하셨다. 그리하여 그리스도 안에서 우리를 일으켜 새로운 삶을 살게 하셨다(롬 6:5, 엡 2:4). 하나님은 아무 반응이 없는 돌 같은 마음을 제거하고, 부드러운 마음을 주셨다. 그분은 우리의 본성은 물론 감정과 의지까지 모두 변화시키셨다. 우리를 자신의 형상을 따라 의와 진리의 거룩함으로 재창조하셨다. 그 덕분에 우리는 의에 굶주리고 목말라하기 시작했다(마 5:6, 엡 4:24).

우리는 이제 전에 사랑하던 죄를 미워하고, 전에 미워하던 의를 사랑한다. 또한 이제는 자랑스럽게 여겼던 불순종의 태도를 부끄럽게 여기고, 부끄럽게 여겼던 하나님을 자랑스러워한다(롬 6:21). 비록 우리가 버린 육체의 욕심과 더러움의 유혹에서 온전히 자유로워지지는 않았지만, 이제는 그것이 잘못이라는 것을 알고 있다. 유혹을 받아 다시 그것에 이끌리더라도 그 더러운 냄새와 썩은 맛을 금방 느낄 수 있다. 따라서 그곳에 오랫동안 빠져 있을 수 없다. 우리의 새로워진 본성이 그것을 혐오하고 부끄럽게 여겨 회개하라고 요구하기 때문이다. 우리는 하나님께로 다시 돌아가게 만드는 새로운 감정을 지닌 새로운 피조물이다.

결론적으로 이 진리는 우리에게 두 가지를 질문한다. 첫째 질문은 이것이다.

"단지 그리스도를 영접하기로 결심했는가, 아니면 진정으로 새로운 피조물이 되었는가? '기독교'라는 제도에 합류하거나 기독교적인 표현을 사용하는 차원에 머무는가, 아니면 마음이 진정으로 변화되었는가? 구원을 확신할 만한 증거가 있는가? 감정이 변화되었는가? 하나님과 그분의 뜻에 좀 더 민감하게 반응하게 되었는가?"

"할례나 무할례가 아무것도 아니로되 오직 새로 지으심을 받는 것만이 중요하니라"(갈 6:15)는 바울의 경고를 잊지 말라. 누구든지 그리스도 안에 있으면 새로운 피조물이다(고후 5:17).

둘째 질문은 이것이다.

"회개하지 않은 사람들에게 전하는 설교나 복음전도 방법이 회심의 초자연적인 본질에 일치하는가?"

구원이 인간의 의지나 감정을 움직이는 데만 의존한다면 적당히 결신을 이끌어낼 방법은 수없이 많다. 그러나 회심이 우주를 창조하고 죽은 자 가운데서 그리스도를 살리신 것과 같은 성령의 초자연적인 사역을 필요로 한다면 설득이나 강요, 교묘한 언변만으로는 원하는 목적을 이룰 수 없을 것이다. 우리는 능숙한 말솜씨, 기발한 논증, 그릴 듯한 초청과 같은 육신적인 방법을 포기해야 한다(고전 2:1-2). 우리는 사람들을 마른 뼈, 곧 하나님이 직접 개입하지 않으시면 되살아날 가능성이 전혀 없는 자들로 간주해야 한다. 그리고 무슨 노력을 기울이든지 오직 하나님의 능력만 의지해야 한다.[40] 우리는 복음이 구원을 주시는 하나님의 능력이라는 사실에 사역의 사활을 걸어야 한다. 우리는 확실하고, 담대하고, 명확하게 복음을 전해야 한다(롬 1:16).

이 세상 사람들에게 복음을 전할 때마다 에스겔처럼 마른 뼈가 가득한 골짜기를 걷고 있다고 생각해야 한다(겔 37:1-10). 하나님이 "이 뼈들이 능히 살 수 있겠느냐"라고 물으신다면, 우리는 오직 그분의 주권과 능력을 의지해야 한다. 부활의 능력은 인간의 능력을 넘어선다. 인간의 의지로는 그런 역사를 일으킬 수 없다.

바람은 원하는 방향으로 불고, 우리는 단지 그 소리만 들을 수 있을 뿐이다. 그러나 하나님은 바람이 어디에서 불고, 어디로 가는지 다 알고 계신다(겔 37:3, 요 3:8). 그렇지만 우리는 믿음으로 담대하게 서서 마른 뼈들을 향해 "너희 마른 뼈들아 여호와의 말씀을 들을지어다"(겔 37:4)라고 외쳐야 한다. 우리는 성령의 바람을 구해야 한다. 그분이 오셔서 죽은 자들에게 생기를 불어넣어 그들을 다시 살아나게 해달라고 기도해야 한다.

우리에게 주어진 은사와 재능을 사용해야 마땅하지만, 육신의 무기

---

40) "여호와께서 권능으로 내게 임재하시고 그의 영으로 나를 데리고 가서 골짜기 가운데 두셨는데 거기 뼈가 가득하더라 나를 그 뼈 사방으로 지나가게 하시기로 본즉 그 골짜기 지면에 뼈가 심히 많고 아주 말랐더라 그가 내게 이르시되 인자야 이 뼈들이 능히 살 수 있겠느냐 하시기로 내가 대답하되 주 여호와여 주께서 아시나이다"(겔 37:1-3).

를 기꺼이 내려놓을 수 있어야 한다. 우리는 오직 복음을 전하는 데만 집중해야 한다. 복음은 구원을 주시는 하나님의 능력이자 성령께서 죽은 자들을 살리시고 죄인을 회개하게 하시는 수단이기 때문이다(롬 1:16).

10
말씀대로 행하도록 도우시는 성령

또 내 영을 너희 속에 두어 너희로 내 율례를 행하게 하리니 너희가 내 규례를 지켜 행할지라 내가 너희 조상들에게 준 땅에서 너희가 거주하면서 내 백성이 되고 나는 너희 하나님이 되리라(겔 36:27-28).

지금까지 인간의 마음속에서 일어나는 중생의 사역을 살펴보았다. 이번에는 그리스도인 안에 거하시는 성령과 그 내주하심의 결과에 관심을 기울여보자.

에스겔 36장 27-28절을 읽어보면, 하나님의 말씀이 절대적인 확실성을 지니고 있다는 사실을 다시금 느낄 수 있다. 하나님의 말씀에는 권위와 능력이 물씬 배어난다. 하나님은 자기 백성을 온전히 구원하시기 위한 계획을 가지고 계시고, 자신의 영광과 그들의 유익을 위해 그 계획을 온전히 이루실 것이다. 하나님은 사람들을 부르셔서 그들의 본성을 변화시키시고, 성령께서 그들 안에 거하게 하신다. 그 결과 그들은 하나님의 백성이 되고, 하나님은 그들의 하나님이 되신다. 그들은 그분의 율례를 행하고 규례를 성심껏 지킬 것이다. 또한 하나님이 창세전에 예비하신 기업을 소유하게 될 것이다(마 25:34, 엡 1:4). 바울은 에베소 교회에 보낸 서신에서 "모든 일을 그의 뜻의 결정대로 일하시는 이의 계획을 따라 우리가 예정을 입어 그 안에서 기업이 되었으니"(엡 1:11)라고 말했다.

하나님이 베푸시는 섭리의 신비와 장엄함은 이루 다 헤아릴 수 없다. 영원히 연구해도 그 모든 진리를 다 밝혀낼 수 없을 것이다. 이 진리에 대한 심오한 논의가 온 세상을 가득 채운다 해도, 여전히 발견해야 할 것이 더 남아 있을 것이다. 그러나 우리는 하나님이 자기 백성을 정해 두신 목적지로 이끄실 것이고, 그 과정에서 단 한 사람도 잃어버리지 않으실 것이라고 확신한다. 그러나 그리스도인은 제각기 새로워진 마음의 소원을 따라 자유롭게 하나님 앞에 나온다. 하나님은 그들의 의지를 침범하거나 강요하지 않으신다. 그분은 그들을 새로운 피조물로 만들어 스스로 복종하게 하신다. 그리고 그들의 마음을 변화시켜 행동을 바꾸게 하신다.

> 그런즉 누구든지 그리스도 안에 있으면 새로운 피조물이라(고후 5:17).
>
> 깊도다 하나님의 지혜와 지식의 풍성함이여, 그의 판단은 헤아리지 못할 것이며 그의 길은 찾지 못할 것이로다(롬 11:33).

마음에 거하시는 성령

앞 장에서 우리는 하나님이 성령의 초자연적인 중생 사역으로 자신을 위해 새로운 백성을 만들겠다고 약속하신 사실을 살펴보았다. 하나님은 영적으로 죽은 그들을 살리시고, 불순종과 반역을 일삼던 부패한 마음을 새롭게 하신다. 또한 그들에게 새 마음을 주셔서 자기의 형상으로 새롭게 창조하신다(겔 36:26). 새 마음은 하나님에 대해 살아나 영적 자극에 민감하게 반응한다. 게다가 "새로운 정신", 곧 새로운 내적 성향을 드러내어 하나님을 공경하고 그분의 율법을 즐거워한다.

본문은 회심할 때 하나님이 우리를 변화시키시는 데 그치지 않으시고, 성령의 내주하심을 허락하신다고 가르친다. 하나님이 그렇게 하시는 이유는 우리 안에서 시작하신 사역을 확실하고 온전하게 이루시기 위해서다. 그분은 "내 영을 너희 속에 두어 너희로 내 율례를 행하게 하리니"라고 말씀하셨다. 우리는 이 진리와 앞 장에서 논의한 다른 진리를 근거로, 하나님이 그리스도인의 삶에서 행하시는 놀라운 회심 사역을 간단히 정리할 수 있다.

- "새 영을 너희 속에 두겠다"_ 이것은 중생의 결과다. 하나님의 형상으로 재창조된 새로운 피조물은 새 영이 되어 그분을 향한 내적 성향도 새롭게 바뀐다. 그는 하나님과 그분의 율법을 기뻐하는 새로운 감정을 소유한다(겔 36:26).

- "너희에게 새 마음을 주겠다"_ 하나님은 그리스도인의 마음을 새롭게 하시고 본성을 변화시키신다. 그 결과 그리스도인은 새로운 피조물이 된다(겔 36:26). 이것은 모든 그리스도인이 빠짐없이 경험하는 현실이다.

- "내 영을 너희 속에 두겠다"_ 하나님이 성령을 통해 그리스도인 안에 거하시면서 자신의 율례를 지키며 행하도록 가르치고, 독려하고, 능력을 주신다(겔 36:27).

이 세 가지 단계는 구원과 관련된 하나님의 능력과 지혜를 여실히 보여준다. 이 진리를 조금만 묵상하고 이해해도 놀라운 확신과 기쁨을 누릴 수 있다. 우리는 허물과 죄로 죽은 상태였고, 하나님을 미워하고, 진리를 가로막으며, 의를 적대시했다(롬 1:18, 30, 8:7, 엡 2:1). 우리는 하나님과 화목하거나 죄의 권세에서 우리를 자유롭게 할 능력이 없었다(롬 5:6, 7:24, 8:7). 우리는 이 세상에서 희망도 없고, 하나님도 없이 살았다(엡 2:12). 하지만 사람에게는 불가능한 것이 하나님께는 가능하다(마 19:26, 막 10:27, 눅 18:27).

하나님은 자신의 이름을 영화롭게 하시고 자기 백성을 유익하게 하시기 위해 창세전에 우리의 구원을 계획하고 작정하셨다. 때가 되자 하나님은 성자의 성육신과 성령의 임재를 통해 그 계획을 이루셨다. 하나님은 예수 그리스도의 보혈을 통해 자기 백성과 화목하셨다. 그리고 성령의 거듭나게 하시는 사역을 통해 그들의 마음과 성향을 변화시키셨다. 또한 자신의 영을 우리 안에 거하게 하셔서 복종을 독려하게 하셨다. 하나님이 이 모든 일을 행하신 이유는 자신의 은혜의 영광을 찬송하게 하시기 위해서다. 즉 세상 모든 나라가 하나님이 그리스도인들을 위해 행하신 모든 선한 일을 듣고 영광과 찬양과 기쁨을 돌리게 하시기 위해서다(렘 33:9, 엡 1:6).

하나님이 자기 백성을 위해 행하시는 내적 사역이 다윗의 시편에 잘 드러나 있다.

> 하나님이여 내 속에 정한 마음을 창조하시고 내 안에 정직한 영을 새롭게 하소서 나를 주 앞에서 쫓아내지 마시며 주의 성령을 내게서 거두지 마소서 주의 구원의 즐거움을 내게 회복시켜주시고 자원하는 심령을 주사 나를 붙드소서(시 51:10-12).

본문에서 알 수 있듯이 다윗은 하나님께 큰 죄를 지었고, 그 죄를 뉘우치고 있다. 그는 심령을 회복하려면 두 가지가 필요하다는 것을 알았다. 첫째, 다윗은 하나님께 정한 마음을 구했다. 곧 하나님을 믿음으로 굳게 붙잡고, 자신을 또다시 옭아맬지 모르는 유혹에 맞서 싸울 수 있는 내적 성향을 간구했다. 둘째, 다윗은 성령께서 계속 자기 안에 머무시면서 불순종의 죄를 다시 저지르지 않도록 정직한 영을 새롭게 해달라고 기도했다.

우리가 여기에서 배워야 할 진리가 있다. 바로 그리스도인의 구원 사역이 온전히 이루어지려면, 처음에 거듭난 마음과 그 마음을 계속 유지하는 게 필요하다는 것이다. 회심할 때 새 마음이 주어지면, 그 결과 하나님을 향한 내적 성향(새 영)이 새로워진다. 그러나 그리스도인 안에 거하시는 성령의 지속적인 사역이 필요하다. 다시 말해서 그 상태를 유지하고, 지지하고, 힘 있게 붙잡아주는 사역이 필요한 것이다. 그리스도인은 그런 지속적인 도움이 필요한 상태이고, 하나님은 지혜와 능력과 은혜를 베푸셔서 그 모든 필요를 채워주신다. 하나님은 성령의 거듭나게 하시는 사역을 통해 우리 안에 정직한 영을 창조하셨다. 더불어 우리에게 성령의 내주하심을 허락하셔서 그 사역이 마지막 날까지 지속적으로 이루어지게 배려하셨다.

이 사역은 하나님이 섭리를 통해 창조 사역을 지속적으로 유지하시는 것과 매우 비슷하다. 하나님은 우주를 창조하셨을 뿐 아니라 계속 유지하신다(창 1:1-2, 욥 12:10, 34:14-15, 시 104:27-30, 요 1:2-3, 골 1:17, 히 1:3). 하나님은 만물의 근원이실 뿐 아니라 계속 만물을 살게 하신다(딤전 6:13). 하나님이 성령을 거두시면 모든 육체는 즉시 소멸되고, 모든 사람은 흙으로 돌아가게 될 것이다(욥 34:14-15). 마찬가지로 하나님은 중생 사역을 통해 우리를 새로운 피조물로 만드셨을 뿐 아니라 그것을 계속 유지하시고, 우리 안에 새 영을 창조하셨을 뿐 아니라 성령의 내주하심을 통해 그것을 계속 유지하신다. 간단히 말해서 하나님은 사람을 구원하심과 동시에, 그의 구원을 끝까지 보존하신다.

이 진리를 설명하는 목적은 하나님의 구원 능력을 높이 찬양하고, 참된 그리스도인은 성화를 통해 열매를 맺어야 한다는 것을 깨우쳐주기 위해서다. 그러나 이 진리는 실천적 차원에서 우리의 신앙생활에 큰 도움을 준다. 다시 말해서, 이 진리는 그리스도인이 생명을 유지하시는 성령의 사역에 전적으로 의존하고 있다는 사실을 일깨워준다.

성령에 관한 위험한 이단 사상이 복음주의 공동체 안에서 기승을 부리고 있다. 진지한 그리스도인들 가운데도 신앙생활과 관련된 성령의 역할을 올바로 생각하는 사람이 많지 않다. 우리는 성령과 그분의 사역이 신앙생활의 필수불가결한 요소라는 사실을 잊어서는 안 된다. 성령의 사역 없이는 신앙생활을 할 수 없다. 그리스도인이 계속 성장하며 열매를 맺으려면, 이 진리를 반드시 염두에 두고 성령의 인격과 지혜와 능력에 전적으로 의존하는 습관을 발전시켜 나가야 한다. 우리도 갈라디아 신자들처럼 성령으로 시작된 신앙생활이 육신으로 끝나지 않도록 주의해야 한다(갈 3:3).

성령께서 거하실 때

그리스도인의 삶에서 이루어지는 하나님의 약속은 반드시 결과를 만들어낸다. 하나님은 에스겔 선지자를 통해 그분의 영을 우리 안에 두시겠다고 약속하셨다. 그리고 나서 성령의 내주하심이 그분 뜻에 복종하는 새로운 삶을 이끌어낼 것이라고 강조하셨다.

또 내 영을 너희 속에 두어 너희로 내 율례를 행하게 하리니 너희가 내 규례를 지켜 행할지라(겔 36:27).

"……하게 하다"로 번역된 히브리어 동사 "아사"(asah)는 "만들다", "어떤 일을 할 마음을 일으키다"라는 의미를 지닌다. 에스겔이 전달하려는 의미는 하나님이 성령의 내주하심을 통해 자신의 율례를 행하게 만들고, 규례를 지켜 행하게 하신다는 것이다. 다윗은 시편 119편 35절에서 다른 히브리어 동사를 사용해 이와 동일한 의미를 전했다. 그는 "나로 하여금 주의 계명들의 길로 행하게 하소서 내가 이를 즐거워함이니이다"라고 말했다.

하나님은 자기 백성이 계명을 지키도록 이끄신다. 이것은 성경의 확실한 진리이기 때문에 더 이상 길게 옹호할 필요가 없다. 그러나 하나님이 그 사역을 이루시는 방법에 대해서는 좀 더 설명이 필요할 듯하다. 처음부터 분명히 밝혀두지만, 하나님은 자기 백성의 의지를 침해하시거나 강압적인 수단을 통해 복종을 강요하지 않으신다. 그분은 그들의 의지나 감정에서 우러나오지 않는 복종을 원하지 않으신다.

하나님은 회심할 때 그리스도인의 마음을 거듭나게 하시고, 감정을 변화시키신다. 그 결과 그리스도인은 새로운 본성을 지닌 새로운 피조물이 된다. 그의 새로운 본성은 하나님의 뜻에 어긋나는 것을 더 이상 갈망하지 않으며, 그분의 율법을 즐거워한다(시 1:2, 요일 5:3). 그와 동시에 하나님은 성령께서 그리스도인 안에 거하게 하신다. 성령께서는 그리스도인을 가르치시고, 인도하시며, 새롭게 하시고, 능력을 주셔서 세상에서 살아가는 동안 하나님의 뜻에 복종하도록 도와주신다.

그리스도인은 여전히 많은 유혹에 시달리며, 여러 가지 죄로 고통당한다. 그는 항상 은혜가 필요하다. 그러나 참된 그리스도인의 삶에서는 성령의 능력 주심과 경건한 감정이 사라지지 않는다. 그 덕분에 일관된 태도로 하나님께 복종할 수 있다. 하나님은 자기 백성이 복종하도록 이끄시지만, 소리를 지르며 반항하는 그들을 억지로 복종하게 만들지 않으신다. 그들은 양들이 목자를 따르듯 성령의 인도를 따른다. 예수님은 믿지 않는 유대인들에게 "내 양은 내 음성을 들으며 나는 그들을 알며 그들은 나를 따르느니라"(요 10:27)고 말씀하셨다.

교회에 흔히 나타나는 네 가지 경우의 그리스도인

이 진리를 구체적으로 예시하고, 그 적용 방법을 보여주기 위해 현대 복음주의 공동체 안에서 흔히 나타나는 네 가지 경우를 살펴보려고 한다. 처음 세 가지 경우는 그리스도인을 자처하지만 에스겔서에 언급된 회심의 증거가 잘 보이지 않는 사람들이다. 그리고 마지막 경우는 거듭남의 열매가 분명하게 나타나는 사람을 가리킨다.

첫째 경우는 그리스도를 영접하기로 결심했지만 하나님의 일에 무관심하고, 신앙을 고백했다는 것 말고는 뚜렷한 열매가 보이지 않는 사람이다. 그가 새로 발견한 신앙에 무관심한 데다 헌신하려는 노력을 전혀 기울이지 않는 것을 보고 교회는 그에게 믿음의 동반자를 붙여주고 그를 양육 프로그램에 참여시킨다. 그 임무를 맡은 헌신적인 성도는 부지런히 그를 돕지만, 그는 성장할 기미를 보이지 않는다. 몇 번의 방문과 전화 끝에 그는 새로 회심한 사람을 주일 아침 예배에 참석시키는 데 성공한다. 그로부터 몇 달 동안 끈질긴 노력을 기울인 결과, 새로 회심한 사람은 세례를 받고 교회는 승리를 자축한다. 그러나 더 이상 도움이나 독려가 없자 그는 다시 무관심한 상태로 돌아가고,

결국 모습을 완전히 감추고 만다.

그는 구약의 요아스 왕과 같다. 요아스 왕은 제사장 여호야다가 살아 있는 동안에만 하나님이 보시기에 정직하게 행하고, 그가 죽자 곧 그분을 저버렸다(대하 24:2, 17-18). 이 사람은 거듭남을 통해 새 마음과 새 감정을 얻었다는 증거를 전혀 보여주지 못한다. 또다시 계속 그를 독려하더라도 그는 목자의 음성을 듣고 복종하는 양과 달리 기꺼운 마음으로 따르지 않는다.

둘째 경우는 오락 같은 예배, 곧 최첨단 장비를 동원하면서 현실에 적용할 수 있는 삶의 원리를 짤막하게 전하는 설교로 만족하는 예배를 선호하는 사람이다. 그는 예배를 즐기고, 다른 사람들과 교제를 나누는 데 관심을 기울이며, 어느 정도 소속감을 느낀다. 전에 느껴보지 못한 만족을 누리고, 삶의 목적도 분명해지는 것 같다. 그러나 그는 복음과 그리스도께서 요구하시는 희생적인 제자의 삶에는 이렇다 할 관심을 기울이지 않는다. 또한 하나님을 아는 지식이나 성경의 진리를 일상생활에 적용하는 일에도 별로 관심이 없다. 그의 목적과 생각과 행위는 주변의 세속 문화와 비교할 때 거의 아무런 차이가 없다. 그는 과연 그리스도께 매료된 것일까? 아니면 자신의 가치를 인정해주고, 필요 욕구를 채워주는 사교 그룹에 이끌린 것일까? 그의 감정이 변화되어 그리스도를 다른 무엇보다 귀하게 여기게 되었을까? 아니면 자신의 현재 생활에 보탬이 될 사람들과 장소를 발견한 것일까? 굳이 대답하지 않아도 될 듯하다.

셋째 경우는 한때 그리스도를 고백했지만, 오랫동안 교회와 관계를 유지하지 않은 사람이다. 새로 온 목회자가 그를 방문한다. 그는 미안해하는 태도로 목회자를 친절하게 맞이한다. 목회자는 대화를 나누면서 그의 속된 생활과 열매 없는 삶, 나태한 신앙생활을 지적한다. 그는 자신에 대한 책망이 옳다고 생각한다. 죄가 어떤 즐거움을 주든지 그것을 과감하게 포기하고, 그 죄에서 단호하게 돌이켜 올바른 일을 행해야 한다고 인정한다. 겉으로 보면 그의 마음속에서 하나님의 사역이 이루어진 것처럼 보이지만, 좀 더 자세히 관찰해 보면 그의 마음과 감정은 전과 하나도 달라진 것이 없음을 알 수 있다. 사실상 그의 말은 스스로를 단죄하는 결과를 낳을 뿐이다. 그가 자기가 좋아하는 죄를 버리고 그동안 미워해 온 의를 행하겠다고 결심한 이유는 심판을 모면하고 가족의 천국행을 확실히 해두려는 얄팍한 속셈일 뿐이다.[41]

그러나 그는 하나님의 진정한 자녀가 아니었다. 참된 그리스도인이라면 자신을 거스르는 유혹과 정욕에 맞서 싸우는 동안 마음이 변화되었다는 뚜렷한 증거를 보여주고, 삶의 과정에서 그런 증거가 계속 나타나기 마련이다. 참된 그리스도인이 죄에서 돌이키는 이유는 단지 해야 할 올바른 일이 있기 때문이 아니다. 그는 선을 위한 선을 행하지 않는다. 그가 죄를 미워하는 이유는 하나님이 죄를 미워하시기 때문이고, 의를 사랑하는 이유는 그분이 의를 사랑하시기 때문이다. 참된 그리스도인은 단순히 의무감에서 행동하지 않는다. 거듭난 마음에서 자연스레 흘러나오는 경건한 감정에 따라 행동한다.

넷째 경우는 복음을 듣고 그리스도를 믿겠다고 고백한 사람이다. 그는 자신에게 무슨 일이 일어났는지도 모르고, 그것을 어떻게 설명

---

[41] 미주리 주 커크빌에 있는 레이크로드 채플의 찰스 레이터 목사와 대화를 나누면서 이 이야기를 처음 들었다.

해야 할지도 모른다. 단지 무엇인가가 달라졌다는 것, 곧 자기 자신이 전과는 다르다는 것만 느낀다. 그는 이전의 삶을 새로운 관점에서 바라보기 시작한다. 전에 자신이 기뻐하고 자랑스럽게 여기던 것이 그릇되고 부끄럽게 생각된다. 그는 그리스도께 관심을 기울이고, 그분과 그분의 뜻을 더 많이 알고 싶어한다. 또한 옛 친구들을 멀리하고, 그리스도인과 어울리기를 좋아한다. 그런 식으로 계속 성숙해질 뿐 아니라, 종종 많은 도전과 실패에 직면한다. 그는 하나님의 뜻을 기뻐하지만, 유혹에서 온전히 자유롭지 못하다. 밖으로는 세상과 싸우고, 안으로는 육신과 싸운다. 하나님의 은혜로 승리할 때는 기뻐하고, 실패할 때는 슬퍼한다.

그는 자기 안에서 큰 모순을 발견한다. 설교를 경청하고, 그리스도를 궁극적인 목적으로 삼고 그분 안에서 기뻐할 수 있게 도와주는 신앙서적을 탐독한다. 그러나 그러다가도 어느 순간 마음이 냉랭해져서 그 마음을 다시 뜨겁게 하려고 노력한다. 말씀이 큰 위로를 줄 때도 있고, 좌우에 날 선 검처럼 예리하게 찔러 전에 깨닫지 못한 죄를 드러낼 때도 있다. 신앙생활을 계속해 나가는 동안 하나님이 부모처럼 자신의 삶을 돌보신다는 것을 더욱 생생하게 의식하게 된다. 징계는 가벼울 때도 있지만, 도무지 견딜 수 없을 만큼 가혹하게 느껴질 때도 있다.

때로 신앙생활을 포기하고 싶은 마음도 들지만 그렇게 할 수는 없다. 그리스도를 떠나 산다는 것은 생각조차 할 수 없기 때문에 "상하고, 아프고, 쓰리고, 연약한" 상태로 다시 마음을 돌이킨다.[42] 신앙생활이 앞으로 세 걸음 걸어 나갔다가 뒤로 두 걸음 물러서는 식으로 이루어지는 것처럼 보인다. 죄를 짓지만 죄 가운데 머물지 않으며, 넘어지지만 넘어진 채로 머물러 있지 않는다. 언덕을 걸어올라 갔다가 다시 내려오는 듯한 과정이 반복된다. 이처럼 좋은 경험과 나쁜 경험이 반복되는 것이 회심의 증거다. 참된 그리스도인이라면 누구나 이런 말에 쉽게 공감할 것이다.

이번 장을 마무리하면서 우리가 생각해 봐야 할 질문은 이것이다. "하나님이 우리의 본성을 바꾸시고 감정을 변화시키셨다는 증거가 있는가? 성령께서 우리 안에 거하시면서 하나님의 계명을 지키고, 그분 뜻에 복종할 수 있도록 가르치고, 인도하시며, 힘 주시는 증거가 있는가?"

회심의 본질과 능력을 이해했다면 "하나님이 죄의 심판에서 구원하실 뿐 아니라, 죄의 권세를 극복하는 데 필요한 도움을 반드시 베풀어 주신다"는 위대한 진리를 깨우치려고 노력해야 한다. 하나님은 자기 백성이 자신의 계명을 지키고, 자신의 뜻에 복종하는 데 필요한 모든 것을 제공해 주실 것이다.

---

42) 조셉 하트, "예수님은 누구신가", 새찬송가 96장, 1절.

그러나 그날 후에 내가 이스라엘 집과 맺을 언약은 이러하니 곧 내가 나의 법을 그들의 속에 두며 그들의 마음에 기록하여 나는 그들의 하나님이 되고 그들은 내 백성이 될 것이라 여호와의 말씀이니라 그들이 다시는 각기 이웃과 형제를 가리켜 이르기를 너는 여호와를 알라 하지 아니하리니 이는 작은 자로부터 큰 자까지 다 나를 알기 때문이라 내가 그들의 악행을 사하고 다시는 그 죄를 기억하지 아니하리라 여호와의 말씀이니라(렘 31:33-34).

그들은 내 백성이 되겠고 나는 그들의 하나님이 될 것이며 내가 그들에게 한마음과 한 길을 주어 자기들과 자기 후손의 복을 위하여 항상 나를 경외하게 하고 내가 그들에게 복을 주기 위하여 그들을 떠나지 아니하리라 하는 영원한 언약을 그들에게 세우고 나를 경외함을 그들의 마음에 두어 나를 떠나지 않게 하고 내가 기쁨으로 그들에게 복을 주되 분명히 나의 마음과 정성을 다하여 그들을 이 땅에 심으리라 여호와께서 이와 같이 말씀하시니라 내가 이 백성에게 이 큰 재앙을 내린 것같이 허락한 모든 복을 그들에게 내리리라(렘 32:38-42).

3

참된 회심과 하나님의 새 백성

11
새 언약의 유익을 누리라

여호와의 말씀이니라 보라 날이 이르리니 내가 이스라엘 집과 유다 집에 새 언약을 맺으리라 이 언약은 내가 그들의 조상들의 손을 잡고 애굽 땅에서 인도하여 내던 날에 맺은 것과 같지 아니할 것은 내가 그들의 남편이 되었어도 그들이 내 언약을 깨뜨렸음이라 여호와의 말씀이니라 그러나 그날 후에 내가 이스라엘 집과 맺을 언약은 이러하니 곧 내가 나의 법을 그들의 속에 두며 그들의 마음에 기록하여 나는 그들의 하나님이 되고 그들은 내 백성이 될 것이라 여호와의 말씀이니라(렘 31:31-33).

앞에서 에스겔 36장 22-28절에 기록된 새 언약을 중심으로 거듭남과 회심의 특징을 몇 가지 살펴보았다. 에스겔서 본문은 우리에게 두 가지 중요한 진리를 깨우쳐준다. 첫째, 회심은 우주 창조와 예수 그리스도의 부활에 비견되는 하나님의 초자연적인 사역이다(고후 5:21, 엡 2:5-6). 하나님의 경이로운 사역이 인간의 본성과 감정을 변화시켜 그분의 계명을 지키고, 그분의 율례에 성심껏 복종하게 만든다. 하나님의 사역은 확실하다. 하나님이 자신의 영광을 위해 시작하신 사역을 성령을 통해 온전히 이루실 것이기 때문이다.

둘째, 회심에 관한 성경의 가르침과 현대 복음주의의 견해는 서로 크게 다르다. 오늘날 복음은 몇 가지 영적 법칙으로 축소되었고, 성경과 역사적 복음주의가 지지하는 중요한 교리들조차 철저히 무시되고 있다. 설교자들은 사람들에게 "결신"을 요구하거나 죄인의 기도를 드리게 할 뿐, 성경이 요구하는 회개와 믿음은 좀처럼 언급하지 않는다. 그들은 사람들이 복음의 진리를 옳게 이해하든 말든 크게 개의치 않는다. 또한 그리스도를 "믿기로 결심한" 사람들을 하나님의 가족으로 인정할 뿐, 더 이상 검증하거나 주의를 당부하는 모습은 찾아보기 힘들다. 참된 회심의 증거를 깨우쳐주거나, 성경의 빛에 비춰 스스로가 믿음에 있는지 살펴보라고 가르치는 일도 거의 없다(고후 13:5). 단지 "육에 속한 사람"의 믿음을 독려할 목적으로 다양한 방법론과 제자 훈련 프로그램이 동원될 뿐이다. 그런 프로그램은 생명이 넘치는 기독교를 만드는 데 아무런 효과가 없었다. 그런데도 여전히 수많은 "육에 속한 사람"이 회개하지 않은 상태라는 사실을 선뜻 인정하려 들지 않는다.

예레미야 31장 31-33절은 회심의 본질과 참된 그리스도인의 표징을 좀 더 깊이 이해할 수 있도록 도와준다. 우선 "옛 언약 아래 있던 이스라엘 민족"과 "새 언약 아래 있는 예수 그리스도의 교회"를 비교하고 대조하는 데서 논의를 시작하려고 한다. 앞으로 살펴보겠지만, 아브라함의 혈통을 이어받은 이스라엘 민족은 소수의 남은 자(참 이스라엘)와 다수의 거듭나지 못한 백성으로 구성되었다. 그것이 이스라엘 역사가 우상 숭배와 불순종, 배교로 점철된 이유였다. 그와 대조적으로 예수 그리스도의 교회는 유대인과 이방인을 모두 아우르는 아브라함의 영적 후손들로 구성된다. 교회의 참된 그리스도인은 모두 성령으로 거듭나 하나님의 율법을 받은 사람들이다. 그들에게 하나님의 율법은 돌이 아닌 마음에 기록된다. 그렇기 때문에 참 교회가 가장 혹독한 상황에서도 헌신과 복종과 인내를 포기하지 않을 수 있었다.

옛 언약의 약점

예레미야 31장 31절의 "보라"라는 감탄사는 하나님이 뭔가 극도로 중요한 것에 이스라엘 백성의 관심을 촉구하고 계시다는 것을 뜻한다. 곧 성령의 영감으로 기록된 본문에서 가장 큰 비중을 차지한다는 사실을 전달하는 것이다. 다시 말해, 이 말은 하나님이 아주 중요한 말씀을 전하실 것이기 때문에 다른 활동이나 대화는 모두 중단하고, 그분이 하실 말씀에 모든 관심을 집중할 것을 요구한다.

하나님은 일단 그렇게 이스라엘의 관심을 촉구하셨다. 그런 후 애굽에서 그들을 구원하실 때 맺은 옛 언약을 훨씬 뛰어넘는 새 언약을 맺겠다고 선언하시며 그들의 눈을 미래로 향하게 하셨다. 시내 산에서 체결된 옛 언약도 엄격함, 준엄함, 민족적 한계라는 특성이 있긴 하지만 엄연히 은혜로 맺어진 언약이었다. 그러나 옛 언약의 경륜은 장차 그리스도 안에서 종말을 고할 예정이었다.

현대인이 볼 때, 새 언약의 선언은 그렇게 놀라운 일이 아닌 것처럼 느껴질지 모른다. 그러나 그 말씀을 처음 들은 이스라엘 백성에게는 그야말로 세상을 뒤흔드는 사건이 아닐 수 없었다. 이스라엘 민족과 그들의 역사는 모두 시내 산에서 체결된 언약에 근거했다. 그 언약이 폐지되어 다른 언약으로 대체된다는 말은, 곧 천지가 개벽할 만한 사건을 예고하는 것이나 다름없었다. 그것은 이스라엘의 존재와, 하나님과 그들의 관계를 떠받치는 토대가 다른 것으로 대체될 것이라는 의미였다. 한마디로 단순한 패러다임의 전환을 뛰어넘어 현실 세계가 없어지고 새로운 세계가 도래할 것이라는 선언이었다.

새 언약의 선언이 지닌 혁신적인 의미를 파악하지 못하면 새 언약이 옛 언약보다 우수한 이유는 물론 교회와 참 회심의 본질도 제대로 이해하기 어렵다. 하나님은 예레미야 선지자를 통해 누구도 보거나 듣거나 생각하지 못한 일(고전 2:9), 곧 구하거나 생각하는 것보다 더욱 넘치는 일을 자기 백성 가운데서 행하시겠다고 약속하셨다(엡 3:20).

하나님은 그런 놀라운 말씀을 선언하시고 나서 옛 언약의 약점을 지적하셨다. 그 약점은 하나님의 성품이 불완전하다거나 그분의 섭리가 실패로 끝난 데서 비롯된 것이 아니다. 오히려 옛 언약의 약점은 전적으로 인간과 인간의 실패 때문에 생겨났다. 사도 바울은 "주께서 주의 말씀에 의롭다 함을 얻으시고 판단 받으실 때에 이기려 하심이라"(롬 3:4)고 말했다.

하나님은 그동안 이스라엘 백성에게 구원을 베푸시고 신실하셨던 역사를 옛 언약을 폐지하는 이유로 삼으셨다. 하나님은 친히 그들의 손을 붙잡고, 그들을 애굽에서 이끌어내셨다. 남편이 신부를 맞이하듯 그들과 언약을 맺으시고 그들을 신실하게 돌보셨다. 그러나 이스라엘은 하나님께 충실하지 못했다. 호세아와 고멜의 관계를 통해 예시된 대로 그들은 오히려 음란한 아내처럼 행동했다(호 1:2). 이스라엘은 방탕한 아내가 충실한 남편의 사랑을 외면하고 잦은 불륜을 저질러 그를 수치스럽게 만드는 것처럼 하나님의 언약을 깨뜨렸다. 그들은 남편에게서 도망쳐 다른 남자의 품에 안기는 아내처럼 하나님을 대했다. 그러나 하나님은 그들을 이민족의 포로로 잡혀 가게 하시기 전까지 끊임없이 그들을 다시 거두어 들이셨다. 하나님은 자신이 그들의 하나님이 되고, 그들이 자기 백성이 되어주기를 간절히 원하셨지만, 그들은 그 뜻에 순응하지 않았다.

이스라엘 민족의 끊임없는 불순종은 우리에게 중요한 진리를 깨우쳐준다. 하나님은 옛 언약을 통해 그들을 백성으로 삼으셨지만, 이스라엘에게서 난 자들이 다 이스라엘일 것이라고 생각해서는 안 된다(롬 9:6). 애굽에서 나온 이스라엘 백성은 모두 아브라함의 후손이었지만, 그렇다고 해서 그들이 모두 그리스도인이라는 의미는 아니었다. 성경의 증언은 오히려 그와 정반대다. 남은 자, 곧 믿음으로 거듭나 의롭다 하심을 받은 그리스도인이 더러 있었지만, 대부분은 거듭나지 못한 우상 숭배자였다.

히브리서 저자는 모세를 따라 애굽에서 나온 이스라엘 백성 거의 전부가 불신앙 때문에 광야에서 최후를 마쳤다고 증언했다(히 3:16-19). 왕정시대에도 엘리야 선지자가 "주여 그들이 주의 선지자들을 죽였으며 주의 제단들을 헐어버렸고 나만 남았는데"(롬 11:3. 열왕기상 19장 10, 14절 참고)라고 부르짖을 정도로 이스라엘 가운데 참된 그리스도인이 차지하는 비중은 몹시 적었다. 하나님은 낙심에 빠진 엘리야에게 "내가 나를 위하여 바알에게 무릎을 꿇지 아니한 사람 칠천 명을 남겨두었다"(롬 11:4. 열왕기상 19장 18절 참고)고 말씀하시며 아직도 남은 자들이 있다는 사실을 일깨워주셨다. 그러나 이스라엘 전체에 비하면 그들은 극소수일 뿐이었다. 이런 불행한 현실이 이스라엘 역사의 대부분을 차지했다. 심지어 그리스도께서 강림하셨을 때도 "의롭고 경건"하며, "예루살렘의 속량을 바라는" 참 이스라엘 사람의 수는 매우 미미했다(눅 2:25, 38).

옛 언약 아래 있던 이스라엘 백성에 관한 이런 진실은 매우 중요한 의미를 지닌다. 그들이 저지른 불순종의 행위가 이른바 "명목상의 교회"에서 저지르는 똑같은 행위를 정당화하는 빌미로 종종 이용되기 때문이다.[43] 교회 안에 속된 사람이 대부분이고 경건한 그리스도인은 소수에 불과한 것은 이스라엘 민족의 역사에 근거할 때 지극히 당연한 현상이라고 주장하는 목소리가 있다. 그러나 교회와 이스라엘 민족을 비교하는 것은 잘못이다. 새 언약은 옛 언약과 다르다. 옛 언약에서는 하나님이 아브라함의 혈통을 이어받은 민족을 "자기 백성"이라고 부르셨다. 그러나 그 많은 백성 가운데 진정으로 믿고 거듭난 그리스도인은 극소수였고, 나머지는 거듭나지 못한 육적인 사람들이었다. 육적인 사람들은 지금 영원한 형벌 아래 고통당하고 있다. 그와 달리 새 언약에서는 유대인과 이방인으로 구성된 영적 민족이 하나님의 부르심을 받는다. 그들은 모두 믿고 거듭난 그리스도인이다. 참 교회에는 경건한 남은 자들이 존재하지 않는다. 참 교회 자체가 경건한 남은 자이기 때문이다.

성경은 "명목상의 교회 안에는 항상 그리스도인과 비그리스도인이 섞여 있다"고 가르친다(마 13:24-30, 36-43). 성경과 교회 역사를 돌아보면, 교회가 성경적 복음을 등한시하고 권징을 올바로 행사하지 못할 때 이런 바람직하지 못한 상태가 더욱 심각해진 것을 알 수 있다. 그러나 참 교회는 회개하고 믿고 거듭나 그리스도의 형상을 닮아가는 참된 그리스도인으로만 구성된다. 이것이 옛 언약과 새 언약의 주된 차이다. 우리는 이 사실을 잊지 말고 담대히 선포해야 한다.

새 언약의 영광

하나님은 시내 산에서 십계명을 돌에 새겨, 모세를 통해 이스라엘 백성에게 건네주셨다.[44] 성경은 당시 사건을 이렇게 증언한다.

---

43) "명목상의 교회"(professing church)는 예수 그리스도를 믿는다고 고백하고 기독교를 선택한 사람 모두를 가리키는 표현이다. "명목상의 교회"와 "예수 그리스도의 참 교회"(true church of Jesus Christ)는 동의어가 아니다.

44) "십계명"을 뜻하는 "데칼로그"(Decalogue)는 헬라어 "데칼로고스"(*dekalogos* = *deka* [열] + *logos* [말씀])에서 유래했다. 이런 이유로 "데칼로그"는 종종 "열 가지 말씀"으로 번역된다.

여호와께서 시내 산 위에서 모세에게 이르시기를 마치신 때에 증거판 둘을 모세에게 주시니 이는 돌판이요 하나님이 친히 쓰신 것이더라(출 31:18).

"율법"은 이스라엘 백성을 위한 하나님의 위대한 선물이었다. 그들은 범사에 율법을 통해 유익을 얻어야 했다(롬 3:1-2). 그러나 하나님이 율법을 주시자마자 그들은 그것을 어겼다. 모세가 시내 산에서 율법을 받는 동안, 이스라엘 백성은 금송아지를 만들고 애굽에서 자기들을 구원한 신으로 숭배했다(출 32:1-5). 십계명의 처음 두 계명을 어긴 그들은 온갖 부도덕한 행위를 저질러 스스로를 더럽혔다(출 20:3-6).

그들이 일찍이 일어나 …… 먹고 마시며 일어나서 뛰놀더라(출 32:6).

모세는 이 크나큰 반역 행위를 목격한 순간, 십계명이 기록된 돌판을 산 아래로 던져 깨뜨렸다(출 32:19). 하나님이 이스라엘 백성에게 생명을 주시기 위해 허락하신 율법이 그들에게 정죄와 사망을 가져다주는 매개체가 되고 말았다(신 30:15, 19, 롬 7:9-10). 하나님의 계명을 거듭 어기며 불신앙을 일삼던 이스라엘 백성은 결국 광야에서 운명을 다할 처지에 놓이게 되었다. 히브리서 저자는 이렇게 말했다.

또 하나님이 사십 년 동안 누구에게 노하셨느냐 그들의 시체가 광야에 엎드러진 범죄한 자들에게가 아니냐(히 3:17).

불행하게도, 이스라엘 민족은 매우 자주 불순종을 저질렀다. 이 사실은 세 가지 중요한 진리를 상기시켜준다. 첫째, 율법의 신적 기원과 본질이 명확하게 드러난다. 율법은 인간이나 천사가 만든 것이 아니다. 하나님이 친히 율법을 기록하셨다. 모세는 "그 판은 하나님이 만드신 것이요 글자는 하나님이 쓰셔서 판에 새기신 것이더라"(출 32:16)고 증언했다. 율법은 하나님에게서 기원했기 때문에 그분의 의와 지혜를 충실하게 드러낸다. 사도 바울은 "율법은 거룩하고 계명도 거룩하고 의로우며 선하도다"(롬 7:12)라고 말했다. 따라서 옛 언약의 약점은 율법 자체의 결함과는 전혀 무관하다. 율법이 이스라엘 민족에게 생명을 주지 못한 이유는 타락한 인간의 육신이 연약한 데 있었다(롬 8:3).

둘째, 율법은 하나님의 산에서 취한 돌에 새겨졌다. 돌은 율법의 변하지 않는 본질을 나타낼 뿐 아니라, 율법이 수여된 인간의 마음 상태를 여실히 보여준다. 이스라엘 백성 가운데 대부분은 불순종과 죄로 죽었다(엡 2:1). 그들의 마음은 돌처럼 단단했다. 성령께서 소수의 남은 자, 곧 참된 그리스도인들의 마음을 거듭나게 하셨지만, 나머지 사람들은 주변에 있는 이방인들과 조금도 다르지 않았다. 그들은 고집을 피우며 이방인처럼 하나님 말씀에 귀를 기울이지 않았고(행 7:51), 마음을 금강석 같게 하여 율법을 듣지 않았다(슥 7:12).

율법은 이스라엘 백성의 마음이 아닌 돌에 새겨졌다. 그들 모두에게 율법이 주어졌지만, 대부분 그들 마음속에는 그 율법이 존재하지 않았다. 그들에게 율법은 본성과 소욕을 거스르는 이질적인 요인일 뿐이었다. 그들은 율법에 대한 친화력이나, 그것을 좋아하는 자연스럽거나 자발적인 성향이 없었다. 오히려 율법을 미워했고 거부했다. 그들의 돌 같은 마음 때문에 십계명은 그들을 단죄하는 선고문이 되었고, 생명을 주려고 계획한 것이 도리어 사망을 가져다주었다(롬 7:9-10). 그래서 에스겔 선지자가 성령께서 돌같이 굳은 마음을 살같이 부드러운 마음으로 바꾸어주실 날을 고대한 것이다(겔 36:26).

셋째, 율법(옛 언약)은 모세를 통해 주어졌다. 모세는 경건했지만, 다른 백성과 마찬가지로 죄와 약점을 지닌 인간이었다. 충실한 종으로 하나님의 집을 섬겼지만, 애굽에서 자기를 따라 나온 사람들을 내적으로 변화시키거나 그들의 죄를 속량할 능력은 없었다(히 3:5). 황소와 염소의 피로는 죄를 없앨 수 없고, 예배자의 양심을 온전하게 할 수도 없었다(히 9:9, 10:4). 인간의 육신이 연약한 탓에 율법으로는 사람의 감정과 생각과 행위를 변화시킬 수 없다(롬 8:3). 그래서 하나님이 예레미야 선지자를 통해 "더 좋은 약속으로 세우신 더 좋은 언약"(히 8:6)의 기쁜 소식을 선언하신 것이다.

새 언약은 온전하지만, 옛 언약은 새 언약의 예표이자 그림자에 지나지 않는다. 새 언약은 모세가 하나님의 백성에게 전해 준 옛 언약보다 훨씬 탁월한 것을 요구하면서도 복종할 수 있는 변화와 능력까지 부여한다. 새 언약은 더 이상 돌판, 곧 돌 같은 마음에 기록되어 정죄와 죽음을 가져다주지 않는다. 하나님은 새 언약을 근거로 모세보다 무한히 위대한 중보자를 통해 자기 백성의 죄를 속량하시고, 그들의 마음을 부드럽게 변화시켜 그 마음에 율법을 기록하신다(히 3:1-3).

하나님은 예레미야를 통해 "내가 나의 법을 그들의 속에 두며 그들의 마음에 기록하겠다"고 선언하셨다. 이 말씀은 중생의 교리를 의미한다. 하나님은 강퍅한 사람들에게 단순히 율법을 부과하는 것이 아니라, 그들을 재창조하여 율법에 적합한 사람들로 만드실 생각이셨다. 우리는 이 사실을 이미 에스겔의 예언을 통해 살펴보았다. 하나님은 자기 백성의 돌 같은 마음을 부드러운 마음으로 바꾸실 계획이셨다. 그들은 더 이상 하나님을 대적하거나 그분의 율법을 거역하지 않고, 기꺼이 복종하며 헌신하게 될 것이다. 하나님은 성령의 거듭나게 하시는 사역을 통해 자기 백성 안에 자신의 형상을 회복하실 것이다. 그로 인해 그들의 본성이 변화되는 역사가 일어나고, 그들은 새로운 성향을 소유하게 될 것이다. 하나님은 지워지지 않는 잉크를 사용하여 그분의 손가락으로 직접 그들의 마음에 율법을 기록하실 것이다. 또한 뜻하신 목적을 온전히 이루시기 위해 성령께서 그들 안에 거하게 하셔서 율례를 지켜 행하고, 계명에 성심껏 복종하게 만드실 것이다(겔 36:26-27).

본문에 사용된 언어가 단지 마음을 새롭게 한다는 의미를 조금 부풀려 시적으로 표현한 것이라고 생각하면 큰 오산이다. 하나님이 새 언약을 통해 약속하신 것이 지금 예수 그리스도의 교회 안에서 현실로 나타났다. 그리스도의 몸에 속한 참된 그리스도인은 모두 성령의 초자연적인 사역을 통해 재창조되었다. 그들 모두 존재의 중심이 획기적으로 변화되었고, 그들의 마음속에는 하나님의 율법이 간직되어 있다. 새 언약 안에 있는 자들에게 율법은 더 이상 그들의 본성을 거스르거나 그들이 싫어하는 외적인 도덕률이 아니다. 율법은 그들의 일부가 되었다. 율법은 더 이상 짐이 아니라 기쁨이며, 정죄와 사망의 매개체가 아니라 경건으로 인도하는 효과적인 길잡이다.

이것은 그 자체로 놀라운 복음이다. 그러나 그리스도인과 교회는 여전히 구원이 온전히 이루어질 영화의 단계를 기다리고 있다. 심지어 가장 경건한 그리스도인조차도 그리스도의 재림과 만물의 종말이 이루어질 때까지는 결코 극복할 수 없는 많은 약점과 실패를 안고 있다. 그러나 하나님과 율법의 새로운 관계는 참된 그리스도인과 참된 교회의 명백한 표징이다. 새 언약 안에 있는 하나님의 백성은 더 이상 반역과 불순종을 일삼지 않는다. 그들은 오히려 새로운 마음으로 하나님과 그분의 아들, 그분의 계명을 사랑하는 성향을 뚜렷하게 내비친다. 시편 119편은 그리스도인의 새로워진 본성을 다음과 같이 아름답게 묘사했다.

> 내가 사랑하는 주의 계명들을 스스로 즐거워하며 또 내가 사랑하는 주의 계명들을 향하여 내 손을 들고 주의 율례들을 작은 소리로 읊조리리이다(시 119:47-48).
>
> 주의 증거들로 내가 영원히 나의 기업을 삼았사오니 이는 내 마음의 즐거움이 됨이니이다 내가 주의 율례들을 영원히 행하려고 내 마음을 기울였나이다(시 119:111-112).
>
> 그러므로 내가 주의 계명들을 금 곧 순금보다 더 사랑하나이다 그러므로 내가 범사에 모든 주의 법도들을 바르게 여기고 모든 거짓 행위를 미워하나이다(시 119:127-128).

이스라엘 백성의 끊임없는 불순종을 빌미로 삼아 거듭되는 불순종을 정당화하는 것은, 해석학적으로 매우 불건전할 뿐 아니라 극도로 위험하다. 불순종이 만연한 이유는 새 언약이 옛 언약보다 못하거나, 그와 똑같은 약점을 지니고 있기 때문이 아니다. 무관심과 물질주의와 불순종이 기승을 부리는 이유는 그리스도를 믿는다고 고백하는 사람들 가운데 많은 사람이 실제로 그분께 속해 있지 않기 때문이다. 그리고 "교회"라고 불리는 것들이 살아 있는 참 교회가 아니기 때문이다.

우리는 그리스도의 복음과 그 요구를 축소시켰다. 우리는 교회를 세상처럼 만들었다. 또한 은혜의 값비싼 대가를 강조하지 않았으며, 세상의 부패함을 멀리하라고 외치지 않았다. 우리는 책망의 말이나 교회의 권징을 모두 무시했다. 이런 여러 이유 때문에 믿음의 증거 없이 그리스도인을 자처하는 사람들이 급증한 것이다. "교회"라고 버젓이 간판을 내걸고 있으면서도 신약성경에 계시된 그리스도의 신부를 조금도 닮지 않은 교회가 양산된 것이다.

  성경이 가르치는 중생과 회심을 옳게 이해하는 일이 매우 시급하다. 교회 안에 그리스도를 따르는 충실하고 경건한 그리스도인은 적고, 구원받았다고 자처하면서도 속된 삶을 일삼는 사람만 가득한 현실을 타개해야 한다. 우리는 다시금 "거듭나야 구원받는다!"고 외쳐야 한다. 그리고 새로운 탄생은 반드시 마음이 변화되고, 그 마음에 하나님의 손가락으로 기록된 율법을 즐거워하게 된다는 사실을 분명히 주지시켜야 한다.

12
열매 맺는 새 백성이 되라

나는 그들의 하나님이 되고 그들은 내 백성이 될 것이라(렘 31:33).

하나님은 예레미야를 통해 "내가 나의 법을 그들의 속에 두며 그들의 마음에 기록하겠다"고 말씀하셨다. 앞서 말한 대로 이 말씀은 중생의 사역을 가리킨다. "나는 그들의 하나님이 되고 그들은 내 백성이 될 것이라"는 말씀은 그 사역으로 인한 결과, 곧 하나님의 이름을 믿고 계명을 지켜 행하는 그리스도인들의 공동체와 그분과의 관계를 가리킨다. 새 언약의 백성은 하나님의 율법에 복종할 뿐 아니라 그분께 온전히 헌신하고 충성한다. 그들은 하나님을 자발적으로 자연스럽게 사랑하는 성향을 내비친다. 그리고 하나님은 그들을 "자기 백성"이라고 주장하신다. 하나님은 "진리와 공의로" 그들의 하나님이 되고, 그들은 "영과 진리로" 그분을 예배하는 백성이 된다(슥 8:8, 요 4:23).

자기 백성을 원하시는 하나님

인간이 타락한 이후, 하나님은 줄곧 타락한 인류와 구별된 백성을 세우는 것을 구원의 목표로 삼으셨다. 하나님은 아브라함에게 "내가 너와 네 후손에게 네가 거류하는 이 땅 곧 가나안 온 땅을 주어 영원한 기업이 되게 하고 나는 그들의 하나님이 되리라"(창 17:8)고 말씀하셨다. 또한 모세에게 "내가 이스라엘 자손 중에 거하여 그들의 하나님이 되리니"(출 29:45), "나는 너희 중에 행하여 너희의 하나님이 되고 너희는 내 백성이 될 것이니라"(레 26:12)고 말씀하셨다. 하나님은 이스라엘 백성에게 가장 친밀한 관계를 약속하셨지만, 그들은 그 약속에 적절하게 부응하지 못했다.

선지자들은 그런 그들을 종종 호되게 책망했다. 이사야는 소도 자기 주인을 알고 나귀도 자기 주인의 구유를 아는데, 이스라엘은 하나님의 존귀하심을 알지 못하고 그분과의 관계를 귀하게 여기지 않았다고 외쳤다(사 1:3). 말라기 선지자는 인간 세상에서도 아들은 아버지를, 종은 그 주인을 공경하는데, 이스라엘은 하나님을 공경하거나 두려워하지 않는다고 말했다. 그들은 오히려 하나님의 이름을 멸시하고 그분의 명령을 거부했다(말 1:6). 느헤미야서를 보면, 이스라엘 백성이 오랫동안 하나님을 거역하고 불순종을 일삼아온 죄를 한목소리로 고백하는 내용이 나온다. 그들은 하나님의 율법을 등지고, 그분께 돌아오라고 권고하는 선지자들을 죽였다고 고백했다(느 9:26).

하나님은 그들과 언약을 맺으시고 특별한 방법으로 자신을 그들에게 나타내셨다. 그러나 성경은 그들을 고집이 세고, 이방인처럼 하나님의 말씀에 귀를 기울이지 않으며, 항상 성령을 거스르는 백성으로 묘사했다(행 7:51). 그런 강퍅한 불순종은 하나님을 근심하시게 만들었다. 그분은 그런 그들에게 "그들이 항상 이 같은 마음을 품어 나를 경외하며 내 모든 명령을 지켜서 그들과 그 자손이 영원히 복 받기를 원하노라"(신 5:29)고 말씀하셨다.

이스라엘 백성과 처음 언약을 맺으실 때부터 하나님은 그들이 자신을 공경하고 계명을 지키길 바라셨다. 그리하여 영원히 복을 누리는 백성이 되기를 바라셨다. 구약성경을 읽어보면 하나님의 그런 갈망이 약속의 형태로 주어진 것을 알 수 있다. 모든 일을 그분의 기쁘신 뜻대로 행하시는 하나님은, 세상에서 그분의 소원을 확실하게 이루실 생각이셨다(엡 1:11). 그분은 자신을 하나님으로 믿고 따르는 백성을 모으시고, 그들의 돌 같은 마음을 제거하고 새로운 마음을 주어 자신의 뜻에 복종하게 하실 계획이셨다. 우리는 예레미야서와 에스겔서에서 이런 약속의 말씀을 발견할 수 있다.

> 내가 여호와인 줄 아는 마음을 그들에게 주어서 그들이 전심으로 내게 돌아오게 하리니 그들은 내 백성이 되겠고 나는 그들의 하나님이 되리라(렘 24:7).
>
> 그들에게 이르기를 주 여호와께서 이같이 말씀하시기를 내가 이스라엘 자손을 잡혀 간 여러 나라에서 인도하며 그 사방에서 모아서 그 고국 땅으로 돌아가게 하고 그 땅 이스라엘 모든 산에서 그들이 한 나라를 이루어서 한 임금이 모두 다스리게 하리니 그들이 다시는 두 민족이 되지 아니하며 두 나라로 나누이지 아니할지라 그들이 그 우상들과 가중한 물건과 그 모든 죄악으로 더 이상 자신들을 더럽히지 아니하리라 내가 그들을 그 범죄한 모든 처소에서 구원하여 정결하게 한즉 그들은 내 백성이 되고 나는 그들의 하나님이 되리라 내 종 다윗이 그들의 왕이 되리니 그들 모두에게 한 목자가 있

을 것이라 그들이 내 규례를 준수하고 내 율례를 지켜 행하며(겔 37:21-24).

하나님은 처음부터 자기 백성을 원하셨지만, 이스라엘 백성은 그 일에 적합하지 못했다. 그런 현실은 문제의 해결책이 "인간"이 아닌, "하나님의 지혜와 주권과 권능"에 있음을 보여준다. 인간에게 불가능한 것이 하나님께서는 얼마든지 가능하다(마 19:26, 막 10:27, 눅 18:27). 타락으로 인해 도덕적으로 부패한 인류 가운데서 하나님의 백성을 불러 모으는 일은 우주 창조 못지않은 기적이다. 세상이 창조될 때 아무 형체가 없는 허공을 맴도셨던 성령께서 하나님의 새로운 백성이 될 사람들의 마음속에서 맴도실 것이다. 그리하여 가증스럽고 부패한 인류로부터 그들을 거룩하게 구별하셔서 살아 계신 하나님의 자녀로 거듭나게 하실 것이다(창 1:2).

하나님의 소원이 이루어지다

이 사역은 믿기 어려울 정도로 놀랍다. 그러나 하나님이 새 언약을 통해 약속하신 것이고, 그리스도인과 참 교회가 날마다 경험하는 현실이다. 하나님은 그리스도의 속죄 사역과 성령의 거듭나게 하시는 사역을 통해 마침내 새로운 백성을 만드셨다. 그분은 그들의 돌 같은 마음을 제거하시고, 살같이 부드러운 마음을 주셨다. 그 결과 그들은 "택하신 족속이요 왕 같은 제사장들이요 거룩한 나라요 그의 소유가 된 백성", 곧 "어두운 데서 불러내어 그의 기이한 빛에 들어가게 하신 이의 아름다운 덕을 선포"하는 백성이 되었다(벧전 2:9).

이것이 옛 언약 아래 있던 이스라엘 민족과 새 언약 아래 있는 예수 그리스도의 참된 교회의 가장 뚜렷한 차이다. 이스라엘 민족은 아브라함의 혈통을 이어받은 후손들로 구성되었다. 그러나 그들 가운데 대부분은 "육에 속한 사람", 곧 성령이 없는 자연인일 뿐이었다(고전 2:14, 3:3). 그들은 아담의 타락한 형상을 고스란히 짊어지고 부패한 마음에 속박되어 육체의 욕심을 따라 살았다(창 5:3, 요 8:33-34, 엡 2:3). 아브라함의 믿음을 물려받은 사람은 거의 없고, 거듭나지 못하고 불신앙과 불순종을 일삼는 사람이 대부분이었다. 사도 바울은 로마의 신자들에게 이스라엘에게서 난 자들 가운데 대부분이 이스라엘 사람이 아니라고 말했다(롬 9:6-8).

그와 달리 새 언약 아래 있는 참 교회는 "각 족속과 방언과 백성과 나라 가운데에서" 불러 모은 사람들로 구성된다(계 5:9). "거기에는 헬라인이나 유대인이나 할례파나 무할례파나 야만인이나 스구디아인이나 종이나 자유인" 사이에 아무런 차별이 없다(골 3:11). 그들이 하나가 된 것은 아브라함의 후손으로서 혈통이 같기 때문이 아니라, 같은 믿음을 소유했기 때문이다. 그들은 성자에 관한 성부의 증언을 믿었기 때문에 그 믿음으로 의롭다 하심을 받았다(창 15:6, 롬 4:3, 16, 갈 3:6, 약 2:23). 그들은 하나님이 족장들과 세상에 하신 약속이 그리스도를 통해 모두 성취되었다고 믿는다.[45]

새 언약의 백성을 하나로 묶는 것은 단지 공통된 소명, 신조, 윤리

---

45) "하나님의 약속은 얼마든지 그리스도 안에서 예가 되니 그런즉 그로 말미암아 우리가 아멘 하여 하나님께 영광을 돌리게 되느니라"(고후 1:20). "내가 말하노니 그리스도께서 하나님의 진실하심을 위하여 할례의 추종자가 되셨으니 이는 조상들에게 주신 약속들을 견고하게 하시고 이방인들도 그 긍휼하심으로 말미암아 하나님께 영광을 돌리게 하려 하심이라 기록된 바 그러므로 내가 열방 중에서 주께 감사하고 주의 이름을 찬송하리로다 함과 같으니라 또 이르되 열방들아 주의 백성과 함께 즐거워하라 하였으며 또 모든 열방들아 주를 찬양하며 모든 백성들아 그를 찬송하라 하였으며 또 이사야가 이르되 이새의 뿌리 곧 열방을 다스리기 위하여 일어나시는 이가 있으리니 열방이 그에게 소망을 두리라 하였느니라"(롬 15:8-12).

규범만이 아니다. 살아 계신 하나님의 성령께서 참 교회의 모든 지체를 거듭나게 하시고, 그들을 일으켜 세워 새 생명 가운데서 행하게 하신다(롬 6:4). "어두운 데에 빛이 비치라 말씀하셨던" 하나님이 "그리스도의 얼굴에 있는 하나님의 영광을 아는 빛을" 그들에게 비추신다(고후 4:6). 그들은 그리스도를 보고 변화되었고, 자신들이 본 것을 사랑하며, 그분과 영원히 하나로 연합했다. 그들이 하나님을 사모하고 그분의 율법을 즐거워하는 새 백성이 된 이유는 성령께서 그들을 거듭나게 하셨기 때문이다. 그들은 그리스도 안에서 새로운 피조물이 되었다. 이전 것은 지나가고 새 것이 되었다(고후 5:17).

교회를 비난하는 말, 어떻게 받아들여야 할까?

그리스도인과 비그리스도인을 막론하고 사람들은 종종 교회가 세상과 마찬가지로 많은 약점을 지니고 있다고 비난한다. 역사가들은 십자가 운동에서 종교 재판에 이르기까지 교회가 역사 속에서 저지른 수많은 잔학한 행위를 지적한다. 또한 현대의 여론조사 기관은 성적 부도덕, 독선, 탐욕, 증오, 거짓 등 일반 사회에서 발견되는 온갖 악덕이 교회 안에도 넘쳐나고 있다는 통계를 제시한다. 게다가 예언자를 자처하는 사람들은 교회를 가증하다고 질타하며 "소돔과 고모라", "방탕한 창녀" 등 온갖 험한 말로 교회를 지칭한다. 그러나 이 모든 비난은 사실이 아니다. 그것은 성경이 말하는 교회를 바르게 이해하지 못한 신학적 오류에서 비롯된 것이다. 다시 말해, 교회와 관계를 맺고 있지만 구원자이신 주님과는 아무런 관계도 맺고 있지 않은 사람들이 저지른 잔학한 행위를 참 교회의 탓으로 돌리고 있다는 것이다.

첫째, 교회가 역사 속에서 저지른 잔악 행위를 생각해 보자. 그 대표적인 사례가 종교재판소다. 역사가들에 따르면, 교황 그레고리우스 9세가 종교재판소를 설립했다. 종교재판소는 이탈리아 북부와 프랑스 남부에서 주로 활동하면서 이단을 색출하는 역할을 한 교회의 사법기관이었다. 1542년 종교재판소는 "개신교"라는 새로운 적에게 관심의 화살을 돌렸다. 중요한 사실은 종교재판소가 로마 가톨릭 교회로 알려진 종교 단체의 사법기관이었다는 점이다. 그런데 어떻게 교회를 박해하던 이단적인 종교 기관이 저지른 만행을 참 교회 탓으로 돌릴 수가 있단 말인가? 그리스도를 믿는 믿음의 진위는 행위로 입증된다(마 7:21-23, 약 2:18-19). 이 원칙은 참 교회를 자처하는 종교 기관의 경우에도 똑같이 적용된다. 예수님은 "그 열매로 나무를 아느니라"(마 12:33)고 말씀하셨다.

둘째, 교회가 세속 문화 못지않게 부도덕하다고 주장하는 여론조사 기관의 통계를 살펴보자. 이것은 매우 중대한 사안이다. 교회가 여론조사 기관이 주장하는 대로 악덕에 치우쳐 있다면, 교회가 오늘날과 같은 불경한 세대보다 나은 점이 없다면, 성경의 무오성과 기독교의 순전성이 크게 문제시될 수밖에 없다. 구약성경에 기록된 새 언약은 하나님이 유대인과 이방인에게서 경건한 백성(하나님을 공경하고 그분께 복종하는 백성)을 불러 모으실 것이라고 약속했다. 교회가 세상보다 경건하거나 순종적이지 않다면, 그 약속은 실패로 끝나게 되는 셈이다. 그러나 우리는 하나님이나 그분의 말씀이 실패했다고 생각하지 않는다. 예수 그리스도의 참 교회는 신실하고, 경건하며, 열매를 맺고, 주님의 형상을 닮아가고 있다. 교회는 여전히 죄와 싸우며 항상 은혜가 필요하지만, 불경하고 부도덕한 주변 문화와는 뚜렷하게 대조된다. 여론조사 기관의 치명적인 결함은 그리스도를 믿는다고 자처하는 사람들이 모두 참된 그리스도인이고 "교회"라는 간판을 내건 조직을 모두 참 교회로 전제하는 데 있다.

여론조사 기관이 잘못을 저지르는 이유는 잘못 선정된 조사 대상을 근거로 결론을 도출하기 때문이다. 복음주의 안에 가장 널리 퍼져 있는 오류 가운데 하나는 그리스도인을 자처하는 사람들이 성경과 역사적 기독교와는 전혀 무관한 신념이나 실천 행위를 주장하고 있다는 것이다. 그들은 그리스도께 충성을 고백하지만 그들의 교리나 윤리, 삶의 방식을 살펴보면 도저히 그리스도인이라고 말하기 어렵다. 따라서 그들이 교회를 대표한다고 믿거나, 그들의 견해와 실천 행위에 따라 교회에 관한 결론을 도출하는 것은 전적으로 불합리하다. 이 문제의 진실을 파악하는 데 도움이 될 만한 사례를 살펴보자.

예수 그리스도의 부활이 기독교의 핵심 교리라는 것은 굳이 설명하지 않아도 될 것이다. 성경이나 역사적 신앙의 기준에 따르면, 이 교리를 온전히 믿지 않는 사람은 그리스도인으로 간주될 수 없다. 따라서 그리스도인을 자처하는 1,000명에게 여론조사를 실시해 부활을 믿지 않는 사람이 75퍼센트에 달한다는 사실을 발견했다고 해서, 전체 그리스도인 가운데 75퍼센트가 부활을 사실로 믿지 않는다는 결론을 도출하는 것은 논리적으로 옳지 않다. 오히려 스스로를 그리스도인으로 믿고 있는 사람들 가운데 75퍼센트가 참된 그리스도인이 아니라고 결론짓는 것이 더 논리적이다.

이번에는 증오와 분쟁과 다툼으로 악명이 높은 동네 교회가 있다고 가정해 보자. 월례회를 하는 동안 교인들은 두 패로 나뉘어 서로 격렬한 말다툼을 벌이기 시작한다. 월례회 장소에서 고성과 분노와 욕설과 위협이 난무한다. 마침내 한 경건한 그리스도인이 일어나 "우리는 그리스도인입니다. 그러니 서로를 미워해서는 안 됩니다!"라고 소리친다. 그러나 그가 "우리는 서로를 미워합니다. 그러니 우리는 그리스도인이 아닙니다!"라고 말했더라면, 훨씬 정확했을 것이다.[46]

참 교회는 주변 문화처럼 부도덕하거나 불경건하지 않다. 비록 아직 영화롭게 되지 않았지만, 참 교회는 거룩함과 헌신, 복종의 삶을 실천한다. 때로 죄를 짓고 실족하는 일이 있더라도 상한 마음으로 뉘우치며, 하나님과 사람 앞에서 기꺼이 죄를 인정한다. 그러지 않고도 자신을 그리스도인으로 생각하는 사람이 있다면, 그는 교회의 본질이나 새 언약의 위대함을 전혀 모르는 것이나 다름없다.

셋째, 이번에는 교회를 가증하다고 질타하며 "소돔과 고모라", "방탕한 창녀" 등 온갖 험한 말로 교회를 언급하는 자칭 예언자들의 주장을 생각해 보자. 오늘날 사람들이 "교회"라고 일컫는 장소에서 온갖 가증스러운 것과 음란한 것을 보게 될 때가 있다. 비그리스도인 사이에서도 흔하지 않은 부도덕한 일이 "교회"라는 간판을 내건 곳에서 종종 발견된다. 혹시나 입이 더러워질지도 몰라 말하기조차 부끄러운 일들이 버젓이 일어나고 있다(고전 5:1, 엡 5:12). 그러나 그리스도의 참 신부는 그런 행위를 저지르지 않는다. 그것은 양의 탈을 쓴 늑대, 알곡과 함께 자라는 가라지가 저지르는 행위다(마 7:15, 13:24-30, 36-43).

물론 참 교회도 죄에서 온전히 자유롭지 못하며, 잠시 세상일에 얽매일 수 있다. 참된 그리스도인도 죄에 맞서 싸우다가 심각한 잘못을 저지를 수 있다. 그러나 참 교회나 참된 그리스도인은 부도덕하고 불

---

46) 이 일화는 찰스 레이터 목사에게 전해들은 것이다.

경스러운 세상 문화를 좇아 살지 않는다. 장미는 다른 이름으로 불려도 여전히 장미다. 이름에 상관없이 장미의 특성을 그대로 간직하고 있기 때문이다. 그러나 이름은 "장미"로 불려도 실상은 엉겅퀴인 경우가 있다. 우리는 그리스도를 고백하며 교회와 공적인 관계를 맺고 있는 사람들과, 그리스도의 몸에 속한 참된 그리스도인들을 구별해야 한다.

따라서 교회를 비난하는 예언자들은 섣부른 평가를 자제하고, 교회를 지칭하는 표현을 삼가야 한다. 염소의 행위를 양에게 뒤집어씌우거나, 가라지를 없애려고 알곡까지 불사르는 일이 있어서는 안 된다. 그리스도의 신부를 "소돔과 고모라"로 지칭하거나 "창녀"라고 욕하는 것은 참으로 두려운 일이 아니겠는가? 물론 구약성경에서 이스라엘 민족을 지칭할 때 그런 표현이 더러 사용된 적이 있다. 그러나 그것은 이방인들의 행위보다 못한 행위를 일삼는 사람들을 일컫은 말이다. 그리스도의 신부인 참 교회를 향해 그런 험한 말을 남발해서는 안 된다. 훌륭한 남자라면, 다른 사람들이 자신의 아내를 음탕하고 불결한 창녀와 같다고 비난할 때 묵묵히 뒷짐을 지고 있지 않을 것이다. 그렇다면 그리스도께서도 자신의 사랑스러운 신부를 그런 식으로 비난하는 행위를 당연히 용납하지 않으시지 않겠는가? 교회의 죄를 질책하더라도 교회가 누구에게 속했는지, 또 누구를 향해 그런 말을 하고 있는지를 결코 잊지 말라.

바울은 예언하는 자들에게 교회를 향해 말할 때는 덕을 세우며, 권면하고, 위로하는 말을 하라고 당부했다(고전 14:3). 교회가 행하지도 않은 죄를 꾸짖거나, 부적합한 표현으로 교회를 모욕해서는 안 된다. 우리는 "경건한 열심"으로 교회를 정결하게 하기 위해 노력해야 한다.

그리고 항상 교회가 그리스도의 신부라는 사실을 기억하고, 말을 가려야 한다(고후 11:2). 우리는 교회를 "정결한 처녀"로 그리스도께 바치기 위해 최선의 노력을 기울여야 하고, 교회를 강압하거나 거칠게 다루어서는 안 된다.

교회가 세속화된 이유

이 시점에서 생각해 봐야 할 몇 가지 중요한 질문이 있다. 세상에서 참 교회를 찾아보기 힘든 이유는 무엇일까? 그리스도를 믿는다고 자처하면서도 그분의 열매를 맺지 못하는 사람이 많은 이유는 무엇일까? 왜 현대 복음주의 교회 안에 대부분이 육에 속한 사람이고, 경건한 자는 소수일까? 이 질문들에 일일이 대답하려면 책 한 권을 더 써도 모자랄 것이다. 여기에서는 몇 가지 대답을 제시하는 것으로 만족하기로 하자.

첫째, 교회 안에 육에 속한 사람이 많은 이유는 교회의 강단에서 비성경적인 복음이 전해지고 있기 때문이다. 앞서 말한 대로, 우리는 예수 그리스도의 복음을 사람들이 쉽게 받아들일 수 있는 몇 가지 신조로 축소시켰다. 그리고 사람들이 거리낄 만한 복음의 혁신적인 요구를 없앴다.

모든 피조물 위에 뛰어나신 하나님의 존귀하심과 탁월하심을 경시하고, 인간을 무대의 중심에 올려놓았다. 우리는 인간의 전적 타락이나 죄의 가증한 본성을 언급하여 양심에 상처를 입히는 일을 가급적 피해야 한다고 생각한다. 게다가 "회개하고 믿으라"는 명령에 따르는 대신 죄인의 기도를 되풀이하고 있다. 교회는 회심의 증거에는 무관심한 채, 구원의 확신을 심어주기에 급급하다. 제자도의 값비싼 대가

나 거룩한 삶을 강조하는 말은 거의 찾아보기가 어렵다. 이것이 회개하지 않은 육에 속한 사람들이 시온을 자기 것이라고 주장하는 이유다. 그리고 양심의 고통이나 정신적 고뇌 없이 그 안에 안주하게 되는 이유이기도 하다.

둘째, 교회 안에 육에 속한 사람이 많은 이유는 회심에 관한 우리의 잘못된 관점 때문이다. 중생은 거의 잊힌 교리로 전락했고, "거듭나다"라는 표현은 "그리스도를 위한 결신"이나 "죄인의 기도를 드리는 것"으로 대체되었다. 더욱이 진정으로 거듭난 사람도 평생 속된 삶을 살 수 있다고 믿는 사람이 많다. 교회는 속된 것을 용납할 뿐 아니라, 마치 그것을 당연한 현상으로 기대하는 듯하다.

중생은 "성령의 초자연적인 재창조 사역"이라는 혁신적인 속성을 지니고 있지만, 사람들은 그 점을 이해하지 못하는 것 같다. 복음의 능력은 회심한 사람들로 하여금 죄를 정복하여 예수 그리스도의 형상을 닮게 만든다. 그러나 사람들은 더 이상 이러한 복음의 능력을 믿지 않는 것처럼 보인다. 설교자들은 "회개하고 하나님께로 돌아와서 회개에 합당한 일을 하라"(행 26:20)고 요구한 사도적 메시지를 좀처럼 전하지 않는다. 강단에서 능력이 사라진 이유는 "택하심을 굳게 하라"고 강력히 권고하지 않기 때문이다(벧후 1:10). 우리는 우리 자신이 믿음 안에 있는지 스스로 살펴볼 필요가 없다고 생각한다(고후 13:5). 육에 속한 사람은 세상에 마음을 온통 빼앗긴 상태이면서도 장차 천국에 갈 것이라고 확신하며 시온의 노래를 부른다.

대각성 운동이 일어나기 전만 해도 겉으로는 경건해 보이나 실제로는 육에 속한 사람이 교회를 가득 메우고 있었다. 그들은 세례나 입교 의식을 거쳤고 예의바르게 살아가고 있다는 이유만으로 자신의 구원을 확신했다. 자신이 철저한 기독교 국가의 시민이자 온전한 그리스도인으로 살아가고 있다고 믿었다. 그러나 하나님은 조지 휘트필드, 존 웨슬리, 찰스 웨슬리, 하웰 해리스, 대니얼 롤랜드와 같은 사람들을 세워 그들의 메시지를 통해 잉글랜드와 웨일즈를 송두리째 흔들어 놓으셨다. 그들이 전한 복음의 능력은 죄의 정죄는 물론, 죄의 권세에서 사람들을 구원하는 하나님의 능력이라는 확신에서 비롯했다. 그들은 중생이 가장 사악한 죄인도 살아 계신 하나님의 성도로 바꾸어놓을 수 있는 기적의 사건이라고 가르쳤다. 그들의 설교가 사람들의 양심을 일깨우자 교회 안에 있는 육에 속한 사람들은 자신들의 구원 확신이 거짓이라는 사실을 깨달았다. 그 결과 그들은 서둘러 갈보리로 달려가는 사람들과, 크게 분통을 터뜨리며 자신이 지닌 믿음의 진정성과 회심의 타당성을 문제시하는 설교자들을 공공연히 적대시하는 사람들로 나뉘어졌다.

    오늘날에도 부흥과 개혁이 일어난다면, 그와 같은 현상이 나타나야 한다. 조지 휘트필드 당시에 육에 속한 사람은 세례와 입교를 구원을 확신하는 근거로 삼았다. 우리 시대에도 육에 속한 사람은 한때 예수님을 믿기로 진지하게 결심했고 죄인의 기도를 드렸다는 이유로 자신의 구원을 확신한다. 회심의 증거를 확인하거나, 적절한 가르침이나 복음의 경고를 전하지 않고 그들을 하나님의 가족으로 받아들이는 설교자들의 태도는 그들의 거짓된 구원 확신을 강화시킨다. 우리가 복음주의 교회로 알고 있는 장소에서 부흥과 개혁이 일어나기를 갈망한다면, 강단에서 "거듭나야 한다!"는 외침이 터져 나와야 한다. 물론 중생의 진리를 전하려면, 그것이 무엇을 의미하는지부터 알아야 한다.

셋째, 교회 안에 육에 속한 사람이 많은 이유는 교회가 문화적 적절성을 내세워 그릇된 메시지를 전하기 때문이다. 사람들을 그리스도께 인도하려면, 교회가 되도록 문화적으로 세상과 닮은꼴을 취하는 것이 좋다는 잘못된 생각이 만연하다. 우리는 그런 생각을 앞세워 우리의 관습과 예배 방식, 사역의 초점을 다르게 바꾼다. 그리고 속된 사람들이 우리에게 관심을 기울일 수 있도록 그들이 관심을 기울이는 일에 초점을 맞춘다. 이것은 잘못된 생각이다. 세상 사람들처럼 행동하고, 그들처럼 보이고, 그들과 관심을 공유한다고 해서 교회가 이 시대에 들어맞게 되는 것은 아니다. 교회가 적실성을 유지하려면 그리스도께 온전히 복종하려고 노력하고, 그분이 우리의 관심과 행위, 겉모습을 변화시켜주셔야 한다. 어떤 것에 소금을 뿌리면 소금이 그것에 영향을 준다. 그것이 소금의 고유한 특성이다. 또한 빛은 어둠과 구별되는 뚜렷한 속성이 있다.

사람들이 그리스도께 나오지 않는 이유는 우리가 교회를 허영으로 가득 찬 장터나 스포츠 경기장, 오락장으로 바꾸어놓았기 때문이다. 속된 사람들의 관심을 끌기 위해 속된 수단을 사용하기 시작하면, 그들을 붙잡아두기 위해 그 수단을 계속 유지할 수밖에 없다. 처음 제공한 메뉴를 도중에 좀 더 신령한 메뉴로 바꾸기는 매우 어렵다. 올바른 복음을 선포하여 성령의 초자연적인 역사가 일어나지 않으면, 사람들은 하늘에서 오는 양식을 알아보는 미각을 지닐 수 없다(요 6:26, 35).

더욱이 육에 속한 사람들을 돌보느라 신경을 쓰다 보면 참된 그리스도인들이 굶어죽는 사태가 빚어질 수 있다. 참된 그리스도인들은 오락이 아니라 진정한 예배를 열망한다. 그들은 재미있는 예화나 도덕적인 이야기나 삶의 원리만 듣고서는 살아남을 수 없다. "하나님의 말씀"이라는 신령한 젖과 고기를 원한다(히 5:14, 벧전 2:2). 그들은 자신의 필요 욕구에는 그다지 큰 관심이 없다. 하나님을 섬기는 일과 복종하는 법을 배우고 싶어한다. 그들은 귀를 간질이거나 자긍심을 부추기는 말을 원하지 않는다. 그리스도의 형상을 본받길 원한다. 그들은 문화적 적실성에 초점을 맞춘 가르침을 갈망하지 않는다. 하나님과 그분이 보내신 예수 그리스도를 알고 싶어한다(요 17:3). 속된 사람들을 불러 모으고, 육에 속한 사람들의 필요를 채워주는 데만 관심을 기울이며, 정작 그리스도의 양떼는 먹이지도, 돌보지도 않은 채 방치하는 목회자와 장로와 교사들은 장차 준엄한 심판을 받을 것이다.

넷째, 교회 안에 육에 속한 사람이 많은 이유는 교회의 권징을 통해 하나님께 복종하는 법을 가르치지 않았기 때문이다. 신약성경은 권징을 교회의 중요한 사역으로 다루고 있지만, 오늘날은 그것을 크게 오해하고 있다(마 18:15-20, 고전 5:1-5, 살후 3:6, 14). 오늘날 교회의 권징을 반대하는 가장 큰 이유는 권징이 사랑이 결여된 판단 행위라는 생각 때문이다. 그러나 권징을 가르치신 분은 바로 우리 주님이다. 이런 사실을 지적하는 것만으로도 그런 생각이 얼마나 잘못되었는지 알 수 있다. 권징이 사랑 없는 행위라면, 권징을 가르치신 주님이 사랑 없는 분이라는 의미밖에 되지 않겠는가? 흠을 잡기 위해 비판적인 태도로 판단을 일삼는 것은 잘못이지만, 필요한 경우에는 적절한 판단을 통해 속된 그리스도인을 교회에서 제거해야 한다(마 7:1-5, 15-20, 고전 5:13). 우리가 마지막 날에 천사들을 판단할 수 있다면(고전 6:3), 지금 이 세상에서 교회와 교회의 건강에 영향을 끼칠 일을 얼마든지 판단할 수 있지 않겠는가?

회개하지 않은 죄를 꾸짖지 않는 것을 사랑이라고 자랑하는 것은 옳지 않다. 적은 누룩이 온 덩어리에 퍼진다는 사실을 알지 못하는가?(고전 5:6) 죄가 교회에서 기승을 부려 하나님의 이름이 비그리스도인들 가운데서 모욕을 받는다면, 과연 그것이 그분을 사랑하는 것일까?(롬 2:24) 습관적인 죄에 얽매여 생명을 잃도록 방치하는 것이 그리스도 안에서 형제들을 사랑하는 행위일까? 스스로의 안위를 위해 갈등을 피하고, 오로지 나만 사랑하는 것이 과연 진정한 사랑일까?

열매 맺는 삶으로, 하나님의 백성으로

교회가 "하나님의 소유"이자 "그리스도의 신부"라는 사실을 기억하라. 우리는 우리 눈에 옳게 보이는 대로 행할 권한이 없다. 우리는 그리스도의 주님 되심에 복종하고, 그분의 말씀에 따라 교회를 돌보아야 한다. 그리고 하나님의 방식으로 그분의 백성을 섬겨야 한다.

오늘날에는 진정한 복음이 전파되는 경우를 찾아보기가 매우 어렵다. 구원받지 못했는데도 편안한 마음으로 예배당에 앉아 있는 사람이 얼마나 많은지 아는가? 하나님의 양떼는 말씀과 참된 예배와 경건한 교제를 갈망하며 날로 쇠약해져 가는데, 육에 속한 사람들을 기쁘게 하는 데만 급급한 교회가 얼마나 많은지 아는가? 그리스도를 믿는다고 주장하지만 그분과 아무 관계도 없는 육에 속한 사람들을 보고 그리스도와 교회를 비난하는 비그리스도인이 많다. 그런 사람들 때문에 하나님의 이름이 얼마나 자주 비그리스도인들 가운데서 모욕을 받는지 아는가?

회심은 성령의 초자연적인 사역으로 지속적인 성화와 열매 맺는 삶으로 이어지기 마련이다. 우리는 성경이 가르치는 참된 회심을 회복해야 한다. 또한 성경은 교회를 구원받은 그리스도인들, 곧 그리스도를 아는 것 말고는 아무것도 바라지 않는 경건한 그리스도인들의 공동체라고 가르친다. 우리는 그런 성경적 교회관을 회복해야 한다. 속된 사람들의 호기심과 관심을 사로잡기 위해 교회를 허영이 가득 찬 장터로 보이게 만들려는 시도를 당장 그만두어야 한다. 하나님은 자신을 하나님으로 알고 섬기는 백성을 세우기로 작정하셨다. 그분은 영광스러운 복음의 선포와 성도의 증언, 곧 하나님의 흠 없는 자녀로서 어그러지고 거스르는 세대 가운데 빛들로 나타나는 그리스도인들의 순전하고, 거룩하고, 사랑이 넘치는 삶을 통해 그 일을 이루시기로 결정하셨다(빌 2:15).

13
하나님을 아는 확실한 지식을 따라 살라

> 그들이 다시는 각기 이웃과 형제를 가리켜 이르기를 너는 여호와를 알라 하지 아니하리니 이는 작은 자로부터 큰 자까지 다 나를 알기 때문이라 내가 그들의 악행을 사하고 다시는 그 죄를 기억하지 아니하리라 여호와의 말씀이니라(렘 31:34).

본문은 교회의 모든 지체가 하나님을 아는 참된 지식을 갖게 될 것이라는 놀라운 예언이다. 우리는 이것을 비유나 과장이 아니라, 신약시대 그리스도인들을 통해 성취된 구약성경의 예언으로 확신한다. 히브리서 저자는 이 예언을 예수 그리스도의 교회에 적용하여 사실로 확증했다.

> 또 각각 자기 나라 사람과 각각 자기 형제를 가르쳐 이르기를 주를 알라 하지 아니할 것은 그들이 작은 자로부터 큰 자까지 다 나를 앎이라 내가 그들의 불의를 긍휼히 여기고 그들의 죄를 다시 기억하지 아니하리라(히 8:11-12).

옛 언약 아래에서의 무지

이 약속의 의미를 이해하려면 먼저 문맥을 이해해야 한다. 옛 언약 아래에서는 하나님을 아는 지식이 비교적 몇몇 개인에게 국한되었던 것처럼 보인다. 그 가운데는 선지자, 제사장, 서기관을 비롯해 왕도 포함되어 있었다. 그들은 그 지식에 대한 책임을 지고, 언약 공동체인 이스라엘 백성에게 그것을 가르쳐야 했다. 그러나 그 일은 매우 버거운 일이었다. 백성의 수도 많고, 그들이 영적으로 눈이 먼 상태인데다 마음이 몹시 강퍅했기 때문이다. 옛 언약 아래 있던 그들은 스스로 끌어들인 무지 때문에 자주 하나님께 큰 책망을 들어야 했다.

> 이스라엘 자손들아 여호와의 말씀을 들으라 여호와께서 이 땅 주민과 논쟁하시나니 이 땅에는 진실도 없고 인애도 없고 하나님을 아는 지식도 없고(호 4:1).
>
> 내 백성은 나를 알지 못하는 어리석은 자요 지각이 없는 미련한 자식이라 악을 행하기에는 지각이 있으나 선을 행하기에는 무지하도다(렘 4:22).
>
> 대저 이는 패역한 백성이요 거짓말 하는 자식들이요 여호와의 법을 듣기 싫어하는 자식들이라 그들이 선견자들에게 이르기를 선견하지 말라 선지자들에게 이르기를 우리에게 바른 것을 보이지 말라 우리에게 부드러운 말을 하라 거짓된 것을 보이라 너희는 바른 길을 버리며 첩경에서 돌이키라 이스라엘의 거룩하신 이를 우리 앞에서 떠나시게 하라 하는도다(사 30:9-11).

이런 본문들을 살펴보면 하나님이 종종 선지자들을 부르셔서 말씀에 귀 기울이지 않을 백성에게 가게 될 것이라고 말씀하신 이유를 익히 짐작할 수 있다. 하나님은 이사야에게 마음이 강퍅한 백성, 곧 귀가 둔하고 눈이 흐린 백성에게 가게 될 것이라고 말씀하셨고(사 6:10), 예레미야에게는 자신을 알지 못하는 어리석은 백성이자 아무 지각이 없는 미련한 자식에게 말씀을 전하게 될 것이라고 말씀하셨다(렘 4:22, 10:14). 하나님은 에스겔을 이스라엘 백성에게 보내실 때도 "내가 너를 그들에게 보냈다면 그들은 정녕 네 말을 들었으리라 그러나 이스라엘 족속은 이마가 굳고 마음이 굳어 네 말을 듣고자 아니하리니 이는 내 말을 듣고자 아니함이니라 보라 내가 그들의 얼굴을 마주보도록 네 얼굴을 굳게 하였고 그들의 이마를 마주보도록 네 이마를 굳게 하였으되"(겔 3:6-8)라고 말씀하셨다.

선지자 시대에 이스라엘 백성은 하나님을 아는 지식을 고집스럽게 거부했다. 그들이 지식이 없었던 이유는 하나님이 모습을 감추셨기 때문이 아니었다. 그들의 마음이 강퍅하고, 죄를 사랑하며, "이스라엘의 거룩하신 이"가 자기들을 떠나시기를 바랐기 때문이다(사 30:11). 이스라엘 백성이 유일하고 참되신 하나님을 알지 못한 이유는 그들의 마음이 부패했기 때문이었다. 예레미야는 백성이 무지한 이유가 그들의 어리석음과 악을 행하는 습관 때문이라고 말했고(렘 4:22), 이사야는 강퍅한 마음으로 하나님을 거역하는 태도에 그 원인이 있다고 책망했으며(사 6:10, 30:9), 에스겔은 그들의 완고함과 강퍅함을 엄중히 질타했다(겔 3:7).

사도 바울은 하나님에 대한 무지가 인간의 부패한 마음 때문이라는 사실을 분명하게 지적했다. 다시 말해, 하나님에 대한 인류의 무지는 "불의로 진리를 막는 사람들의 모든 경건하지 않음"(롬 1:18)에서 비롯했다는 것이다. 그렇기 때문에 하나님에 대한 무지가 범죄로 간주되고, 무지한 자가 범죄자로 여겨지는 것이다. 하나님이 이스라엘 백성을 이민족에 포로로 잡혀 가게 하신 이유도 그들의 무지 때문이고, 그들을 버리신 이유도 그들에게 지식이 없었기 때문이다(사 5:13, 호 4:6).

하나님을 아는 지식에 대한 약속

하나님은 새 언약에 관한 구약성경의 예언을 통해 그분을 알고 경외하며, 계명을 지켜 행하는 백성을 세우겠다고 약속하셨다. 아울러 메시아의 강림(그분의 성육신과 속죄 사역, 영적으로 죽은 자를 살리는 능력)을 통해 그 약속을 이루겠다고 말씀하셨다.[47] 구약성경은 메시아의 강림을 통해 하나님의 백성이 영적 무지와 도덕적 속박에서 구원받을 것이라고 가르친다. 이사야 42장 6-7절에 기록된 메시아에 관한 예언이 이 진리를 분명하게 보여준다. 하나님은 이 본문을 통해 메시아의 사명과 그 사역의 목적을 확실하게 밝히셨다.

> 나 여호와가 의로 너를 불렀은즉 내가 네 손을 잡아 너를 보호하며 너를 세워 백성의 언약과 이방의 빛이 되게 하리니 네가 눈먼 자들의 눈을 밝히며 갇힌 자를 감옥에서 이끌어내며 흑암에 앉은 자를 감방에서 나오게 하리라.

메시아는 인간의 몸을 입으신 하나님의 아들로, 단지 빛을 전하는 도구가 아니라 빛 자체이시다. 그분은 다른 많은 계시 가운데 하나가 아니라 온 세상이 알게 될 하나님의 가장 위대한 계시이시다. 이런 이유로 이사야 선지자는 흑암에 행하는 사람들이 큰 빛을 보았고, 그늘진 땅에 거하는 이들에게 빛이 비쳤다고 말했다(사 9:2, 마 4:15-16). 이사야와 마찬가지로 하박국도 메시아를 통한 하나님의 계시는 특정한 지역

---

47) "진실로 진실로 너희에게 이르노니 죽은 자들이 하나님의 아들의 음성을 들을 때가 오나니 곧 이때라 듣는 자는 살아나리라"(요 5:25).

이나 민족에 국한되지 않고, 물이 바다를 덮음같이 온 세상을 주님의 영광을 아는 지식으로 충만하게 할 것이라고 말했다(사 11:9, 합 2:14). 이 지식은 하나님 백성의 큰 헌신을 이끌어내어 해 뜨는 곳에서 해지는 곳까지 모든 이방 민족 가운데서 그분의 이름이 크게 되는 역사를 이룰 것이다(말 1:11).

이런 예언들은 그리스도의 성육신을 통해 하나님을 아는 지식이 타락한 세상의 가장 어두운 곳까지 그 빛을 드리울 것이라고 말한다. 그러나 인간의 부패한 마음과 하나님을 아는 지식을 적대시하는 태도에 관한 성경의 가르침으로 미루어볼 때, 인간의 마음이 계시를 받아들일 수 있도록 변하지 않으면 아무 소용이 없다는 사실을 익히 짐작할 수 있다. 개인이나 집단 사이에 하나님을 아는 지식이 널리 퍼지려면, 마음이 먼저 새롭게 변화되어야 한다. 새 언약에 관한 구약성경의 예언이 인간의 마음을 변화시켜 계시를 기꺼이 받아들이게 하는 능력까지 언급하는 이유가 바로 여기에 있다. 하나님은 예레미야 선지자를 통해 "내가 여호와인 줄 아는 마음을 그들에게 주겠다"고 약속하셨다(렘 24:7).

이 약속이 바로 새 언약의 핵심이다. 하나님은 자기 백성의 돌 같은 마음을 제거하시고, 살같이 부드러운 마음을 주겠다고 약속하셨다(겔 36:26). 그분은 그들의 새 마음에 율법을 기록하시고, 그들은 가장 작은 자에서 가장 큰 자에 이르기까지 모두가 그분을 알게 될 것이다(렘 31:33-34). 하나님이 자기 백성을 에워싸고 있는 어둠을 걷어내시면, 가장 미개한 원시 부족의 무지한 사람들에서 역사상 가장 위대한 학자와 성직자에 이르기까지 언약의 공동체에 속한 모든 지체가 그분을 아는 지식을 갖게 될 것이다. 호세아는 이런 사실을 아름답게 묘사했다.

내가 네게 장가들어 영원히 살되 공의와 정의와 은총과 긍휼히 여김으로 네게 장가들며 진실함으로 네게 장가들리니 네가 여호와를 알리라(2:19-20).

약속의 성취

구약성경의 예언에서 약속되고 기대되던 것이 신약성경에 이르러 예수 그리스도와 그분의 사역을 통해 온전히 성취되었다. 신약성경의 저자들은 나사렛 예수께서 선지자들이 예언한 참 빛이시라고 증언했다. 예수님은 세상에 오셔서 모든 사람을 비추셨다(요 1:9). 그분은 세상의 빛이시며, 그분을 따르는 이들은 어둠에 다니지 않고 생명의 빛을 얻는다(요 8:12). 본래 하나님을 본 사람이 아무도 없었지만, 항상 그분의 품속에 계시는 외아들이 그분을 알리셨다(요 1:18). 성자를 본 사람은 성부를 본 것이나 마찬가지다. 성자는 보이지 않는 성부의 형상이시고, 그분의 영광의 광채이시며, 그 본체의 형상이시기 때문이다(요 14:9, 골 1:15, 히 1:1-3).

구약성경의 예언은 세상의 죄악을 하루 만에 제거할 더 나은 희생 제사를 기대했다(슥 3:9). 그 희생 제사는 다윗의 집을 위해 죄와 더러움을 씻는 샘을 솟아나게 할 것이다(슥 13:1). 그로 인해 정의로우신 하나님은 자기 백성의 악행을 용서하시고 그들의 죄를 기억하지 않으실 것이며(렘 31:34), 정의와 진실함으로 그들에게 영원히 장가드실 것이다(호 2:19-20). 히브리서 저자는 나사렛 예수께서 단번에 드려진 희생 제물이시라고 증언했다(히 7:27, 9:12, 10:10). 그분은 세상 죄를 짊어지신 하나님의 어린양이시다(요 1:29). 그분의 보혈은 많은 사람의 죄를 용서하기 위해 흘린 새 언약의 피다(마 26:28). 그분은 자기 백성에게 지혜와 의로움과 거룩함과 구원함이 되셨다(고전 1:30). 그들은 이제 하나님과 화목하게 되었고(롬 5:11), 그분은 그들의 화평이 되셨다(엡 2:14).

구약성경의 예언은 가장 작은 자부터 가장 큰 자에 이르기까지 하나님의 모든 백성이 하나님을 알게 될 날, 곧 물이 바다를 덮음같이 온 세상에 그분을 아는 지식이 가득 넘칠 날을 기대했다(사 11:9, 렘 31:34, 합 2:14). 신약성경의 저자들은 예수 그리스도의 죽으심과 부활, 성령의 강림을 통해 그날이 시작되었다고 증언했다(행 2:16-21). 복음의 씨앗을 거부하는 단단한 길 같은 인간의 마음이 성령의 거듭나게 하시는 사역을 통해 겸손히 말씀을 받아들이는 좋은 토양과 같은 마음으로 변화된다(마 13:19, 약 1:21). 새로운 생명을 얻어 비옥해진 마음은 하나님의 가르치심을 받고, 그리스도를 공경하며, 그분께 가까이 나가 구원을 얻는다(요 6:45). 그런 지식을 얻게 되는 것은 성령의 초자연적인 사역이다. 그것은 태초에 어둠 가운데서 빛이 비치라고 명령하신 하나님의 창조 사역에 못지않은 기적이다. 사도 바울은 이 진리를 이렇게 표현했다.

> 어두운 데에 빛이 비치라 말씀하셨던 그 하나님께서 예수 그리스도의 얼굴에 있는 하나님의 영광을 아는 빛을 우리 마음에 비추셨느니라(고후 4:6).

모든 참된 그리스도인의 마음과 생각 속에서 이루어지는 하나님의 사역은 놀랍기 그지없는 초자연적인 속성을 지닌다. 성령을 통해 그리스도인의 마음에 그리스도의 빛이 비치는 것은 참된 회심의 표징이다. 이 약속은 참된 그리스도인 모두에게 예외 없이 적용된다. 사도 요한은 모든 참된 그리스도인이 누리는 은혜를 이렇게 설명했다.

> 또 아는 것은 하나님의 아들이 이르러 우리에게 지각을 주사 우리로 참
> 된 자를 알게 하신 것과 또한 우리가 참된 자 곧 그의 아들 예수 그리스도
> 안에 있는 것이니 그는 참 하나님이시요 영생이시라(요일 5:20).

참된 그리스도인은 누구나 하나님을 아는 확실한 지식을 소유한다. 그것은 성령의 거듭나게 하시는 사역에서 비롯한다. 성령의 조명과 성화의 사역이 계속되면서 어둠이 사라지고, 하나님의 모든 자녀에게 참 빛이 비친다(요일 2:8). 요한은 같은 서신에서 가장 어린 회심자도 성령의 기름 부음을 받아 하나님에 관한 진리를 알게 되었다고 말했다.[48] 그는 그리스도께서 성령을 부어주셨기 때문에 아무에게서도 가르침을 받지 않아도 된다고 했다. 기름 부음 자체가 생명과 경건에 필요한 모든 것을 그들에게 가르칠 만큼 강력한 능력을 발휘하기 때문이다(요일 2:27).

물론 이 말은 경건한 교사의 가르침이 필요하지 않다는 뜻과는 거리가 멀다. 성경은 하나님이 성도를 온전하게 하여 그리스도의 몸을 세우시기 위해 교회에 재능 있는 교사들을 허락하셨다고 가르친다(엡 4:11-12). 이 말은 단지 참된 그리스도인은 (옛 언약 아래 있던 거듭나지 못한 이스라엘 백성과 달리) 하나님의 진리를 대신 전하는 인간 중보자만 의지할 필요가 없다는 뜻이다. 참된 그리스도인은 모두 하나님의 가르치심을 받아 성자를 받아들이고, 서로 사랑한다(요 6:45, 살전 4:9). 하나님의 가르치시는 사역은 그리스도인의 일생 동안 계속 지속된다.

---

48) "너희는 거룩하신 자에게서 기름 부음을 받고 모든 것을 아느니라"(요일 2:20). 그리스도인이 받는 기름 부음이란 그의 마음속에서 일어나는 중생의 사역과 성령의 내주하심을 가리키는 것이 분명하다.

그 사역은 하나님의 섭리와 성경을 비롯해 그리스도인의 생각을 깨우쳐주시는 성령을 통해 온전히 이루어질 것이다. 그리스도인은 거기에 반응하여 두렵고 떨리는 마음으로 구원을 이루고, 주님을 알기 위해 힘쓰며, 진리의 말씀을 옳게 이해해 부끄러울 것이 없는 일꾼으로 자신을 하나님 앞에 드리려고 노력할 것이다(호 6:2-3, 빌 2:12, 딤후 2:15). 사도 베드로에 따르면, 그리스도인은 주 예수 그리스도를 알기에 게으르지 않고 그 지식에 합당한 열매를 맺어야 한다(벧후 1:8, 3:18).

하나님을 아는 지식에 순종하는 삶

하나님은 그리스도의 속죄 사역과 성령의 거듭나게 하시는 사역으로 자신을 위해 새로운 백성을 일으켜 세우셨다. 그분은 그들과 화목하시며, 그들을 변화시켜 자기를 알고, 또 더 많이 알기를 바라는 공동체를 창조하셨다. 새로운 백성은 자신들의 실상과 하나님의 참된 신분을 깨닫고, 그분이 자신들을 위해 행하신 일과 그분 앞에서 마땅히 취해야 할 삶의 태도를 이해하게 되었다. 그리고 그런 위대한 현실 위에 삶을 건설해 나가야 할 그분의 백성이 되었다. 하나님은 그들에게 영생을 허락하셔서 "유일하신 참 하나님과 그가 보내신 자 예수 그리스도를" 알게 하셨다(요 17:3). 하나님은 그들에게 무엇이 선한지, 무엇을 요구하시는지 분명하게 가르쳐주셨다. 바로 옳은 일을 행하며, 한결같은 사랑을 보이고, 겸손한 마음으로 하나님과 교제하며 사는 삶이다(미 6:8). 하나님과 그분의 뜻을 아는 지식은 참 교회의 뚜렷한 표징일 뿐 아니라, 참된 그리스도인의 삶에서 계속되는 현실이다. 예수님은 자신을 적대시하는 유대 지도자들에게 "내 양은 내 음성을 들으며 나는 그들을 알며 그들은 나를 따르느니라"(요 10:27)고 말씀하셨다.

하나님이 자기 백성을 양으로 일컬으신 이유가 양들이 쉽게 길을 잃는 우둔한 동물이기 때문이라는 말을 종종 듣는다. 그러나 그리스도께서 양을 묘사하신 표현을 고려하면, 그런 생각은 성경의 가르침에 모순된다. 장난기가 많고 고집 센 염소와 달리, 양은 목자의 음성을 올바르게 알아듣고 온순하게 따르기 때문에 그리스도께서 자기 백성을 양으로 일컬으신 것이다. 그렇다면 이런 잘못된 생각이 만연하게 된 이유는 무엇일까? 바로 앞뒤가 바뀐 잘못된 논리를 따랐기 때문이다. 다시 말해, 사람들은 대부분 양이나 양떼를 묘사하는 성경의 가르침을 따르기보다 기독교를 받아들인 사람들의 특성을 관찰한 결과를 토대로 사고하는 경향이 있다. 그리스도인을 자처하는 사람들 가운데 하나님에 관한 기초적인 진리를 알지 못하고, 주님의 음성조차 바르게 식별하지 못하는 사람이 많다. 그래서 하나님의 양떼가 목자의 음성을 듣지 못하고, 계속 방황을 일삼는 무지한 동물이라는 통념이 생겨난 것이다.

그리스도께서는 자신의 양떼가 자신의 음성을 알고 따른다고 말씀하셨지만, 우리는 그런 가르침을 잊고 말았다. 따라서 복음주의 공동체에서 그리스도를 고백하는 사람들 가운데 대부분은 그분의 참된 양이 아니라고 생각하는 것이 성경의 가르침에 좀 더 가깝지 않은가 싶다. 그런 사람들은 거듭나지 않은 염소들, 곧 자신의 본능에 충실하게 살아가는 사람들이라고 말할 수 있다. 그리스도께서는 마지막 날에 그들을 왼편에 세우시고 "저주를 받은 자들아 나를 떠나 마귀와 그 사자들을 위하여 예비된 영원한 불에 들어가라"고 심판을 선고하실 것이다(마 25:31-33, 41).

참된 그리스도인과 보이지 않는 참 교회의 뚜렷한 특징은 하나님을 알고, 그 지식에 따라 사는 것이다. 모든 그리스도인이 제자의 삶을 살아가야 하지만, 성화의 사역은 이 세상에서는 온전히 이루어질 수 없다. 하나님을 알고, 그 지식에 순종하는 것은 처음부터 분명한 차이를 드러낸다. 그런 차이는 막 회심한 사람의 삶에서도 뚜렷하게 나타난다. 마음이 거듭나고 성령이 내주하시면, 하나님이 어떤 분이고 그분의 율법이 무엇을 요구하는지 뚜렷하게 의식할 수 있다. 참된 그리스도인은 죄는 그릇된 것이고, 순종은 옳은 것이라는 사실을 분명히 깨닫는다. 아무도 그에게 거짓말, 도적질, 간음, 하나님의 이름을 망령되이 일컫는 것을 삼가라고 가르치지 않아도 된다. 그의 안에서 착한 일을 시작하신 하나님이 그 일을 온전하게 하실 것이기 때문에 선악을 구별하는 지식이 갈수록 더욱 분명해질 것이다(빌 1:6).

결론적으로 우리는 스스로에게 이렇게 물어야 한다.

"하나님의 가르치심을 받고 있다는 증거가 있는가, 아니면 믿음의 기초적인 진리조차 알지 못하고 있는가? 지식이 날로 늘어나고 있는가, 아니면 무관심한 상태로 냉랭하게 살아가고 있는가? 진리를 따르는 삶이 갈수록 중대되고 있는가, 아니면 경건한 삶을 살고 있는 증거가 전혀 보이지 않는가? 주님의 목소리를 듣고 따르는가, 아니면 귀먹고 눈먼 사람처럼 스스로의 길을 고집하는가? 성자께서 우리를 대신해 죽으시고 부활하신 덕분에 하나님이 우리 죄를 용서하셨고, 우리의 불법을 기억하지 않으신다고 확신하는가?"

믿음을 고백한 사람들은 모두 이런 질문에 대답해야 한다. 아울러 그리스도의 충실한 사역자는 사람들의 마음과 양심을 향해 이런 질문을 던질 책임이 있다.

14
한마음과 한 길로 하나님을 경외하라

그들은 내 백성이 되겠고 나는 그들의 하나님이 될 것이며 내가 그들에게 한마음과 한 길을 주어 자기들과 자기 후손의 복을 위하여 항상 나를 경외하게 하고(렘 32:38-39).

본문은 구약성경에 기록된 아름다운 새 언약의 약속으로 하나님의 주권을 아름답고 강력하게 묘사하고 있다. 하나님은 자기 백성을 세우기로 결심하셨고, 그 뜻을 반드시 이루실 작정이시다. 하나님의 주권에 의해 작정된 일은 그분의 능력으로 반드시 성취될 것이다. 하나님은 이사야 선지자를 통해 이렇게 말씀하셨다.

이는 비와 눈이 하늘로부터 내려서 그리로 되돌아가지 아니하고 땅을 적셔서 소출이 나게 하며 싹이 나게 하여 파종하는 자에게는 종자를 주며 먹는 자에게는 양식을 줌과 같이 내 입에서 나가는 말도 이와 같이 헛되이 내게로 되돌아오지 아니하고 나의 기뻐하는 뜻을 이루며 내가 보낸 일에 형통함이니라(사 55:10-11).

하나님은 때가 되자 작정하신 뜻에 따라 자기 백성을 속량하시려고 아들을 보내 여자에게서 태어나게 하시고, 율법의 지배를 받게 하셨다(갈 4:4). 지난 2천 년 동안 하나님은 복음을 전하는 설교와 성령의 거듭나게 하시는 사역을 통해 이러한 구원 사역을 수많은 사람에게 행하셨다. 하나님은 그런 수단을 사용하셔서 자신을 위해 참 교회를 건설하셨다. 그리고 그 주권적인 은혜로 인류 가운데서 그들을 구별하여 보배로운 백성으로 삼으셨다(신 26:18).

하나님은 그들에게 은혜를 주셔서 오직 자신만 사모하게 하셨고, 그로 인해 그분은 그 어떤 것과도 비교될 수 없다고 생각하기에 이르렀다(잠 3:14-15). 그들은 하나님의 선하심을 맛보고 알게 되었다(시 34:8). 또한 하나님 앞에는 충만한 기쁨이, 그분의 오른쪽에는 영원한 즐거움이 있다는 사실을 발견했다(시 16:11). 따라서 그들은 하나님의 성전에서 보내는 하루가 다른 곳에서 지내는 천 날보다 낫고, 속된 인간들의 집에서 사는 것보다 하나님의 성전 문지기로 사는 것이 더 좋다고 생각한다(시 84:10). 하나님은 그들의 하나님이고, 그들은 그분의 백성이다. 하나님은 그들에게 한마음과 한 길을 주셨고, 그들은 물론 그들의 후손에게 복 주시기 위해 항상 자기를 경외하게 하셨다.

한마음으로 사랑하기

하나님은 자기를 위해 백성을 세우겠다는 확실한 의지를 선언하신 후 그 백성의 첫째 특성을 계시하셨다. 바로 한마음을 갖는 것이다. 한마음으로 하나님을 사랑하고, 서로를 사랑하며, 삶의 행위와 목적을 추구하는 것이다. 간단히 말해, 그들은 하나다.[49]

이러한 약속은 진지한 그리스도인들이 보기에 큰 문제를 안고 있는 것처럼 보인다. 기독교 안에 수많은 교파가 존재하고 교리도 다양한데, 어떻게 연합에 관한 새 언약의 약속이 교회 안에서 이루어질 것이라고 확신할 수 있단 말인가? 이 물음에는 두 가지로 대답할 수 있다. 첫째, 성령 충만한 참된 그리스도인들이 함께 모인 곳에서는 사소한 교리의 차이를 뛰어넘어 항상 사랑의 연합이 이루어질 수 있다. 둘째, 기독교 안에 많은 분열이 존재하는 이유 가운데 대부분은 그리스도를 고백한다고 해서 모두 참된 그리스도인은 아니며, "교회"라는 간판을 내걸었다고 무조건 다 참 교회는 아니라는 사실에서 기인한다.

진정한 연합이란

진리는 참으로 중요하다. 그만큼 진리에서 이탈하는 것은 매우 위험하다. 그리스도인인 우리는 이 점을 절대로 잊어서는 안 된다. 우리는 우리가 믿는 것에 열정을 쏟아야 하고, 최선을 다해 믿음을 사수해야 하며, 불굴의 의지로 다른 사람들에게 믿음을 전해야 한다. 교만, 자기중심적인 태도, 이기심, 자기합리화에 사로잡힐 가능성을 늘 안고 있는 우리가 그리스도 안에서 대인관계를 형성한다는 것은 그리 쉬운 문제가 아니다. 사실 그런 성향과 태도를 지닌 개인이 하나가 될 수 있다는 것 자체가 회심의 초자연적인 본질을 분명하게 보여준다.

신약성경은 교회가 분열에서 자유롭지 못하다고 증언한다(고전 1:10-

---

49) "또 이 우리에 들지 아니한 다른 양들이 내게 있어 내가 인도하여야 할 터이니 그들도 내 음성을 듣고 한 무리가 되어 한 목자에게 있으리라"(요 10:16). "나는 세상에 더 있지 아니하오나 그들은 세상에 있사옵고 나는 아버지께로 가옵나니 거룩하신 아버지여 내게 주신 아버지의 이름으로 그들을 보전하사 우리와 같이 그들도 하나가 되게 하옵소서"(요 17:11). "아버지여, 아버지께서 내 안에, 내가 아버지 안에 있는 것같이 그들도 다 하나가 되어 우리 안에 있게 하사 세상으로 아버지께서 나를 보내신 것을 믿게 하옵소서"(요 17:21).

12, 11:18, 빌 4:2). 심지어는 사도 바울과 바나바도 한동안 서로 갈라섰다(행 15:37-40). 그럼에도 성령 충만한 참된 그리스도인들이 함께 모인 곳에는 세상 사람들이 감히 흉내조차 내지 못할 사랑과 일치가 이루어진다. 그들은 하나님과 그분의 아들을 사랑하는 마음, 갈보리의 구원 사역에 대한 이해, 성령의 내주하심을 통해 연합한다. 그들은 서로의 짐을 지며, 서로의 필요를 섬기고, 필요하다면 서로를 위해 목숨까지 내준다. 이것은 교회 역사 전체에 걸쳐 나타나는, 참된 그리스도인들의 증언을 통해 확실히 입증된 사실이다. 형제 사랑은 참 기독교의 뚜렷한 표징이다(요 13:35, 요일 2:9-11, 4:7-12).

다음 이야기를 한번 상상해 보기를 바란다.

한 젊은 미국 선교사가 남아메리카 고지대 정글에 있는 교회들을 방문하려고 길을 떠났다. 그곳은 테러범들이 출몰하는 지역이라서 여행하기에 매우 위험했다. 어느 날 밤, 그 선교사는 길을 잃고 헤매다가 우연히 자그마한 마을을 발견했다. 그는 정글에서 밤을 지새우는 게 현명하지 않다고 생각했지만, 그 마을에 테러범들이 있을지도 모른다는 두려움 때문에 선뜻 그곳으로 들어갈 수가 없었다. 그러나 두려움보다는 밤을 지새울 장소를 구하는 것이 더 절실했기 때문에 할 수 없이 산기슭에 자리 잡은 한 오두막집 문을 두드렸다. 몇 분 뒤 몸집이 작은 노파가 등불을 들고 나와 문을 열었다. 노파는 깜짝 놀라며 누구냐고 물었다. 그가 기독교 선교사라고 대답하자 노파는 그의 옷깃을 잡고 얼른 안으로 끌어들였다. 노파는 그곳이 안전하지 않다고 말하면서 그를 지하실에 숨겨주었다. 그가 옥수숫대 더미 위에서 쉬고 있는 동안 노파는 한 소년에게 교회 형제들을 불러오라고 말했다. 올 때 음식을 가져오라는 당부도 덧붙였다.

한 시간쯤 지난 뒤 그리스도인들이 갓 잡은 닭과 감자 몇 개를 가지고 와서 굶주린 선교사에게 신속히 음식을 만들어주었다. 음식을 먹으면서 대화를 나누다가 선교사는 침례교 그리스도인이고, 그들은 나사렛파 그리스도인들이라는 사실을 서로 알게 되었다. 그들은 많은 점에서 서로 달랐다. 그러나 그날 밤에는 그 모든 것이 그다지 중요하지 않았다. 그들은 극히 소수였지만 서로 한 피를 나눈 형제로서 다른 사람을 그리스도처럼 생각하고, 서로를 사랑하며, 서로의 필요를 돌보아주었다. 선교사는 그들에게 성경책을 전해 주기 위해 목숨을 걸었고, 그들도 그날 밤 그를 숨겨주기 위해 위험을 무릅썼다. 그들은 서로 교리가 달랐지만, 예레미야가 예언한 대로 서로 한마음을 지녔다는 것을 보여주었다(렘 32:38-39).

십자가에 못 박히시기 전날 밤, 예수님은 "대제사장의 기도"를 드리셨다. 그분은 성부 하나님께 자기 백성이 하나가 되게 해달라고 기도하셨다(요 17:11). 성부께서는 그 기도에 응답하기를 주저하지 않으셨다. 새 언약의 약속 가운데 단 한 가지도 이루어지지 않은 것이 없다. 참된 그리스도인들이 그리스도의 이름으로 모이는 곳은 교리나 의견이 다르더라도 항상 사랑이 지배한다. 그렇지 않다면 그들의 믿음을 의심할 수밖에 없다.

분열을 통해 목적을 이루시는 하나님

오늘날 기독교 안에는 그리스도를 믿는다고 고백하면서도, 역사적 기독교의 한계를 벗어난 개인과 신앙 운동이 적지 않다. 그들의 교리와 실천은 성경의 규범과 모순되기 때문에 사실상 기독교 신앙을 가지고 있다고 말하기가 어렵다. 그들이 옳고 역사적 기독교가 잘못되었거나, 아니면 그들이 그리스도와 사도들이 경고한 거짓 교사이자 거짓 그리스도인이거나 둘 중 하나다.

> 그러나 백성 가운데 또한 거짓 선지자들이 일어났었나니 이와 같이 너희 중에도 거짓 선생들이 있으리라 그들은 멸망하게 할 이단을 가만히 끌어들여 자기들을 사신 주를 부인하고 임박한 멸망을 스스로 취하는 자들이라 여럿이 그들의 호색하는 것을 따르리니 이로 말미암아 진리의 도가 비방을 받을 것이요(벧후 2:1-2).

참된 그리스도인들 가운데서도 얼마든지 분열이 일어날 수 있다. 그러나 기독교 내에서 자주 발생하는 큰 분열은 그리스도의 몸에 속한 지체들 사이에서가 아니라 대부분 알곡과 가라지, 양과 염소, 선한 목자와 늑대 사이에서 발생한다(마 13:24-30, 36-43, 25:31-33, 7:15, 행 20:29-30). 이런 이유로 사도 바울은 고린도 교회에 보낸 서신에서 그리스도를 고백하는 자들 사이에 파당이나 분열이 있어야 그리스도께서 옳다고 인정하실 자들이 드러날 것이라고 말했다(고전 11:19). 다시 말해, 하나님은 분열을 통해 두 가지 목적을 이루신다. 첫째는 참된 그리스도인과 거짓 그리스도인을 드러내는 것이고, 둘째는 참된 그리스도인들이 더 이상 악영향을 받지 않도록 그들 가운데서 거짓 교사와 거짓 그리스도인을 제거하는 것이다.

복음주의 안에는 많은 추종자를 거느린 인기 있는 성경 교사가 많다. 그들은 큰 경기장을 가득 메운 군중을 상대로 집회를 열고, 대중 매체를 통해 전 세계에 예배 실황을 중계한다. 그들은 고대의 이단 사상, 현대 심리학, 인본주의, 감각주의가 혼합된 메시지를 전한다. 자기 발견, 물질적인 번영, 육신의 건강, 일시적인 즐거움 등을 강조한다. 그 결과 많은 사람이 역사적 기독교에서 이탈하여 후메내오와 알렉산더처럼 믿음의 파선에 이른다(딤전 1:19-20). 그런 일은 참으로 가슴 아프고 감당하기 힘들다. 그러나 하나님은 그런 일을 통해서도 역사하고 계신다. 그분은 그런 거짓 교사들을 이용하셔서 양들에게서 염소들을 분리해 다른 우리에 따로 가두신다. 교리와 도덕의 오류에서 자기 양떼를 지키시기 위해서다. 하나님은 거짓 선지자들을 이용하여 자기 백성 가운데서 거듭나지 않은 거짓 그리스도인들을 제거하셔서 그들의 독이 많은 사람을 더럽히지 않게 하신다(히 12:15). 고대의 의사가 약을 붙여 상처의 독을 빼낸 것처럼 말이다.

교회가 권징을 실시하라는 그리스도의 명령을 무시할 때면, 그분이 직접 문제를 해결하신다(마 18:15-18). 선한 목자이신 주님은 자기 백성 사이에 에서처럼 부도덕하고 망령된 사람들이 오래 머물도록 놔두지 않으신다(히 12:15-16). 교회가 참 교회이고 그리스도께서 그 가운데 거하신다면, 그분은 금을 연단하는 자의 불과 표백하는 자의 잿물처럼 정화 사역을 행하신다(말 3:2-3). 그러나 경건하지 못한 자들이 회중 가운데 거하고 있는데도 그리스도께서 개입하지 않으신다면, 그것은 그들의 촛대가 옮겨져 더 이상 "교회"라고 일컬을 수 없는 상태가 되었다는 증거다. 하나님의 영광이 떠났기 때문에 그곳의 문 앞에는 "이가봇"이라는 글귀가 새겨지게 될 것이다(삼상 4:21).

한 길로 걸어가기

옛 언약 아래 있던 이스라엘 민족은 제멋대로 고집스럽게 행동했다. 그들은 재갈과 굴레로 단속하지 않으면 안 될 무지한 말이나 노새와 같았다(시 32:9). 하나님은 이사야 선지자를 통해 "내가 종일 손을 펴서 자기 생각을 따라 옳지 않은 길을 걸어가는 패역한 백성들을 불렀나니"(사 65:2)라고 말씀하셨다. 또한 하나님은 그들을 향해 이렇게 말씀하셨다.

> 너희는 길에 서서 보며 옛적 길 곧 선한 길이 어디인지 알아보고 그리로 가라 너희 심령이 평강을 얻으리라 하나 그들의 대답이 우리는 그리로 가지 않겠노라 하였으며(렘 6:16).

그들은 길을 잃은 양처럼 제각기 잘못된 길로 갔다(사 53:6). 하나님이 보내신 선지자들은 불순종을 일삼는 이스라엘 백성에게 책망과 경고의 말씀을 전했다. 그뿐 아니라 장차 그분의 말씀을 듣고 따를 새로운 백성이 나타날 것이라고 예언했다. 새로운 백성은 굴레나 재갈이나 선생이 필요 없다. 성령께서 그들을 변화시켜 그들 안에 거하시면서 그들을 직접 인도하시기 때문이다.[50]

하나님은 그들에게 부활을 갈망하는 새 마음을 주셨고, 섭리를 통하여 자기의 이름을 위해 그들을 의의 길로 인도하신다(시 23:3, 마 5:6). 이처럼 새 언약의 백성의 둘째 특징은 한 길로 걸어간다는 것이다. 그들은 공통적인 목적과 윤리를 지향하며, 메시아께서 앞서 가신 길을 따라간다. 바로 거룩함과 의로움과 사랑의 길이다. 이사야 선지자는

---

[50] "믿음이 오기 전에 우리는 율법 아래에 매인 바 되고 계시될 믿음의 때까지 갇혔느니라 이같이 율법이 우리를 그리스도께로 인도하는 초등교사가 되어 우리로 하여금 믿음으로 말미암아 의롭다 함을 얻게 하려 함이라 믿음이 온 후로는 우리가 초등교사 아래에 있지 아니하도다 너희가 다 믿음으로 말미암아 그리스도 예수 안에서 하나님의 아들이 되었으니"(갈 3:23-26).

이 진리를 아름답고 생생하게 묘사했다.

> 거기에 대로가 있어 그 길을 거룩한 길이라 일컫는 바 되리니 깨끗하지 못한 자는 지나가지 못하겠고 오직 구속함을 입은 자들을 위하여 있게 될 것이라 우매한 행인은 그 길로 다니지 못할 것이며 거기에는 사자가 없고 사나운 짐승이 그리로 올라가지 아니하므로 그것을 만나지 못하겠고 오직 구속함을 받은 자만 그리로 행할 것이며(사 35:8-9).
>
> 네 스승은 다시 숨기지 아니하시리니 네 눈이 네 스승을 볼 것이며 너희가 오른쪽으로 치우치든지 왼쪽으로 치우치든지 네 뒤에서 말소리가 네 귀에 들려 이르기를 이것이 바른 길이니 너희는 이리로 가라 할 것이며(사 30:20-21).
>
> 내가 맹인들을 그들이 알지 못하는 길로 이끌며 그들이 알지 못하는 지름길로 인도하며 암흑이 그 앞에서 광명이 되게 하며 굽은 데를 곧게 할 것이라 내가 이 일을 행하여 그들을 버리지 아니하리니(사 42:16).

구약성경에 기록된 새 언약의 약속에 따르면 하나님은 새로운 백성을 "창조하실" 날만 기대하신 것 같아 보이지 않는다. 그들을 새로운 길로 인도하시고, 그 길에서 떠나지 않도록 지켜주실 날을 기대하신 것으로 보인다. 에스겔은 하나님이 자기 백성에게 새 마음을 주시고, 그들 안에 성령을 두어 율례를 지켜 행하도록 이끄실 것이라고 예언했다(겔 36:26-27). 예레미야는 하나님이 자기 백성에게 한 길을 주어 그 길을 걷게 하실 날을 예언했다(렘 31:34, 32:39). 이사야는 하나님이 자기 백성을 위해 거룩한 길을 만드시고, 그들의 행보를 방해하거나 그릇 치우치게 만드는 위험 요인에서 그들을 지켜주실 것이라고 예언했다(사 35:8-9).

하나님은 그들의 스승이 되어 그들과 함께 걸으시고, 가야 할 길을 정확히 가리키시며, 혹시 길을 잃고 방황하는 일이 일어나도 다시 올바른 길로 그들을 인도하실 것이라고 약속하셨다(사 30:20-21). 그분의 백성 가운데 가장 눈이 어두운 사람조차 두려워하지 않아도 된다. 하나님이 어둠을 광명으로 바꿔주시고, 굽은 길을 곧게 만들어주실 것이기 때문이다(사 42:16). 다음 잠언 말씀은 새 언약을 통해 온전히 이루어졌다.

> 의인의 길은 돋는 햇살 같아서 크게 빛나 한낮의 광명에 이르거니와 악인의 길은 어둠 같아서 그가 걸려 넘어져도 그것이 무엇인지 깨닫지 못하느니라(잠 4:18-19).

참으로 기쁘게도 이 모든 약속은 그리스도와 갈보리의 속죄 사역, 성령 강림으로 모두 성취되었다. 신약성경은 하나님이 자기 백성을 예정하셨을 뿐 아니라, 그들이 선한 일을 행하게 하시려고 예비하셨다고 가르친다(롬 8:29-30, 엡 1:4-5, 2:10). 하나님은 때가 되자 그들을 구원하시기 위해 독생자를 보내셨고, 복음 전파와 성령의 거듭나게 하시는 사역을 통해 그들을 부르셨다(겔 37:1-14, 요 3:3-8, 롬 1:16, 갈 4:4-5). 성부 하나님께 듣고 배운 자들은 모두 성자에게 나와 하나님의 자녀가 되는 권세를 누린다(요 1:12, 6:45). 하나님은 그들이 자신의 자녀이기 때문에 그들 마음에 아들의 영을 보내셔서 "아빠 아버지"라고 부르게 하신다(갈 4:6). 또한 성령께서는 그들을 인치시고, 거룩하게 하시며, 능력을 주시고, 그리스도께서 말씀하신 좁은 길로 인도하신다(마 7:13-14, 행 1:8, 롬 8:14, 15:13, 16, 엡 1:13, 18-19, 3:16, 20, 4:30, 6:10, 골 1:29, 살전 1:5, 살후 2:13, 벧전 1:2). 그들은 싸우고, 비틀거리며, 때로는 넘어지기도 하지만, 하나님의 섭리의 손이 그들을 마지막 날까지 보존한다(히 12:5-11). 우리는 여기에서도 끊어진 곳이 한 군데도 없는 "구원의 황금 사슬"을 발견할 수 있다.

> 그런즉 이 일에 대하여 우리가 무슨 말 하리요 만일 하나님이 우리를 위하시면 누가 우리를 대적하리요(롬 8:31).

1세기의 그리스도인들과 그들의 원수가 기독교를 "그 도(길)"라고 일컬은 것은 조금도 놀랍지 않다(행 9:2, 19:9, 23, 24:14, 22). 누가는 사도행전에서 "그 도"를 "주의 도", "하나님의 도"로(행 18:25-26), 베드로는 "진리의 도", "의의 도"로 각각 일컬었다(벧후 2:2, 21). 이런 사실은 기독교 신앙을 단지 믿음에 근거하여 하나님 앞에서 의롭다 하심을 받는 의미로만 이해하는 오늘날의 그리스도인들에게 중요한 진리를 일깨워준다. 우리는 "오직 믿음으로!"라는 교리를 사수하느라 기독교가 "생명의 도"라는 사실을 간과할 때가 많다. 예수 그리스도께서는 우리의 구원자이자 본보기시다. 우리는 그분을 믿어야 하고, 따르고, 본받고, 말과 행위와 생각을 그분께 복종시켜야 한다(마 16:24, 요 10:27, 고전 11:1, 살전 1:6, 롬 8:29, 고후 10:5, 빌 3:10). 사도 요한은 "그의 안에 산다고 하는 자는 그가 행하시는 대로 자기도 행할지니라"(요일 2:6)고 말했다.

우리는 우리 자신의 공로가 아니라, 오직 믿음으로 말미암은 은혜로 구원받는다. 우리는 이 사실을 절대로 잊어서는 안 된다(엡 2:8-9). 구원받은 자들을 창조하신 분은 하나님이다. 우리는 선한 일을 위해 그리스도 예수 안에서 창조되었는데, 이것은 하나님이 미리 준비하셔서 우리가 그렇게 살도록 하신 것이라는 사실도 잊어서는 안 된다(엡 2:10).

믿음으로 의롭다 하심을 받은 자들은 새 생명 가운데서 행하기 위해 거듭났다(롬 6:4). 하나님은 그들을 새로운 성향을 지닌 새로운 피조물로 만드셨다. 그분은 그들을 자녀로 입양하셨고, 아버지로서 그들을 훈육하시고 징계하신다(히 12:5-11). 하나님이 친히 그들을 만드셨다. 의의 길을 걷는 것은 단지 그리스도인이 해야 할 의무가 아닌, 마음을 바쳐 기꺼이 행할 일이다.

지금까지 구약성경에 예언된 약속들과 그 약속들이 신약성경에서 성취된 사실을 살펴보았다. 그 결과, 그리스도인의 공통된 목적과 윤리 규범이 확실하게 드러났다. 그리스도인은 그리스도께서 가르치시고 친히 보여주신 길로 행해야 한다. 그리스도인은 문화적 배경과 지성, 성숙도가 각각 다르지만, 믿음과 행위는 서로 놀라울 정도로 비슷하다. 그런 유사한 특성들은 매우 확연해서 오직 성령의 초자연적인 역사라고밖에 설명할 수 없다.

- 모든 그리스도인은 예수 그리스도께서 하나님의 아들이시고, 인류의 죄를 속량한 유일한 속죄 제물이시며, 하늘 아래 구원받을 유일한 이름이시라고 믿는다(행 4:12).
- 모든 그리스도인은 입으로 예수님을 주님으로 고백하고, 하나님이 그분을 죽은 자 가운데서 살리셨다고 마음으로 믿는다(롬 10:9).
- 모든 그리스도인은 성경을 신앙과 실천의 정확 무오한 규칙으로 받아들이고, 그 가르침에 복종하기 위해 노력한다(요 17:20, 딤후 3:15-17).
- 모든 그리스도인은 세상에 오염되지 않으려고 노력하며, 성화가 없으면 아무도 주님을 볼 수 없다는 것을 알고 거룩해지려고 애쓴다(히 12:14, 약 1:27).

- 모든 그리스도인은 성령의 열매를 맺고, 그리스도 안에서 하나님을 본받는 자가 되려고 노력한다(고전 11:1, 갈 5:22-23, 엡 5:1).
- 모든 그리스도인은 하나님인 주님을 온 마음과 영혼과 생각과 힘을 다해 사랑하고, 이웃을 자기 몸처럼 사랑한다(마 22:37-40, 막 12:30, 눅 10:27).
- 모든 그리스도인은 죄에 맞서 싸우고, 죄 지은 것을 슬퍼하며, 하나님께 죄를 고백하고, 용서의 약속을 붙잡는다(마 5:4, 갈 5:17, 요일 1:8-10).
- 모든 그리스도인은 하나님이 계획하시고 지으실 터가 있는 성을 바라기 때문에 그리스도의 재림을 간절히 기다린다(살전 1:9, 10, 히 11:10).

위와 같은 간단한 진술만으로는 참된 그리스도인의 특성을 모두 아우르기 어렵다. 그러나 하나님이 자기 백성에게 한마음과 한 길을 주셨다는 사실을 설명하는 것만으로도 충분하다. 세계 전역에 흩어져 있는 교회들은 제각기 많은 차이가 있지만, 참된 그리스도인은 믿음의 근본 원리와 윤리 규범 안에서 서로 온전히 일치하기 때문에 겉으로 드러난 차이는 그렇게 중요하지 않다.

성부 하나님은 그리스도인들의 연합을 구하신 그리스도의 기도에 응답하셨다. "한마음"과 "한 길"이라는 새 언약의 약속은 참된 그리스도인들 가운데서 현실로 이루어졌다(렘 32:38-39). 그러나 우리가 개인 차원에서 그리스도인들의 연합에 동참하고, 좁은 길로 행하고 있느냐 하는 문제가 남아 있다. 앞서 말한 대로 참된 그리스도인은 여러 면에서 차이가 있지만, 공통된 믿음과 윤리 규범을 지니고 있다. 따라서 어떤 사람의 믿음과 삶의 방식이 참된 그리스도인과 다르다면, 그는 경각심을 곤두세우고 스스로가 믿음 안에 있는지 살펴보아야 한다(고후 13:5).

하나님에 대한 경외심을 회복했을 때

지금까지 참 교회는 동일한 성향과 윤리 규범을 지니고 있다는 사실을 살펴보았다. 이번에는 새 언약의 백성에게서 발견되는 셋째 특징에 관심을 기울여보자. 셋째 특징이란, "하나님에 대한 경외심"(또는 공경심)이다. 이 두려움은 그리스도인에게 온전함과 축복을 가져다준다. 하나님은 예레미야를 통해 "내가 그들에게 한마음과 한 길을 주어 자기들과 자기 후손의 복을 위하여 항상 나를 경외하게 하고"(렘 32:39)라고 약속하셨다.

사람들은 하나님에 대한 경외심을 바르게 이해하지 못하고 비판을 일삼을 때가 많다. 그러나 구약성경은 하나님을 경외하는 것이 지혜와 지식의 근본이라고 가르친다(시 111:10, 잠 1:7, 9:10, 15:33). 하나님의 백성은 그분을 경외함으로 악을 미워하고, 악에서 돌이켜야 한다(잠 3:7, 8:13, 16:6, 23:17). 그리고 사랑하고, 예배해야 하며, 마음을 다하여 주님만 섬겨야 한다(신 6:13, 10:12, 삼상 12:24, 대하 19:9). 또한 그분을 경외함으로 다른 사람들과 관계를 맺고, 서로를 대할 때도 신중해야 한다. 하나님은 불의함이 없으시기 때문이다(레 25:17, 대하 19:7). 한마디로, 하나님을 경외하는 것은 생명의 원천이자 참된 경건의 근본 요소다(잠 14:27). 하나님에 대한 경외심은 구약성경이 가르치는 경건한 믿음의 핵심이다. 이것이 이스라엘의 남은 자들이 종종 "여호와를 경외하는 자들"이라고 일컬어진 이유다(말 3:16). 선지자들이 "하나님을 경외하는 것"을 장차 오실 메시아의 뚜렷한 특성으로 제시한 것은 매우 의미심장하다.

> 그의 위에 여호와의 영 곧 지혜와 총명의 영이요 모략과 재능의 영이요 지식과 여호와를 경외하는 영이 강림하시리니 그가 여호와를 경외함으로

즐거움을 삼을 것이며(사 11:2-3).

"경외하다"는 "두려움", "공포", "전율", "존경", "공경"을 뜻하는 히브리어 "야레"(yirah)를 번역한 것이다. 이 말은 히브리어에서 문맥에 따라 다양한 의미를 지닌다. 하나님의 원수들이 그분을 두려워하는 이유는 그분이 공의로 심판하시기 때문이다. 그들은 하나님이 맹렬한 "불"이시라는 것을 알고 있다(출 24:17, 신 4:24, 9:3, 사 29:6, 30:27, 30, 33:14, 히 12:29). "살아 계신 하나님의 손에 빠져 들어가는 것"은 참으로 두려운 일이다(히 10:31). 하나님 앞에서는 산들이 밀랍처럼 녹아내리고, 그분의 꾸짖음에 바다가 말라버린다(시 97:5, 사 50:2, 미 1:4, 나 1:4). 하나님이 분노하실 때는 아무도 그 앞에 서 있을 수 없다. 그분의 불같은 진노를 감당할 사람은 아무도 없다(시 76:7). 따라서 죄인들은 두려워하고, 경건하지 못한 자들은 떨 수밖에 없다(사 33:14). 그들은 산들과 언덕이 무너져 내려 하나님 앞에서 자기들을 숨겨주기를 간절히 바란다(호 10:8, 계 6:16).

악인들과 달리 하나님의 백성은 그분을 무서워하지 않으며, 그분의 주권과 그 위대하신 속성, 그 사역의 완전하심을 이해하는 데서 비롯하는 심오한 경외심을 느낀다. 하늘나라의 영광스러운 성도는 어린양의 노래로 이 진리를 분명하게 드러냈다.

주 하나님 곧 전능하신 이시여 하시는 일이 크고 놀라우시도다 만국의 왕이시여 주의 길이 의롭고 참되시도다 주여 누가 주의 이름을 두려워하지 아니하며 영화롭게 하지 아니하오리이까 오직 주만 거룩하시니이다 주의 의로우신 일이 나타났으매 만국이 와서 주께 경배하리이다(계 15:3-4).

그리스도인은 성령의 거듭나게 하시는 사역을 통해 하나님의 무한하신 가치와 완전하신 의, 말로 다할 수 없는 아름다움, 절대적인 권능, 깊이를 헤아릴 수 없는 사랑을 깨닫는다. 세상에서는 비교적 미약하지만, 거듭난 심령은 그런 깨달음을 통해 하나님을 공경하고 영화롭게 하고픈 열정을 느낀다. 그리스도인은 두렵고 떨리는 마음으로 구원을 이루려고 노력한다. 하나님이 자기 안에서 그 기쁘신 뜻을 위해 소원을 두고 행하게 하신다는 것을 의식하기 때문이다(빌 2:12-13). 그리스도인은 자기를 에워싸고 있는 불결함과 부도덕함을 멀리한다. 그런 것들 때문에 세상에 하나님의 진노가 임한다는 것을 알기 때문이다(엡 5:3-7). 그는 그리스도의 심판대 앞에 서서 자기가 행한 모든 일을 심판받아야 할 것을 알기에 하나님을 기쁘시게 하려고 노력한다(고후 5:9-10). 그는 하나님의 두려우심을 알기 때문에 자신의 삶을 그분께 복종시킬 뿐 아니라, 다른 사람들에게도 그렇게 살아가라고 권면한다(고후 5:11).

하나님에 대한 경외심은 그리스도인의 행위를 지배하는 데 그치지 않고, 하나님과의 관계에까지 깊은 영향을 끼친다. 이 사실을 기억하는 것이 중요하다. 하나님에 대한 경외심은 그리스도인을 겸손하게 만든다. 그리스도인에게는 하나님을 아버지로 부를 수 있는 특권이 주어졌다. 그러나 그는 아버지께서 하늘에 계시며, 만왕의 왕이자 만주의 주로서 가까이 가지 못할 빛에 거하신다는 사실을 분명하게 의식한다(마 6:9, 딤전 6:15-16). 성경은 그리스도인에게 담대하게 성부 하나님 앞에 나아가라고 가르친다. 그러나 참된 그리스도인은 자기에게 확실하게 주어지지 않은 자유를 남용하지 않고, 오직 그리스도를 위해 그분 앞에 나아간다는 사실을 잊지 않는다.[51] 그리스도인은 그리스도께서 자기를 "형제"라고 부르시기를 부끄러워하지 않으신다는 사실을 알고 큰 위안을 얻지만, 그분과 동등함을 주장하거나 존경심 없이 그분을 대하지 않는다(히 2:11). 혹시라도 그리스도를 경홀히 여겼거나 불경한 태도로 그분을 대했다는 것을 알면 가슴을 치며 부끄러워한다.

그리스도인은 하나님의 탁월하심과 그 사역의 위대하심을 아는 지식이 늘어갈수록 그분을 더욱 경외하게 된다. 결국에는 하나님에 대한 경외심이 삶 전체를 지배한다. 심지어 죄를 저지른 가운데서도 그는 하나님 앞에서 피할 수 없다는 사실을 의식하고, 깊고 지속적으로 경외심을 드러낸다. 하나님이 허락하신 경외심 덕분에 그리스도인은 잘못을 뉘우치고 고백한다.[52]

복음주의자나 복음주의 교회에서 하나님에 대한 경외심을 쉽게 찾아볼 수 없게 된 지 오래다. 이런 현상은 모든 것이 잘 되어가고 있지 않다는 증거다. 하나님에 대한 경외심과 참된 경건은 서로 직접적인 관계를 맺고 있기 때문에 전자가 없다는 것은 곧 후자도 없다는 증거로 받아들일 수 있다. 이미 살펴본 대로 하나님에 대한 경외심은 성경적 경건의 핵심 요소이기 때문에 성경은 그분의 참된 백성을 "여호와를 경외하는 자들"이라고 종종 일컫는다(말 3:16). 우리를 가장 잘 알고 있는 사람들이 과연 우리를 그런 식으로 일컬을지 자신에게 물어보

---

51) 엡 2:18, 3:12, 히 4:16. "오직 여호와는 그 성전에 계시니 온 땅은 그 앞에서 잠잠할지니라 하시니라"(합 2:20). "너는 하나님 앞에서 함부로 입을 열지 말며 급한 마음으로 말을 내지 말라 하나님은 하늘에 계시고 너는 땅에 있음이니라 그런즉 마땅히 말을 적게 할 것이라"(전 5:2).
52) 하나님은 "내가 그들에게 복을 주기 위하여 그들을 떠나지 아니하리라 하는 영원한 언약을 그들에게 세우고 나를 경외함을 그들의 마음에 두어 나를 떠나지 않게 하고"(렘 32:40)라고 선언하셨다. 경외심은 거듭나는 순간, 하나님이 그의 마음에 허락하신 선물이다. 그리스도인은 이러한 경외심을 기를 수 있으며, 마땅히 그렇게 해야 한다.

라. 하나님의 백성 가운데서 그분을 경외하는 마음을 찾아보기 힘든 이유가 무엇인지 아는가? 바로 그들이 하나님의 속성과 사역을 제대로 이해하지 못하고 있기 때문이다. 하나님에 대한 경외심이 없다는 것은 사람들이 거듭나지 못했거나 회심하지 못한 상태라는 증거다.

자손대대로 축복을 받는 방법

예레미야 32장 38-39절은 새 언약의 공동체에 관해 한 가지 약속을 더 언급한 후 끝을 맺는다. 하나님에 대한 경외심과 그로 인한 축복은 그리스도인과 교회는 물론 자손대대로 큰 유익을 가져다준다. 예레미야는 39절에서 "자기 후손의 복을 위하여 항상 나를 경외하게 하고"라고 말했다.

하나님을 경외하는 사람의 자손들을 축복하시겠다는 약속은 옛 언약 안에서 흔하게 볼 수 있다. 하나님을 경외하는 자는 스스로도 견고히 의지할 곳을 찾을 수 있고, 자손들에게도 확실한 피난처를 마련해 줄 수 있다(잠 14:26). 하나님은 창세기 18장 19절에서 아브라함에게 자신의 계획을 말씀하시면서 경건한 자들과 그들의 후손이 서로 밀접한 관계를 맺고 있다는 것을 분명히 보여주셨다.

> 내가 그로 그 자식과 권속에게 명하여 여호와의 도를 지켜 의와 공도를 행하게 하려고 그를 택하였나니 이는 나 여호와가 아브라함에게 대하여 말한 일을 이루려 함이니라.

아브라함의 하나님이 이삭과 야곱, 그리고 그의 모든 후손의 하나님이 되실 수 있었던 이유가 무엇인지 아는가? 바로 그가 진리의 청지기로서 임무를 충실히 이행했기 때문이다. 하나님의 위대하신 구원 사역과 그분의 계명을 가르치는 것, 그리고 경외심과 복종을 통해 참된 경건의 본을 보여 자손들을 교육하는 것은 각 세대의 이스라엘 백성에게 부과된 책임이었다. 각 세대는 다음 후손은 물론 주변 이방 나라들의 빛이 되어 하나님께 복종하는 삶이 가져다주는 축복을 일깨워 주어야 할 사명이 있었다. 그래서 모세는 이스라엘 민족에게 다음과 같이 권고한 것이다.

> 이스라엘아 들으라 우리 하나님 여호와는 오직 유일한 여호와이시니 너는 마음을 다하고 뜻을 다하고 힘을 다하여 네 하나님 여호와를 사랑하라 오늘 내가 네게 명하는 이 말씀을 너는 마음에 새기고 네 자녀에게 부지런히 가르치며 집에 앉았을 때에든지 길을 갈 때에든지 누워 있을 때에든지 일어날 때에든지 이 말씀을 강론할 것이며 너는 또 그것을 네 손목에 매어 기호를 삼으며 네 미간에 붙여 표로 삼고 또 네 집 문설주와 바깥문에 기록할지니라(신 6:4-9).
>
> 너희는 지켜 행하라 이것이 여러 민족 앞에서 너희의 지혜요 너희의 지식이라 그들이 이 모든 규례를 듣고 이르기를 이 큰 나라 사람은 과연 지혜와 지식이 있는 백성이로다 하리라(신 4:6).

각 세대의 아버지들은 다음 세대를 교육하는 일에 온전히 헌신해야 했다. 그들은 하나님의 명령을 마음에 깊이 간직하고, 부지런히 자녀들을 가르쳐야 했다. 하나님과 그분의 말씀은 집 안팎에서 이루어지는 모든 삶의 중심이 되어야 했다(신 6:6-9). 그런데 율법과 선지자들이 이스라엘 민족에게 이 사명의 중요성을 끊임없이 강조했는데도, 그들은 좀처럼 귀를 기울이지 않았다. 사사기 저자는 약속의 땅에 들어간 첫 세대부터 진리의 청지기의 사명을 등한시했다고 증언한다.

> 그 세대(여호수아의 세대)의 사람도 다 그 조상들에게로 돌아갔고 그 후에 일어난 다른 세대는 여호와를 알지 못하며 여호와께서 이스라엘을 위하여 행하신 일도 알지 못하였더라(삿 2:10).

이스라엘의 역사를 돌아보면, 간간히 영적 부흥의 시기가 있었지만 그 기간이 매우 짧은 것을 알 수 있다. 자녀들을 가르치라는 고귀한 사명을 충실히 이행한 세대가 거의 없었다. 그러나 예레미야는 본문에서 하나님의 백성에 속한 모든 사람이 그분을 경외함으로 그들 자신뿐 아니라 후손을 유익하게 할 날이 올 것이라고 예언했다(렘 32:38-39).

본문은 하나님이 그리스도인 가정에서 태어나는 자녀를 모두 구원하신다고 보장하지 않는다. 그러나 참된 그리스도인, 곧 교회의 참 지체라면 누구나 하나님을 깊이 경외하여 자기 자손은 물론, 살면서 마주치는 모든 사람을 영적으로 크게 유익하게 할 것이라고 약속하고 있다. 사실 참된 그리스도인을 입증하는 가장 큰 증거 가운데 하나는 그를 통해 주위 사람들, 특히 배우자나 자녀처럼 그와 가장 가까운 사람들에게 영적 축복이 전달되는 것이다. 교회도 마찬가지다. 교회가 참 교회라는 증거는 그 가르침과 경건한 믿음으로 다른 사람들에게 영적 유익을 끼치는 것이다.

결론적으로 그리스도인을 자처하는 사람은 다음 몇 가지 질문에 대답해야 한다.

"하나님을 경외하고 있다는 사실이 내 삶에서 명확하게 드러나고 있는가? 우리의 공적인 모임이나 교회 안에서 하나님에 대한 경외심을 분명히 확인할 수 있는가? 진리의 청지기로서 하나님의 진리를 후손들에게 충실히 가르치고 있는가? 자녀들을 가르치라는 고귀한 사명을 잘 이행하고 있고, 내가 보여주는 삶이 그들을 유익하게 하고 있는가?"

이런 일들이 생소하게 느껴지거나 찾아보기 어렵다면 크게 우려해야 한다. 이런 일들은 기독교 신앙의 선택 사안이 아니라, 그 진실성을 입증하는 확실한 증거다.

그러면 어떻게 해야 할 것인가?

지금까지 새 언약의 백성에게서 발견되는 세 가지 특성을 살펴보았다. 첫째, 참된 그리스도인은 한마음으로 연합해 하나님과 서로를 사랑한다. 둘째, 참된 그리스도인은 한 길(하나의 목표와 윤리 규범)로 행한다. 참된 그리스도인은 모두 예수 그리스도를 따른다. 셋째, 참된 그리스도인은 하나님을 진정으로 경외한다. 하나님에 대한 경외심은 그들과 그들의 후손까지 유익하게 한다.

회심의 급진적인 본질은 아무리 강조해도 지나치지 않다. 그렇지만 그리스도인은 회심하는 순간 완전해지는 것이 아니다. 여전히 우리는 영화로워질 마지막 구원의 날을 기다린다(롬 8:30, 고전 15:51-52, 엡 1:14, 4:30, 빌 3:19-20). 성령께서 우리 안에서 이루신 모든 변화에도 불구하고 아직도 부패한 본성이 남아 있다. 부패한 본성은 우리의 새로운 본성을 거스르고, 그리스도께 복종하며 참된 경건을 추구하려는 우리의 노력을 방해한다. 사도 바울은 이 원수를 "육체"로 일컬으며 육신과의 싸움을 이렇게 묘사했다.

> 육체의 소욕은 성령을 거스르고 성령은 육체를 거스르나니 이 둘이 서로 대적함으로 너희가 원하는 것을 하지 못하게 하려 함이니라(갈 5:17).

신앙생활이란, 새사람이 육신과 마귀와 세상을 상대로 격렬한 싸움을 벌이는 것이다. 죄에 맞서 싸우다가 쓰라린 패배를 맛보기도 하고 곁길로 치우치기도 한다. 그러나 그러면서도 끝까지 전진하는 것은 우리 안에서 하나님의 사역이 이루어지고 있다는 확실한 증거다.

그러나 새 언약의 백성에 관한 성경의 가르침과 이 시대 기독교가 처한 상황 사이에는 큰 괴리가 존재한다. 인본주의와 물질주의가 하나님을 사랑하는 마음과 형제를 위한 희생적인 사랑을 대체했다. 성도에게 단번에 전달된 핵심 교리들이 개인의 취향, 이 시대의 편의, 심리학의 잣대로 재해석되고 있다. 또한 성경 본문의 문법이나 문맥은 물론 순수한 믿음의 전통을 유지하던 옛 시대의 신조와 고백까지 모조리 경시되고 있다. 영원한 상급을 바라보고 오로지 그리스도를 본받기 위해 노력하던 삶이 자기실현을 통한 일시적인 행복을 추구하는 삶으로 바뀌었다.[53] 하나님에 대한 경외심도 현대인의 연약한 마음으로 받아들이기에는 몹시 가혹하다는 이유로 성경의 다른 교리들과 더불어 거부되거나 경시되는 경우가 비일비재하다.

성경의 가르침과 역사적 기독교의 가장 숭고한 신앙고백에서 이탈한 것을 고려하면, 복음주의 공동체 안에 세속주의와 죄가 홍수처럼 넘실거리는 현상이 조금도 놀랍지 않다. 그러나 복음주의를 표방하는

---

53) 자기실현을 앞세우면 하나님은 모든 것의 중심에서 밀려나 오로지 인간의 행복을 위해 존재하는 하인 같은 신으로 전락하실 수밖에 없다.

그리스도인과 교회를 생각할 때 가장 두려운 일은 그들이 죄에 맞서 싸우기는커녕 전혀 아무런 고민도 하지 않는다는 것이다. 오늘날 기독교의 가장 큰 위험은 세속주의와 냉랭함, 자기애에 사로잡힌 것이 아니라, 그런 죄에 아무런 문제의식이 없다는 것이다. 사실 많은 그리스도인이 그런 문제가 있다는 것조차 알지 못한다. 이런 분명하고도 끔찍한 문제를 보지 못하는 이유는 두 가지뿐이다.

첫째, 복음주의 내에 있는 사역자와 교인들이 회개하지 않은 육에 속한 사람일 가능성이다. 미국의 대각성 운동 당시에도 그랬다. 위대한 복음 전도자 조지 휘트필드는 이렇게 말했다.

> 나는 설교자들 가운데 그리스도를 알지도 못하고, 느끼지도 못하는 이들이 많다고 확신한다. 교회가 이처럼 죽어 있는 이유는 죽은 사람들이 설교하기 때문이다. 오, 주님이 그분의 이름을 위해 그들을 소생시키시고 회복시켜주신다면 더 바랄 것이 없겠다. 죽은 사람이 어떻게 살아 있는 자녀를 낳을 수 있겠는가? 물론 하나님은 원하신다면 마귀를 통해서도 사람들을 회심시킬 수 있으시기 때문에 회개하지 않은 사역자들을 통해서도 얼마든지 그렇게 하실 수 있다. 그러나 나는 하나님이 그 두 가지 수단으로 자신의 목적을 이루시는 일이 거의 없다고 믿는다. 오히려 주님은 복되신 성령의 사역을 통해 그분의 거룩한 목적에 합당하게 만드신 그릇을 선택하실 것이다.[54]

---

54) George Whitefield, *George Whitefield's Journals* (London: Banner of Truth, 1960), 470. 『조지 휘트필드의 일기』, 지평서원.

누군가가 복음주의 안에 회개하지 않은 사람이 차고 넘친다고 말하면, 그 사람은 "사랑이 없다", "자기 의를 주장한다", "관용이 없다"는 비난을 받기 십상이다. 그러나 우리는 그렇게 말하지 않을 수 없다. 심지어 매우 단호하게 믿음을 고백했더라도 반드시 회심했다고 할 수는 없다. 예수님은 자기를 "주여, 주여!"라고 부르는 사람들이 다 천국에 들어가는 것이 아니라, 성부의 뜻대로 행하는 사람만이 들어갈 것이라고 경고하셨다(마 7:21). 그리스도인은 그 열매로 안다(마 7:16, 20). 심판이 가까워 오고 있는데도 믿음만 고백했을 뿐 아무 열매를 맺지 못하는 복음주의 그리스도인들을 그대로 방치하는 것은 그들을 사랑하는 행위와는 거리가 멀다. 하나님은 에스겔 선지자에게 이렇게 말씀하셨다.

> 너는 내 입의 말을 듣고 나를 대신하여 그들을 깨우치라 가령 내가 악인에게 말하기를 너는 꼭 죽으리라 할 때에 네가 깨우치지 아니하거나 말로 악인에게 일러서 그의 악한 길을 떠나 생명을 구원하게 하지 아니하면 그 악인은 그의 죄악 중에서 죽으려니와 내가 그의 피 값을 네 손에서 찾을 것이고(겔 3:17-18. 에스겔 33장 7-9절 참고).

둘째, 진정으로 회개한 사람들 가운데 지식이 부족한 사람이 많기 때문일 수 있다. 이는 강단에 서 있는 설교자들의 잘못이다. 그들은 하나님의 속성을 거의 가르치지 않고, 인간의 전적 타락을 부인하거나 무시한다. 또한 십자가를 거룩하신 하나님의 공의를 만족시키고 그분의 진노를 달래기 위한 화목 제물이 아니라, 단순히 목숨을 바쳐 사랑을 베푼 사건으로 다룬다. 게다가 복음을 그리스도에 관한 몇 가지 진술로 축소시켜 빈약한 내용의 교리를 전하는 데 그친다. 회개와 믿음을 요구하는 복음 초청도 죄인과 하나님 사이에 이루어지는 미신적인 상호 거래로 대체된다. 목회자들은 고개를 숙이거나, 손을 들거나, 죄인의 기도를 되풀이하는 사람들에게 구원의 확신을 남발한다. 그리스도를 믿는다고 고백하는 이들에게 스스로가 믿음 안에 있는지 시험해 보라거나, 그들의 부르심과 택하심을 굳게 하라고 권고하지 않는다(고후 13:5, 벧후 1:10). 거룩함(성화)이 없으면 아무도 주님을 볼 수 없다는 가르침은 좀처럼 듣기 어렵다(히 12:14). 설교자들은 사람에게 경건한 믿음을 가르쳐 영원을 준비하게 하는 교리보다는 이 세상에서 최선의 삶을 사는 데 필요한 실천 원리를 가르치는 데 열중한다. 그런 노력은 아무리 많이 기울여봤자 말씀을 듣지 못함으로 인한 배고픔과 목마름을 조금도 해결할 수 없다(암 8:11).

그렇다면 이 문제를 해결하려면 어떻게 해야 할까? 첫째, 우리 힘으로는 해결책을 찾을 수 없다는 것을 인정하고, 문제를 해결해 달라고 하나님께 간절히 부르짖어야 한다. 에스겔 당시 하나님은 성벽을 쌓고 자신이 그 성을 멸망시키지 못하도록 막을 의로운 사람을 찾으셨지만, 그런 사람을 찾을 수 없었다고 하셨다(겔 22:30). 하나님이 교회를 세워 온 세상을 찬양하는 곳으로 만드실 때까지 밤낮으로 부르짖으라. 그래서 그분이 쉬지 못하시게 하라. 우리 자신이 그런 사람이 될 수 있기를 간절히 기도하자(사 62:6-7, 에스겔 36장 37-38절 참고).

둘째, 교회를 성장시키기 위해 도입한 속된 방법을 부끄럽게 여기고 모두 내버려야 한다. 사울의 갑옷을 벗어버리고, 우리의 물매에 가장 적합한 돌(하나님 말씀, 중보기도, 희생적인 사랑)을 선택해야 한다. 우리가 육신으로 행하더라도 육신에 따라 싸우지 않는다는 사실을 절대로 잊지 말라. 우리의 무기는 "복음"과, 하나님 나라의 발전을 반대하는 견고한 진과 방해 요인들을 제거하는 "하나님의 강력한 능력"이다. 오직 하나님의 능력으로 우리 시대의 사변과 하나님을 아는 지식을 대적하여 높아진 것들을 물리칠 수 있다. 오직 하나님의 방법으로만 모든 생각을 사로잡아 그리스도께 복종시킬 수 있다(고후 10:3-5).

셋째, 사람에게 인정받으려는 심리가 우리를 지배하게 해서는 안 된다. 우리는 하나님의 사람에게 합당한 칭찬 말고는 그 어떤 칭찬에도 귀를 기울여서는 안 된다. 사도 바울은 이 문제를 이처럼 구체적으로 언급했다.

> 오직 모든 일에 하나님의 일꾼으로 자천하여 많이 견디는 것과 환난과 궁핍과 고난과 매 맞음과 갇힘과 난동과 수고로움과 자지 못함과 먹지 못함 가운데서도 깨끗함과 지식과 오래 참음과 자비함과 성령의 감화와 거짓이 없는 사랑과 진리의 말씀과 하나님의 능력으로 의의 무기를 좌우에 가지고 영광과 욕됨으로 그러했으며 악한 이름과 아름다운 이름으로 그러했느니라 우리는 속이는 자 같으나 참되고 무명한 자 같으나 유명한 자요 죽은 자 같으나 보라 우리가 살아 있고 징계를 받는 자 같으나 죽임을 당하지 아니하고 근심하는 자 같으나 항상 기뻐하고 가난한 자 같으나 많은 사람을 부요하게 하고 아무것도 없는 자 같으나 모든 것을 가진 자로다(고후 6:4-10).

15
영원한 언약을 붙잡고 담대하라

내가 그들에게 복을 주기 위하여 그들을 떠나지 아니하리라 하는 영원한 언약을 그들에게 세우고 나를 경외함을 그들의 마음에 두어 나를 떠나지 않게 하고(렘 32:40).

진정한 그리스도인이라면 누구나 깊이 깨닫는 사실이 있다. 바로 자신의 안전과 구원 확신이 언약에 대한 "하나님의 신실하심"과 그리스도께서 우리를 위해 이루신 "온전한 구원 사역"이라는 두 가지 위대한 진리에 근거한다는 것이다.[55] 참된 그리스도인의 두드러진 한 가지 특성은 구원이 모두 하나님, 그리스도, 은혜 덕분이라는 사실을 더욱 깊이 알아간다는 것이다. 우리가 하나님을 사랑하지 않았는데도, 그분은 우리를 사랑하셨다(요일 4:10). 그리고 우리는 하나님께 나아가지 않았지만, 그분이 우리에게 가까이 오셨다(요 3:19-20). 또한 우리는 연약하지만, 하나님은 우리를 올바로 붙잡아 주신다(롬 5:6). 우리는 수

---

55) "나 여호와는 변하지 아니하나니 그러므로 야곱의 자손들아 너희가 소멸되지 아니하느니라"(말 3:6). "예수께서 신 포도주를 받으신 후에 이르시되 다 이루었다 하시고"(요 19:30).

없이 넘어지고 마귀와 양심의 비난에 시달리지만, 하나님은 우리를 결코 떠나지 않으신다(요일 3:20, 계 12:10).

구원이 모두 은혜로 이루어진다는 사실을 바르게 이해한 그리스도인은, 구원이 자신의 공로나 선행의 결과라는 생각을 절대로 받아들이지 않는다. 성숙한 그리스도인은 다른 사람들이 자신을 높이고 그리스도를 경시하게 하기보다는 차라리 자신의 잘못이 드러나 사람들에게 멸시당하는 편을 선택할 것이다. 그는 그리스도 앞에서 받는 칭찬 말고는 그 어떤 칭찬에도 관심을 기울이지 않는다. 따라서 성숙한 그리스도인은 인간의 타락을 강조하는 설교에 아무런 반감을 느끼지 않는다. 그는 인간의 어두운 측면을 더욱 깊게 파헤칠수록 새벽별이신 그리스도께서 더욱 밝게 빛나실 것을 잘 알고 있다(벧후 1:19, 계 22:16, 말 4:2, 눅 1:76-79).

성숙한 그리스도인은 하나님이 자신을 위해 행하시는 사역을 즐거워하며, 자신의 칭의와 성화와 영화가 모두 그리스도께 달려 있다는 사실을 자랑스럽게 여긴다(고전 1:30). 그는 마음속으로 "내게는 우리 주 예수 그리스도의 십자가 외에 결코 자랑할 것이 없으니"(갈 6:14), "여호와여 영광을 우리에게 돌리지 마옵소서 …… 주의 이름에만 영광을 돌리소서"(시 115:1)라고 부르짖는다. 바울은 빌립보 교회에 보낸 서신에서 이 진리를 놀랍도록 명확하게 진술했다. 그는 참된 그리스도인의 특성을 강력하면서도 명쾌하게 묘사했다.

> 하나님의 성령으로 봉사하며 그리스도 예수로 자랑하고 육체를 신뢰하지 아니하는 우리가 곧 할례파라(빌 3:3).

회심의 참된 증거는 우리 자신을 조금도 신뢰하지 않고, 오로지 그리스도와 그분의 사역을 자랑하는 것이다. 참된 그리스도인은 오로지 "믿음으로 하나님께로부터 난 의"를 의지한다(빌 3:8-9). 그는 크게 기뻐하며 이렇게 소리쳐 외친다. "오직 믿음으로! 오직 은혜로! 오직 그리스도로! 오직 하나님께 영광을!"

이 진리는 아무리 강조해도 지나치지 않다. 믿음이 성장할수록 우리는 쇠하고 그리스도께서는 흥하신다(요 3:30). 참된 그리스도인은 자신의 공로를 의지할 생각을 모두 버리고 그리스도께서 이루신 온전한 사역을 의지한다. 그리고 자신의 내면을 보지 않고, 밖으로 눈을 돌려 오직 그리스도만 바라본다. 짐을 실은 낙타가 바늘구멍을 지나갈 수 없는 것처럼(마 19:24, 막 10:25, 눅 18:25), 자기 의를 짊어지고서는 그 누구도 하나님 나라에 들어갈 수 없다.

언약에 대한 하나님의 신실하심

예레미야 32장 40절에 따르면, 하나님은 자기 백성과 영원한 언약을 맺겠다고 약속하셨다. 자기 백성에게 복을 주기 위해 그들을 떠나지 않으시겠다는 하나님의 약속은 절대 변하거나 취소되지 않는다. "영원한"은 "영구적인", "결코 다함이 없는", "항구적인"을 뜻하는 히브리어 "올람"(olam)을 번역한 것이다. 본문에 이 용어가 사용된 이유는 언약에 대한 하나님의 신실하심과 언약의 결과가 영원하다는 것을 입증하기 위해서다.[56]

---

56) Matthew Henry, *Matthew Henry's Commentary on the Whole Bible* (London: Fleming H. Revell, n.d.), 4:616.

그리스도인의 삶이 다하고, 그 뒤로 수많은 세대가 지나가고, 셀 수 없이 많은 날이 영원히 지나더라도 새 언약의 축복은 결코 사라지지 않는다. 메시아의 강림으로 말세가 도래했고, 율법과 선지서에 기록된 모든 예언이 성취되었다(사 2:2, 호 3:5, 마 5:17, 11:13, 행 24:14, 28:23, 롬 3:21, 히 1:2, 벧후 3:3). 때가 되자 그리스도 안에 있는 모든 것이 우리에게 주어졌다(엡 1:10). 우리는 여전히 몸의 구원과 만물의 종국을 기다리고 있지만, 지금 하나님 앞에서의 우리의 신분이 영원히 변하지 않으리라는 것을 잘 알고 있다(롬 8:23, 엡 1:14, 4:30, 빌 3:20-21, 살전 1:10, 계 21:1). 하나님은 우리의 하나님이 되셨고, 우리는 그분의 백성이 되었다. 하나님은 그리스도 안에서 하늘에 속한 모든 신령한 복을 우리에게 주셨다(엡 1:3). 우리의 지위는 확고하게 확립되었고, 영원하며, 절대 취소되거나 변하지 않는다. 하나님이 자기 백성을 버리신다면, 밤과 낮의 질서와 우주의 법칙이 바뀌게 될 것이다(렘 33:25-26). 여자는 자기 젖을 먹은 자식을 잊고 자기가 낳은 아이를 불쌍히 여기지 않을 수 있을지 몰라도, 하나님은 절대로 우리를 잊지 않으신다. 하나님은 우리를 그분의 손바닥에 새기셨다(사 49:14-16).

본문에 구체적으로 명시되어 있지는 않지만, 그 말투를 보면 새 언약이 절대 변하지 않으리라는 확신의 근거가 하나님의 완전무결한 성품에 있다는 것을 알 수 있다. 하나님은 예레미야를 통해 자신이 구원의 창시자이자 실행자라는 사실을 분명하게 보여주셨다. 모든 언약이 그분께 달려 있다. 그분은 "내가 …… 영원한 언약을 그들에게 세우고 나를 경외함을 그들의 마음에 두어 나를 떠나지 않게 하고"(렘 32:40)라고 말씀하셨다. 이런 하나님의 말씀은 새 언약이 전적으로 그분의 신실하심과 약속하신 것을 이루시는 능력에 의존한다는 것을 보여준다.

이 진리에는 두 가지 의미가 담겨 있다. 첫째, 모든 영광은 하나님의 것이라는 의미다. 구원은 처음부터 끝까지 하나님의 사역을 통해 이루어진다. 따라서 그로 인한 영광도 모두 하나님께 돌아가야 마땅하다. 둘째, 우리의 구원이 조금이라도 우리 자신에게 달려 있다면, 우리는 도무지 회복할 수 없는 절망의 나락으로 떨어질 것이 분명하다는 의미다. 그러나 언약은 결코 실패하지 않으시는 하나님과 영원토록 무한한 효력을 발휘하는 구원 사역에 근거한다.

이런 사실을 더욱 분명하게 이해하려면 우리 자신에게 이렇게 물어보라.

"이 언약이 조건적이라면 우리 가운데 가장 훌륭한 사람이 무슨 희망을 가질 수 있을까? 하나님의 심판의 보좌 앞에서 우리의 악한 행위는 모두 걸러내고, 가장 훌륭한 행위만 나열한다 치더라도 과연 무슨 소용이 있을까? 성경이 이미 우리의 가장 의로운 행위조차도 더러운 누더기에 불과하다고 말씀하지 않았는가?"

눈부시게 하얀 하나님의 의 앞에서 우리 모두는 잎사귀처럼 시들고, 우리의 죄악은 바람같이 우리를 몰아간다(사 64:6).

언약을 맺으신 하나님의 변함없는 신실하심을 증언하는 말씀이 예레미야를 통해 주어지지 않았다면, 모든 그리스도인은 도무지 빠져나올 수 없는 궁지에 처하게 될 것을 직감할 수 있다. 우리는 이 말씀을 통해 하나님이 우리의 무능력함에도 우리와 영원하고 무조건적인 언약을 맺으셨다는 사실을 확실히 알 수 있다. 모든 것을 하나님이 이루시기 때문에 우리는 현세에서뿐 아니라, 내세에서까지 이 말씀을 굳건한 토대로 삼을 수 있다. 이것이 우리가 이구동성으로 오직 은혜로 구원받았기 때문에 아무도 자랑할 수 없다고 인정하는 이유다(엡 2:8-9).

구약성경에서 새 언약의 영원하고 무조건적인 특성을 언급한 선지자는 예레미야만이 아니다. 이사야도 같은 예언을 남겼다. 하나님은 그를 통해 자기 백성에게 이렇게 선언하셨다.

> 너희는 귀를 기울이고 내게로 나아와 들으라 그리하면 너희의 영혼이 살리라 내가 너희를 위하여 영원한 언약을 맺으리니 곧 다윗에게 허락한 확실한 은혜이니라(사 55:3).

이 본문은 하나님이 자기 백성과 맺으신 언약이 다윗에게 허락하신 확실한 은혜에 근거하고 있다고 말한다. 이 구절은 조금 해석하기 어렵지만, 많은 학자의 의견을 정리해서 말해 보겠다.

첫째, 하나님이 다윗에게 허락하신 가장 큰 은혜는 메시아의 약속이다. 다윗은 자기 조상들에게 돌아갔고, 그의 계보는 죄와 불순종 때문에 거의 모두 끊기고 말았다.[57] 그러나 하나님은 쓰러진 나무와 같은 다윗의 계보에서 "한 가지"가 나게 하겠다고 약속하셨다(사 4:2, 11:1, 렘 23:5, 33:15, 슥 3:8, 6:12). 하나님은 자기 백성을 소생시키실 것이고, 다윗의 가문과 보좌는 그분의 은혜 덕분에 영원히 견고하게 지속될 것이다.[58]

하나님이 자기 백성과 맺으신 영원한 언약은 그분의 신실하신 은혜

---

[57] 왕상 2:10, 행 2:29, 13:36. 그리스도께서 강림하실 무렵, 다윗 왕조는 "마른 땅"(사 53:2)과 쓰러진 나무의 "뿌리"(사 11:1) 같은 처지가 되고 말았다.
[58] "네 집과 네 나라가 내 앞에서 영원히 보전되고 네 왕위가 영원히 견고하리라 하셨다 하라"(삼하 7:16). "그의 후손이 장구하고 그의 왕위는 해같이 내 앞에 항상 있으며 또 궁창의 확실한 증인인 달 같이 영원히 견고하게 되리라 하셨도다"(시 89:36-37). "그에게 권세와 영광과 나라를 주고 모든 백성과 나라들과 다른 언어를 말하는 모든 자들이 그를 섬기게 하였으니 그의 권세는 소멸되지 아니하는 영원한 권세요 그의 나라는 멸망하지 아니할 것이니라"(단 7:14).

에 근거한다. 때가 되었을 때, 곧 우리가 하나님 없이 세상에서 무기력하게 살아갈 때 다윗의 혈통에서 메시아가 탄생하셨다(롬 1:3, 5:6, 갈 4:4, 엡 2:12). 그분은 우리의 허물 때문에 찔리셨고, 우리의 죄악 때문에 상하셨으며, 그분이 채찍에 맞으신 덕분에 우리가 나음을 받았다(사 53:5). 사흘 째 되는 날, 하나님은 그리스도를 다시 살리셨고 사망의 고통을 제거하셨다. 그리스도께서는 사망에 매여 있을 수 없으셨기 때문이다(마 16:21, 요 2:19-21, 행 2:24, 고전 15:4). 그 후 그리스도께서는 하늘에 오르셔서 하나님의 오른편에 앉으셨다(막 16:19, 히 1:3, 10:12, 12:2). 그분을 통해 다윗의 무너진 장막이 재건되었고, 그분의 이름으로 일컬음을 받는 이방인들을 비롯해 모든 인류가 주님을 찾을 수 있는 길이 열렸다(행 15:16-17). 우리는 주님 안에서 그분이 우리에게 풍성하게 베푸시는 은혜를 따라, 그분의 보혈로 구속되어 모든 죄를 용서받았다(엡 1:7-8).

메시아가 오셔서 무너진 다윗의 가문을 재건하시는 것은 유한한 인간의 능력으로는 도저히 불가능한 일이었다. 주님은 완전히 파괴되어 비참한 상태에 처한 우리를 찾아오셔서 그 무한하신 은혜로 우리와 영원한 언약을 맺으셨다. 다윗처럼 우리의 구원과, 구원의 연속성도 전적으로 하나님과 그리스도께 의존한다. 이 진리는 스스로에게서 희망을 찾지 못하는 이들에게 무한한 희망을 가져다준다. 우리는 실패를 거듭하지만 우리의 구원은 안전하다. 하나님이나 그리스도께서 우리와 맺으신 언약을 끝까지 이루시지 못할 가능성은 없기 때문이다.

둘째, 하나님이 다윗에게 베푸신 확실한 은혜는 그가 목동의 신분에서 이스라엘의 왕이 된 과정이나, 메시아를 통해 그의 계보를 영원히 잇게 하시겠다는 약속에만 국한되지 않는다. 그 은혜는 하나님이 설령 다윗이 죄를 저지른다고 해도 그를 끝까지 보존하시겠다는 약속을 보장한다. 다윗은 많은 장점을 지니고 있었지만, 우리와 마찬가지로 하나님의 율법을 거스르는 죄를 많이 저질렀다. 그는 믿음으로 하나님을 붙잡았고 다른 왕들과 달리 우상 숭배에 치우치지 않았지만, 몇 가지 극악무도한 죄를 저질렀다. 다윗이 제사장 아히멜렉을 속이는 바람에 놉에 있는 제사장들이 무고히 학살당해야 했다(삼상 21:2-10, 22:9-19). 그리고 밧세바와 간통한 탓에 무죄한 그의 남편 우리아가 목숨을 잃었고, 그와 밧세바 사이에서 태어난 아들이 명을 달리해야 했다(삼하 11:2-5, 14-17, 12:15-18). 또한 그가 교만에 사로잡혀 인구조사를 실시한 결과, 전염병이 돌아 단에서 브엘세바까지 칠만 명이 목숨을 잃었다(삼하 24:2-17). 그러나 다윗의 죄에도 불구하고 하나님은 그와 그의 가문과 맺으신 약속을 모두 지키셨다. 다윗은 말년에 이렇게 노래했다(이는 기록으로 남은 그의 마지막 노래다).

> 하나님이 나와 더불어 영원한 언약을 세우사 만사에 구비하고 견고하게 하셨으니(삼하 23:5).

다윗에게 주어진 은혜나 새 언약 안에서 우리에게 주어진 은혜나 모두 하나님의 완전하신 성품에 근거한다. 언약이 만사에 구비하고 견고한 이유는 그것이 하나님의 언약이기 때문이다. 하나님은 변하지 않으시기 때문에 우리는 소멸되지 않는다(말 3:6). 하나님은 우리가 자격을 갖추어서가 아니라, 순전히 예수 그리스도를 믿는 믿음 안에서 우리에게 주어진 은혜와 사랑 때문에 복을 주겠다고 약속하셨다. 다윗이 시편에서 높이 찬양한 하나님의 은혜가 가능하게 된 이유는 그리스도와 그분의 속죄 사역 때문이다.

하나님의 영원한 언약과 그 안에 담겨 있는 약속들 덕분에 그리스도인의 안전은 영원히 보장된다. 하나님은 그리스도 안에서 우리 각자와 영원하고 절대 변하지 않는 언약을 맺으셨다. 즉 우리를 절대 떠나지 않으시고, 복을 주시겠다는 약속을 맺으셨다. 이 진리를 믿음으로 받아들이면 아무리 연약한 그리스도인이라도 큰 희망을 가질 수 있다. 양심이 우리를 끊임없이 괴롭히고 원수 마귀가 우리를 잔인하게 비난해도, 우리는 사자처럼 담대할 수 있다. 우리를 고발하는 마귀가 우리 죄를 하나하나 거론하며 언약이 폐했다고 선언할 때, 우리는 하나님의 신실하심과 그리스도께서 우리를 대신하여 이루신 온전한 속죄 사역을 의지한다. 마귀가 우리에게 보복하려고 달려들 때는 우리도 서둘러 그리스도를 굳세게 붙잡는다. 우리는 두려워하거나 포기하지 않는다. 우리의 희망이 하나님의 확실한 은혜에 근거한 영원한 언약에 있기 때문이다. 그분은 우리에게 복을 주시기 위해 우리를 절대로 떠나지 않으신다.

하나님은 절대로 우리를 떠나지 않으신다

우리가 지금까지 살펴본 약속은 그리스도인을 위한 희망의 토대이자 원천이다. 그런데도 이 약속은 잘못 해석될 때가 많았다. 하나님이 우리를 떠나지 않으시겠다고 우리와 영원한 언약을 맺으셨다면, 우리가 방탕한 삶을 살아도 우리의 구원이 안전하다는 말인가? 은혜를 더하게 하려고 죄에 계속 거해야 할까?(롬 6:1) 절대로 그렇지 않다. 자기 백성을 떠나지 않겠다고 약속하신 하나님은 또한 그들에게 경외심을 주어 자기를 떠나지 않게 하겠다고 약속하셨다. 하나님은 예레미야를 통해 "내가 그들에게 복을 주기 위하여 그들을 떠나지 아니하리라 하는 영원한 언약을 그들에게 세우고 나를 경외함을 그들의 마음에 두어 나를 떠나지 않게 하고"(렘 32:40)라고 말씀하셨다.

이 본문을 제대로 이해해서 적용하려면 그 안에 두 가지 독립된 약속이 담겨 있다는 사실을 알아야 한다. 이 두 가지 약속은 동전의 양면과 같아서 하나가 없으면 다른 하나도 저절로 유지될 수 없다. 하나님은 첫째 약속을 통해 자기 백성과 영원한 언약을 맺고, 그들에게 복을 주시기 위해 그들을 떠나지 않겠다고 맹세하셨다. 그와 동시에 그분은 둘째 약속을 통해 자기 백성의 마음에 경외심을 주어 자기를 떠나 영원히 불신앙과 반역을 일삼는 상태에 처하지 않게 하겠다고 맹세하셨다. 실수를 거듭하고 때로는 심각한 죄를 저지를 수 있지만, 참된 그리스도인이라면 모두 죄를 뉘우치고 돌이켜 믿음을 회복할 것이 분명하다(약 3:2). 참된 그리스도인은 하나님을 온전히 떠나거나 멸망을 향해 달려가지 않는다(히 10:39). 교회의 위대한 신앙고백은 이 영광스러운 진리를 이렇게 진술한다.

> 성도는 사탄과 세상의 유혹, 그들 안에 남아 있는 부패한 본성, 견인을 위한 수단들을 무시하는 태만함 때문에 심각한 죄를 저지를 수 있고, 한동안 그런 상태에 머물 수 있다. 그 때문에 그들은 하나님을 불쾌하시게 하고, 그분의 성령을 슬프시게 한다. 또한 자신들이 받은 은혜와 위로를 훼손하고, 마음을 강퍅하게 하며, 양심에 상처를 입히고, 다른 사람들을 실족하게 만들며, 일시적인 심판을 자초한다. 그러나 (이 모든 것에도 불구하고) 그들은 (머지않아) 새롭게 죄를 뉘우치고, 예수 그리스도를 믿는 믿음을 통해 끝까지 보존된다.[59]

아마도 그리스도인의 회심은 우주 안에 드러난 하나님의 권능 가운데 가장 탁월한 권능을 보여주는 사건일 것이다. 개인의 결단이 필요하긴 하지만, 회심은 처음부터 끝까지 주로 하나님의 사역을 통해 이루어진다. 하나님은 회심하는 순간에 사람의 마음을 거듭나게 하시고 새롭게 변화시키셔서 그를 새로운 피조물로 만드신다(고후 5:17). 이것은 시적인 표현이나 과장된 비유가 아니라, 엄연한 현실이다.

그리스도인은 성령의 거듭나게 하시는 사역을 통해 의로운 성향을 지닌 새로운 본성을 부여받아 더 이상 하나님을 떠나 세상과 벗하며 죄를 짓지 않는다.[60] 죄를 지을 수는 있지만 죄 가운데 오래 머물지 않는다. 그리고 안팎에서 전해오는 여러 가지 압력에 못 이겨 다시 하나님께로 돌아온다. 그리스도인의 새로운 본성은 자신의 죄를 못마땅하게 여기고, 먹어서는 안 될 고기가 아직 이 사이에 있는 동안에도 죄를 혐오하게 만든다(민 11:33). 그의 안에 거하시는 성령께서 죄를 깨우쳐주시고, 하나님의 은혜 안에서 용서와 회복을 얻을 수 있다는 희망을 갖게 해주신다(사 55:6-13, 57:16-19, 요 16:8, 히 4:15-16). 또한 성자께서는 그를 다시 찾아 갈보리의 사랑을 상기시켜주신다(눅 19:10, 15:4-7, 8-10, 롬 5:8-10, 요일 4:9-10). 성부께서는 모든 섭리의 수단을 동원해 사랑의 징계를 베푸신다.

하나님은 멸망의 길에서 돌이키게 하시고, 자기를 경외하는 법을 가르치시며, 거룩한 신성에 참여하게 만드신다(히 12:10). 따라서 참된

---

59) 웨스트민스터 신앙고백, 1689년 런던 침례교 신앙고백 17장, "성도의 견인." 괄호 안의 말은 런던의 메트로폴리탄 태버내클 교회의 담임목사 피터 마스터스에게서 유래했다.
60) "하나님께로부터 난 자마다 죄를 짓지 아니하나니 이는 하나님의 씨가 그의 속에 거함이요 그도 범죄하지 못하는 것은 하나님께로부터 났음이라"(요일 3:9).

그리스도인은 하나님을 떠나거나 멸망을 향해 달려가지 않는다. 참된 그리스도인은 끝까지 보존된다. 그는 믿음과 성화를 통해 온전한 의에 이른다. 그 안에서 착한 일을 시작하신 하나님이 그리스도 예수의 날까지 그 일을 온전히 이루실 것이다(빌 1:6).

하나님이 새 언약의 약속을 통해 자기 백성을 위해 행하실 일뿐 아니라, 그들 안에서 행하실 일까지 모두 알려주셨다는 사실을 기억하는 것이 중요하다. 우리를 위한 그리스도의 속죄 사역은 새 언약의 토대다. 우리는 이 사실을 항상 기억하고 굳게 의지해야 한다. 그러나 우리 안에서 이루어지는 성령의 거듭나게 하시는 사역도 똑같이 중요하다. 새 언약의 영광은 하나님이 자기 백성을 죄의 정죄에서 해방하셨을 뿐 아니라, 그 권세에서 자유롭게 하셨다는 사실에 있다. 전자는 십자가를 통해 이루어지고, 후자는 성령의 거듭나게 하시는 사역을 통해 이루어진다. 성령께서는 새 언약의 백성을 온전히 변화시켜 재창조하신다. 그 결과 그들은 하나님과 법적으로 화목하고, 그분께 온전히 헌신한다. 그들은 하나님의 백성이 되고, 하나님은 그들의 하나님이 되신다(렘 31:33, 겔 36:28).

다시 말하지만, 이런 약속들은 죄와 항상 싸워야 하는 현실을 부정하지 않는다. 믿음이 가장 성숙한 그리스도인도 살면서 계속 죄와 싸운다. 그러나 복음에 충실하려면 "그런즉 누구든지 그리스도 안에 있으면 새로운 피조물이라"(고후 5:17)는 진리를 굳게 붙잡아야 한다. 우리 가운데 가장 위대한 그리스도인도 얼마든지 넘어지거나 흔들릴 수 있지만, 우리 가운데 가장 연약한 그리스도인도 하나님을 떠나 오랫동안 죄 가운데 머무는 법은 없다(약 3:2). 우리가 그렇게 하지 않는 이유는 그렇게 할 수 없기 때문이고, 우리가 그렇게 할 수 없는 이유는 우리가 새로운 피조물이기 때문이다. 다시 말해 우리는 이 시대의 어둠과 더러움을 더 이상 참거나 견딜 수 없고, 하나님의 임재의 빛 없이는 더 이상 생존할 수 없는 피조물이 되었다.

이렇듯 그리스도인이 하나님을 떠나지 않을 것이라는 새 언약의 약속은 참된 회심을 판단하는 시금석과 같다. 진정으로 거듭난 사람은 끝까지 인내하며 하나님을 붙잡는다. 참된 그리스도인은 하나님을 경외하며 그분께 복종한다. 그러나 하나님을 끝까지 경외하지 않는 사람들은 언약의 약속에 참여할 수 없다. 그리스도 안에 거하고 있다고 주장하면서도 믿음, 성화, 하나님에 대한 경외심을 유지하지 못하는 사람은 구원을 확신할 만한 희망의 근거를 가질 수 없다. 수아 사람 빌닷의 말대로 "그(위선자)가 믿는 것이 끊어지고 그가 의지하는 것이 거미줄" 같게 될 것이다(욥 8:14).

새 언약의 진리는 냉랭하고 육에 속한 사람, 곧 구원을 확신하며 시온에서 안일하게 살아가는 그리스도인에게 경고한다.[61] 하나님이 자기 백성을 떠나지 않으실 것이라는 그들의 확신은 옳다. 그러나 삶과 믿음의 고백이 서로 일치하지 않는데도 자신을 하나님의 백성으로 생각하는 것은 옳지 않다. 그들은 자신의 부르심과 택하심을 굳게 해야 하고, 스스로 믿음 안에 있는지 시험해야 한다(벧후 1:10, 고후 13:5). 하나님을 경외하는 증거가 보이지 않는다면, 아무리 자주 확실하게 믿음을 고백한다고 해도 하나님의 백성으로 간주될 수 없다. 하나님이 우리와 영원한 언약을 맺으셨다는 성경의 가르침은 그분이 우리 마음을

---

61) "화 있을진저 시온에서 교만한 자와 사마리아 산에서 마음이 든든한 자 곧 백성들의 머리인 지도자들이여"(암 6:1).

거듭나게 하시고, 우리에게 경외심을 허락하실 때만 비로소 지속적이고 현실적인 증거가 될 수 있다.

오늘날 복음전도, 회심, 구원의 확신에 관한 가르침 가운데 대부분은 새 언약, 새 탄생, 하나님의 속성, 구원의 본질에 관한 성경의 가르침을 모두 부인한다. 예레미야 32장 40절에서 발견되는 진리가 참으로 중요한 이유가 여기에 있다. 하나님은 구원하신 백성을 떠나지 않겠다고 약속하셨다. 그러나 그분은 그들의 마음에 경외심을 허락하셔서 그들이 자신을 떠나게 하지 않겠다고 아울러 약속하셨다. 우리가 새 언약에 참여하게 된 이유는 하나님을 경외하며 지속적으로 성화를 이루어가고 있기 때문이다. 간단히 말해, 믿음으로 의롭다 하심을 받았다는 확실한 증거는 바로 중생에서 비롯한 성화의 사역에 있다.

예레미야 32장 40절의 마지막 약속은 육에 속한 사람에게는 경고를 주지만, 참된 그리스도인에게는 큰 위로와 격려를 가져다준다(요일 3:19-20). 다음 이야기는 이 진리를 이해하고 적용하는 데 많은 도움을 준다.

한 젊은이가 진정으로 회심했다는 증거가 확실한데도 구원을 확신하지 못하고 절망에 빠졌다. 그는 여러 목회자와 오랜 시간에 걸쳐 자주 상담했지만 희망의 근거를 발견하지 못했다. 마귀의 비방이 계속 그를 질타하고, 그의 죄를 밝히 드러냈다. 그래서 그는 구원의 은혜를 받았다는 증거를 도무지 찾을 수가 없었다. 그러던 어느 날, 그는 잠시 그곳을 방문하고 있던 복음 전도자에게 속마음을 솔직하게 털어놓았다. 그 복음 전도자는 청년의 말을 거의 한 시간 정도 듣고 있다가 그가 그동안 여러 가지 유익한 조언을 많이 들었는데도 아무런 발전이 없다는 것을 알게 되었다. 그는 그 청년의 눈을 똑바로 바라보면서 이렇게 말했다.

"그리스도와 복음이 당신을 절망과 불행의 구렁텅이에 집어넣은 것 같군요. 내가 볼 때 당신은 모든 문제를 다 잊고 그냥 살아가는 게 좋을 듯합니다. 그리스도를 버리고, 마음껏 죄를 지으며 살아가세요. 육신에게 주도권을 넘겨주면 한참 동안 즐거울 겁니다. 어쩌면 마음이 강퍅해져 미래의 심판까지도 모두 잊게 될지도 모르죠."

젊은이는 복음 전도자의 말에 충격을 받고 이렇게 대답했다.

"그렇게 할 수는 없습니다."

그러자 복음 전도자는 얼른 이렇게 물었다.

"왜죠? 당신은 구원의 희망을 갖고 있지 않고, 죄 때문에 고민하느라 평안이 없는 상태입니다. 그런데 왜 그리스도에게서 도망치지 않는 건가요?"

젊은이는 이렇게 대답했다.

"제가 그리스도에게서 도망칠 수 없는 이유는 오직 그분 안에서만 구원을 발견할 수 있기 때문입니다. 제 죄가 저를 수천 번 좌절시키더라도 저는 죄에게로 달려갈 수 없습니다. 죄를 미워하니까요. 저는 하나님을 경외하기 때문에 그분을 떠나지 않을 겁니다."

바로 그 순간, 복음 전도자는 젊은이의 눈을 쳐다보며 예레미야 32장 40절을 인용했다.

"내가 그들에게 복을 주기 위하여 그들을 떠나지 아니하리라 하는 영원한 언약을 그들에게 세우고 나를 경외함을 그들의 마음에 두어 나를 떠나지 않게 하고."

그러자 젊은이는 깜짝 놀라는 기색을 내비치며 이렇게 외쳤다.

"맞아요! 하나님이 저를 먼저 사랑하지 않으셨다면 제가 어떻게 그분을 사랑할 수 있겠어요? 그리고 그분이 제 마음을 새롭게 하지 않으셨다면 제가 어떻게 죄를 미워할 수가 있겠어요? 하나님이 제게 경외심을 주지 않으셨다면 제가 어떻게 그분을 경외할 수 있겠어요?"

그는 성령 안에서 큰 확신과 기쁨을 가지고 돌아갔다.

하나님의 권능과 신실하심이 참된 그리스도인을 구원하고 보존한다. 따라서 우리 가운데 가장 연약한 그리스도인도 하나님이 복을 주시기 위해 자기를 떠나지 않으신다는 사실을 믿고 안심할 수 있다. 아울러 하나님을 온전히 떠나지 않거나, 죄를 습관적으로 마음껏 짓지 않는 것이 진정으로 회심하여 새 언약에 참여했다는 증거임을 잊지 말라.

새 언약에 나타난 하나님의 은혜는 냉랭한 태도나 나태함을 부추기지 않는다. 그분의 은혜는 오히려 그리스도인을 독려하여 더욱 열심을 내 경건에 매진하도록 이끈다. 그런 결과를 확신할 수 있는 이유는 하나님의 구원 능력과 그 목적을 분명히 알고 있기 때문이다. 하나님은 우리에게 새 마음을 주셔서 즐거운 마음으로 그분의 인격과 뜻에 복종하게 하신다(겔 36:26). 또한 우리에게 성령을 허락하셔서서 우리를 이끌어 계명을 지킬 수 있게 하신다(겔 36:27). 더불어 우리 마음에 율법을 기록하시고, 우리에게 경외심을 허락하셔서서 자기를 떠나지 않게 하신다(렘 31:33, 32:40). 하나님은 우리의 하나님이고, 우리는 그분의 백성임을 기억하라(렘 31:33, 32:38, 겔 36:28).

16
하나님은 자기 백성에게 기쁨으로 베푸신다

내가 그들에게 복을 주기 위하여 그들을 떠나지 아니하리라 하는 영원한 언약을 그들에게 세우고 나를 경외함을 그들의 마음에 두어 나를 떠나지 않게 하고 내가 기쁨으로 그들에게 복을 주되 분명히 나의 마음과 정성을 다하여 그들을 이 땅에 심으리라(렘 32:40-41).

이 본문에서 우리는 세 가지 중요한 진리를 배울 수 있다. 첫째, 하나님은 메시아의 속죄 사역을 통해 자기 백성과 절대로 변하지 않을 영원한 언약을 맺으셨다. 그분은 그들에게 복을 주시기 위해 그들을 떠나지 않으실 것이다. 둘째, 하나님은 성령의 거듭나게 하시는 사역을 통해 자신을 사랑할 수 있는 성향을 허락하실 것이다. 그들은 하나님을 경외하며 그분을 떠나지 않을 것이다. 셋째, 하나님과 그분의 백성은 서로 관계를 맺고 서로에게 마음을 기울인다. 하나님은 그들과 가장 친밀한 관계를 맺고 신령한 복을 허락하시기 위해 모든 장애 요인을 제거하신다. 아담이 타락한 이후 하나님과 선택받은 백성의 길을 가로막던 모든 것이 온전히 제거되었다. 예수 그리스도의 속죄 사역을 통해 죄가 용서되고, 정의가 만족되었으며, 온전한 의가 전가되었다. 또한 성령의 거듭나게 하시는 사역을 통해 강퍅한 마음이 없어지고, 죄의 권세가 파괴되었으며, 하나님의 백성에게 새 마음이 주어져 새 생명 가운데서 행할 수 있게 되었다(롬 6:4). 그 결과 하나님은 이제 자기 백성을 기쁘게 여기시며 "너희를 향한 나의 생각을 내가 아나니 평안이요 재앙이 아니니라"(렘 29:11)고 말씀하신 대로 창세전에 그들을 위해 작정하신 계획을 이루실 수 있게 되셨다.

기쁨으로 복을 주시는 하나님

하나님은 끊임없이 불순종을 일삼는 이스라엘 백성을 보며 느끼신 심정을 신인동형 동성론적으로 표현하셨다.[62] 성경은 하나님이 인류 역사 초기에 "땅 위에 사람 지으셨음을 한탄하사 마음에 근심하셨다"(창 6:6)고 말한다. 시편 저자는 하나님이 이스라엘 백성을 애굽에서 구해내신 후 "그들이 광야에서 그에게 반항하며 사막에서 그를 슬프시게" 했다고 말했다(시 78:40). 하나님은 "그들은 마음이 미혹된 백성이라 내 길을 알지 못한다"고 탄식하시며 그들을 40년 동안 광야에서 징계하셨다(시 95:10). 선지자들의 말은 훨씬 더 명료하다. 하나님은 에스겔을 통해 이스라엘 백성이 음란한 마음으로 그분을 떠나 음란한 눈으로 우상을 섬기는 것 때문에 근심스럽고 한탄스럽다고 말씀하셨다(겔 6:9). 또한 이사야를 통해서는 이스라엘 백성이 그분을 부르지 않고 죄악으로 그분을 괴롭혔으며, 불법으로 수고롭게 했다고 말씀하셨다(사 43:22-24). 아모스서에서도 하나님은 이스라엘 백성이 그분의 말을 청종하지 않고 부패한 행위를 일삼는 것을 보시고 "보라 곡식 단을 가

---

62) 신인동형 동성론적(神人同形 同性論的) 표현이란, 하나님이 마치 인간이신 것처럼 말씀하시는 것을 의미한다. 예를 들면, 하나님은 전능하시기 때문에 결코 지치는 법이 없으시지만 자기 백성의 죄를 강조하기 위해 그들의 죄가 그분을 지치게 만든다고 말씀하실 수 있다.

득히 실은 수레가 흙을 누름같이 내가 너희를 누르니니"(암 2:13)라고 말씀하셨다. 구약성경은 하나님이 누군가가 나서서 성전 문을 닫아 헛된 제사를 드리지 못하게 했으면 좋겠다고 말씀하실 정도로, 이스라엘 백성이 말로 그분을 괴롭게 했다는 말라기서의 진술로 끝을 맺는다(말 1:10, 2:17).

하나님은 이스라엘 백성을 용광로 같은 애굽에서 구해내어 시내 산에서 그들과 언약을 맺으셨다(출 19:5, 신 4:20). 그분은 세상에 있는 모든 백성 가운데서 그들을 선택하여 그분 소유로 삼으셨다. 그들은 여호와 하나님의 성민이었다(신 7:6). 그러나 그런 위대한 특권과 달리 그들 가운데 대부분은 거듭나지 못한 마음으로 하나님의 계명을 어겼고, 온갖 형태의 우상 숭배와 부도덕한 행위를 저질렀다. 간단히 말해서, 하나님의 보배로운 소유가 무거운 짐이 되어 그분을 더 이상 못 견디게 만든 것이다(사 1:14).

우리는 인간이 저지른 반역 행위를 질타하는 이런 무서운 말씀들을 제대로 이해해야 한다. 그래야만 비로소 새 언약의 위대함과 능력을 절실히 의식할 수 있다. 하나님은 그리스도의 속죄 사역과 성령의 거듭나게 하시는 사역을 통해 온갖 축복을 한량없이 베푸실 수 있는 백성을 새로 창조하셨다. 우리 안에서 이루어진 하나님의 사역 때문에 이제는 그분이 우리를 온전히 위하실 수 있게 되었다(롬 8:31).

예레미야 32장 41절에서 의미가 온전하게 밝혀지지는 않았지만, "기쁨으로"라는 문구는 신부의 침실에서 아무 방해도 받지 않고 거리낌 없이 이루어지는 사랑의 기쁨을 뜻한다. 이 진리는 이사야서에 기록된 비슷한 구절에 명확하게 드러나 있다.

> 신랑이 신부를 기뻐함같이 네 하나님이 너를 기뻐하시리라(사 62:5).

신랑이 거리낌 없이 기쁨으로 자기 자신을 신부에게 내주는 것처럼 하나님도 자기 백성에게 기쁨으로 복을 주신다. 하나님은 인색한 마음으로 우리를 대하지 않으신다. 전에 한 번 헌신했다가 후회한 경험이 있다고 해서 우리에게 마지못해 베푸시거나, 주는 것을 아깝게 생각하지 않으신다. 그분은 오히려 아무것도 꾸짖지 않으시고, 주체할 수 없는 기쁨으로 후하게 베풀어주신다(약 1:5).

그리스도인은 하나님이 자기를 위하시고 복을 내려주시기를 기뻐하신다는 사실을 기억해야 한다. 그러나 하나님이 우리에게 베풀기를 기뻐하시는 축복이 무엇인지 정확히 이해해야 한다. 신약성경의 가르침에 비춰보면, 그것은 하나님이 끊이지 않는 물질적 번영과 평안한 삶을 허락하신다는 의미가 아니다. 또한 모든 시련과 좌절과 고난에서 우리를 지켜주신다는 의미와도 거리가 멀다. 바울이 로마의 교회에 보낸 서신에 그 올바른 의미가 분명하게 드러나 있다.

> 우리가 알거니와 하나님을 사랑하는 자 곧 그의 뜻대로 부르심을 입은 자들에게는 모든 것이 합력하여 선을 이루느니라 하나님이 미리 아신 자들을 또한 그 아들의 형상을 본받게 하기 위하여 미리 정하셨으니 이는 그로 많은 형제 중에서 맏아들이 되게 하려 하심이니라(롬 8:28-29).

이 본문은 "선"을 베푸시겠다는 하나님의 약속과 그 선의 본질을 명확하게 규명하고 있다. 하나님은 우리 삶 속에서 모든 것을 섭리하셔서 그리스도의 형상을 본받게 하겠다고 약속하셨다. 하나님은 자신의 아들을 통해 자기와 화목하게 된 우리가 아들의 형상을 본받기를 기뻐하신다. 이것이 바로 신앙생활의 "최고의 선"(summum bonum), 곧 우리 모두에게 주어진 가장 놀라운 특권이자 가장 고귀한 목표다. 신앙생활을 통해 경험하는 다른 선한 것들은 모두 이것에 근거하고, 이로부터 흘러나온다.

이 진리를 이해하려면 인간의 모든 문제가 우리의 도덕적 부패함에서 비롯한다는 사실을 기억해야 한다. 이 타락한 세대의 모든 불행은 선의 결핍에 기인한다. 우리의 선을 이루어주시겠다는 약속은 우리가 변화하여 가장 높은 기준이신 그리스도를 본받는 데까지 나아가지 않으면 절대로 실현될 수 없다. 부패한 피조물에게 낙원이 주어지면, 그 낙원은 곧 실낙원으로 변할 수밖에 없다. 그리스도의 형상을 닮지 않으면, 천국도 곧 지옥이 되고 만다. 이것이 하나님이 우리로 아들의 형상을 본받게 하시고, 거기에서 비롯하는 온갖 축복을 우리에게 베푸는 것을 기뻐하시는 이유다. 우리는 하나님이 만드셨다(엡 2:10). 그분은 "거친 원료"[63]와 같은 우리를 변화시켜 예수 그리스도의 영광스러운 형상으로 만드시면서 우리에게 온갖 선한 것을 무한정 베풀어주실 것이다. 시편 저자는 "여호와께서 은혜와 영화를 주시며 정직하게 행하는 자에게 좋은 것을 아끼지 아니하실 것임이니이다"(시 84:11)라고 말했다.

사랑의 매로 자녀를 양육하시는 하나님

무엇을 하겠다는 의지나 마음을 품는 것과 실제로 그 일을 할 만한

---

[63] "거친 원료"라는 표현은 장인의 도구로 다듬지 않은 자연 상태의 돌이나 나무를 가리킨다.

능력을 갖추는 것은 서로 다른 문제다. 어떤 가난한 사람이 자녀에게 좋은 것을 해주고 싶어서 마음을 다해 그 일을 해내려고 노력한다. 그러나 어쩔 수 없는 제약이 그를 가로막는다. 결국 그의 모든 노력은 수포로 돌아가고, 그의 자녀는 현실을 깨닫고 실망할 수밖에 없다. 인간에게는 그런 일이 종종 일어난다. 모든 힘을 다해 가치 있는 노력을 기울이지만 비참하게 실패할 때가 많다. 그러나 하나님은 다르시다. 그분은 "여호와요 모든 육체의 하나님"(렘 32:27)이다. 그분은 위대한 권능과 펴신 팔로 하늘과 땅을 만드셨다. 그분께는 아무것도 어려운 것이 없다(창 18:14, 렘 32:17). 그분은 모든 일을 자신의 뜻대로 결정하신다(엡 1:11). 그분의 뜻은 확고히 서고, 그분이 기뻐하시는 것은 모두 이루어진다(사 46:9-10). 시편 저자는 "여호와의 계획은 영원히 서고 그의 생각은 대대에 이르리로다"(시 33:11)라고 말했다.

우리는 이런 굳건한 바위와 같은 진리를 염두에 두고서 "정성을 다하여 그들을 이 땅에 심으리라"(렘 32:41)는 하나님의 약속을 해석해야 한다. 하나님은 심판을 받아 온 사방에 흩어진 이스라엘 백성을 다시 모아 고국 땅으로 데려오겠다고 약속하셨다(겔 36:24). 이 약속은 포로로 잡혀간 이스라엘 백성에게 하나님이 얼마나 신실하셨는지 분명하게 보여준다. 새 언약 아래에서 이 약속은 그리스도인들이 그리스도의 형상을 본받고, 천국에서 영화롭게 될 때 온전히 성취된다. 하나님은 모든 이방 나라에 역사하셔서 포로로 잡혀간 이스라엘 백성을 고국으로 다시 인도하셨다. 그분은 신실하실 뿐 아니라 하늘과 땅이라도 움직여 우리로 아들의 형상을 본받게 하시고, 우리를 영광의 본향으로 인도할 수 있는 능력을 지니고 계신다.

하나님은 우주를 통치하신다. 하나님은 왕의 마음을 원하시는 대로 움직이시며, 민족과 국가를 세우거나 멸하시고, 항상 우리를 지켜 유익하게 하시며, 창세전에 우리를 위해 예비하신 장소로 인도하신다(잠 21:1, 렘 18:7-10). 약속을 지키지 못하는 아버지에게 실망하는 어린아이와 달리, 우리는 더 좋은 약속에 근거한 확실한 소망을 갖는다(히 8:6). 하나님은 우리를 죄의 정죄에서 구원하겠다는 약속을 지키셨다. 뿐만 아니라 우리를 죄의 권세에서 구원하겠다는 약속을 이루시기 위해 지금도 우리 안에서 역사하고 계신다. 우리가 아들의 형상을 본받을 때까지 지금은 물론 앞으로도 하나님이 계속 일하실 것이라고 우리는 확신한다. 맏아들이신 성자께서 부끄러워하지 않으실 수많은 형제를 갖게 되실 때까지 하나님은 잠시도 쉬지 않으실 것이다(롬 8:29, 히 2:11-12).

그리스도 안에 계시는 하나님은 구원의 창시자이자 완성자이시다(히 2:10, 12:2). 따라서 성화의 과정에 참여하는 것은 그리스도인이 스스로 선택할 수 있는 선택 사안이 아니다. 그것은 구원의 필수불가결한 요소다. 실패를 모르는 하나님의 섭리가 그 과정을 주도한다. 그리스도인을 의롭게 하시고 그에게 장래의 영화를 약속하신 하나님이 그를 거룩하게 하시는 사역을 마지막 날까지 이루어나가실 것이다. 그리스도를 믿는 사람은 칭의를 확신할 수 있을까? 물론이다! 믿고 의롭다 하심을 받은 사람은 영화를 확신할 수 있을까? 물론이다! 믿고 구원을 받아 장래의 영광을 바라보는 사람은 하나님이 평생 자신을 거룩하게 하실 것이라고 확신할 수 있을까? 물론이다!

> 너희가 참음은 징계를 받기 위함이라 하나님이 아들과 같이 너희를 대우하시나니 어찌 아버지가 징계하지 않는 아들이 있으리요 징계는 다 받는

것이거늘 너희에게 없으면 사생자요 친아들이 아니니라 또 우리 육신의 아버지가 우리를 징계하여도 공경하였거든 하물며 모든 영의 아버지께 더욱 복종하며 살려 하지 않겠느냐 그들은 잠시 자기의 뜻대로 우리를 징계하였거니와 오직 하나님은 우리의 유익을 위하여 그의 거룩하심에 참여하게 하시느니라 무릇 징계가 당시에는 즐거워 보이지 않고 슬퍼 보이나 후에 그로 말미암아 연단 받은 자들은 의와 평강의 열매를 맺느니라(히 12:7-11).

하나님은 자기 백성을 "땅"에 충실하게 심으시고, 그들 안에서 시작하신 일을 완성하실 것이다. 하나님의 징계는 힘들 때가 많지만 항상 분명한 목적을 지닌다. 그분은 그런 징계를 베풀어 그 일을 끝까지 이루실 것이다. 구원의 가장 큰 증거는 하나님의 징계를 통해 그분의 거룩하심에 참여함으로 의와 평강의 열매를 맺는 것이다. 따라서 그리스도인을 자처하면서도 하나님의 성화 사역이 삶에서 이루어지지 않고 있다면, 거짓 믿음을 가졌거나 형식적인 고백에 그쳤다는 증거다. 거짓 그리스도인은 의에 무관심한 채 죄 가운데 살아도 하나님이 징계하시지 않는다.[64] 하나님은 자녀들이 제멋대로 죄를 짓도록 방치하는 무관심한 아버지가 아니시다. 그분은 자기 자녀를 낳으셨을 뿐 아니라 신중하게 지켜보신다. 매를 아끼지 않으시고, 근실히 징계하심으로 사랑을 보여주신다(잠 13:24).

---

64) "징계"라는 말은 "훈련", "훈계", "훈육"을 뜻하는 헬라어 "파이데우오"(*paideuo*)를 번역한 것이다. 또한 "매"는 "때리다", "채찍질하다"를 뜻하는 헬라어 "마스티고오"(*mastigoo*)를 번역한 것이다. 마태복음 10장 17절, 20장 19절, 23장 34절은 이런 형태의 징벌이 얼마나 가혹한지를 잘 보여준다. 도널드 구스리는 "징계는 자녀와 동의어처럼 사용된다"고 말했다. *The Letter to the Hebrews: An Introduction and Commentary*, Tyndale New Testament Commentaries (Grand Rapids: Eerdmans, 1983), 253.

우리는 무한하신 하나님이 필요하다

참된 그리스도인이 성화를 통해 날로 거룩해지는 것은 그의 의지나 헌신에서 비롯하지 않는다. 그는 구원받기 위해 믿음에 다른 것을 보태지 않아도 된다. 성화는 그의 믿음에서 비롯하는 결과다. 그를 의롭게 하신 하나님이 또한 그를 거듭나게 하셔서 새로운 성향을 지닌 새로운 피조물로 만드신다. 그리고 하나님을 사랑하며, 경건한 삶을 살아갈 수 있는 능력을 허락하신다. 사도 베드로는 "그의 신기한 능력으로 생명과 경건에 속한 모든 것을 우리에게 주셨으니"(벧후 1:3)라고 말했다.

예레미야 32장 40-42절은 성경에서 가장 놀라운 약속 가운데 하나를 제시한다. 이 약속은 오직 이 말씀에서만 발견된다. 하나님은 예레미야를 통해 "나의 마음과 정성을 다하여" 우리의 성화를 이루겠다고 약속하셨다(렘 32:41). 이 신인동형 동성론적 표현은 하나님이 무한한 신성의 능력으로 그분의 백성 안에서 뜻하신 목적을 이루어나가신다는 것을 의미한다. 우리의 성화와 궁극적인 영화는 하나님께 결코 사소한 문제가 아니다. 이 일은 하나님이 신성의 능력을 모두 동원해 이루겠다고 약속하실 만큼 중요하다. 말씀 한마디로 우주를 창조하시고 유지하시는 하나님의 능력은 참으로 놀랍다. 그러나 그리스도인의 성화와 궁극적 영화를 위해서는 그분의 인격과 능력이 모두 동원될 것이라고 약속하신다(창 1:3-31, 히 1:3, 11:3).

이 놀라운 말씀은 "희망을 주는 약속"이자 "두려움을 주는 경고"이기도 하다. 다시 말해, 이 말씀은 그리스도인에게는 확실한 약속의 의미를 지닌다. 우리 가운데 가장 강한 자조차 죄와 맞서 싸워야 하고, 그로 인해 좌절한다. 우리는 항상 마지막에 놓여 있는 결승선을 바라

보며 궁극적인 승리를 확신해야 한다. 우리에게는 단지 "할 수 있다!"는 마음가짐 이상의 것, 즉 우리의 결심이나 능력을 뛰어넘는 확신이 필요하다. 우리보다 무한히 위대하신 분, 긍휼이 무한하시고 지극히 고귀한 성품을 지니신 하나님의 도움이 필요하다. 우리는 "모든 일을 그의 뜻의 결정대로 일하시며", 시작하신 사역을 모두 온전히 이루실 하나님이 필요하다(엡 1:11, 빌 1:6). 따라서 하나님이 모든 힘을 기울여 우리의 구원을 이루겠다고 약속하신 말씀은 가장 큰 위로이자 격려가 아닐 수 없다.

믿음이 성장하는 정도나 속도는 그리스도인마다 다르다. 산꼭대기를 향해 달려가는 사람도 있고, 낮은 곳에서 머뭇거리는 사람도 있다. 그러나 모두가 성장한다. 모두의 믿음이 눈에 띄게 성장하고, 점차 조금씩 예수 그리스도의 형상을 닮아갈 것이다.

한편 이 약속은 믿음이 성장하지 않고 정체 상태에 머물러 있는 이들에게는 큰 경고가 된다. 다시 말해 이 약속은 경건의 모양은 있지만 그 능력은 부인하는 이들, 곧 주님의 이름을 부르지만 마음의 헌신과 참된 경건과 거룩함을 추구하는 삶(이것이 없이는 아무도 하나님을 볼 수 없다)이 없는 모든 사람에게 강력히 경고한다. 나무는 그 열매로 알고 책은 겉표지로 판단하듯 진정으로 의롭다 하심을 받았는지 여부는 지속적인 성화의 사역에 달려 있다고 말이다. 하나님은 그리스도인의 성화와 궁극적인 영화에 온전히 헌신하겠다고 약속하셨다. 따라서 그리스도를 믿는다고 고백하지만, 하나님의 섭리를 통해 변화의 사역이 이루어지고 있다는 증거가 없는 사람은 모두 모래 위에 집을 짓고 있는 셈이다(마 7:26).

> 하나님을 잊어버리는 자의 길은 다 이와 같고 저속한 자의 희망은 무너지리니 그가 믿는 것이 끊어지고 그가 의지하는 것이 거미줄 같은즉 그 집을 의지할지라도 집이 서지 못하고 굳게 붙잡아 주어도 집이 보존되지 못하리라(욥 8:13-15).

죄와 싸우는 그리스도인에게는 위로를, 냉랭한 교인에게는 경고를 주는 말씀이다. 참된 회심의 가장 큰 증거는 삶에서 지속적으로 이루어지는 성화의 사역이다. 우리가 믿음으로 말미암아 은혜로 구원받았다면 "우리는 그가 만드신 바라 그리스도 예수 안에서 선한 일을 위하여 지으심을 받은 자니 이 일은 하나님이 전에 예비하사 우리로 그 가운데서 행하게 하려 하심이니라"는 말씀대로, 우리 안에서 성화의 사역이 이루어져야 한다(엡 2:8-10). 그리스도께서 우리 안에서 착한 일을 시작하셨다는 것을 입증하는 증거는 그분이 마지막 날까지 그 일을 온전히 이루시는 것이다(빌 1:6).

사명선언문

너희가 흠이 없고 순전하여……세상에서 그들 가운데 빛들로
나타내며 생명의 말씀을 밝혀 _ 빌 2:15-16

1. 생명을 담겠습니다
만드는 책에 주님 주신 생명을 담겠습니다.
그 책으로 복음을 선포하겠습니다.

2. 말씀을 밝히겠습니다
생명의 근본은 말씀입니다.
말씀을 밝혀 성도와 교회의 성장을 돕겠습니다.

3. 빛이 되겠습니다
시대와 영혼의 어두움을 밝혀 주님 앞으로 이끄는
빛이 되는 책을 만들겠습니다.

4. 순전히 행하겠습니다
책을 만들고 전하는 일과 경영하는 일에 부끄러움이 없는
정직함으로 행하겠습니다.

5. 끝까지 전파하겠습니다
모든 사람에게, 땅 끝까지, 주님 오시는 그날까지
복음을 전하는 사명을 다하겠습니다.

서점 안내

광화문점 서울시 종로구 새문안로 69 구세군회관 1층
02)737-2288 / 02)737-4623(F)

강남점 서울시 서초구 신반포로 177 반포쇼핑타운 3동 2층
02)595-1211 / 02)595-3549(F)

구로점 서울시 동작구 시흥대로 602, 3층 302호
02)858-8744 / 02)838-0653(F)

노원점 서울시 노원구 동일로 1366 삼봉빌딩 지하 1층
02)938-7979 / 02)3391-6169(F)

일산점 경기도 고양시 일산서구 중앙로 1391 레이크타운 지하 1층
031)916-8787 / 031)916-8788(F)

의정부점 경기도 의정부시 청사로47번길 12 성산타워 3층
031)845-0600 / 031)852-6930(F)

인터넷서점 www.lifebook.co.kr